新时代新商科会计系列教材
武汉理工大学本科教材建设专项基金项目

U0674861

会计学

Accounting

洪　荭　潘爱玲　主　编
翟华云　孙旭鹏　副主编

东北财经大学出版社
Dongbei University of Finance & Economics Press
大连

图书在版编目（CIP）数据

会计学/洪荭，潘爱玲主编．—大连：东北财经大学出版社，2025.2．—（新时代新商科会计系列教材）．—ISBN 978-7-5654-5520-9

Ⅰ．F230

中国国家版本馆CIP数据核字第2025UM9762号

东北财经大学出版社出版

（大连市黑石礁尖山街217号　邮政编码　116025）

网　　址：http://www.dufep.cn

读者信箱：dufep@dufe.edu.cn

大连天骄彩色印刷有限公司印刷　东北财经大学出版社发行

幅面尺寸：185mm×260mm　　字数：394千字　　印张：17.5

2025年2月第1版　　　　　2025年2月第1次印刷

责任编辑：王　莹　曲以欢　　　　责任校对：一　心

封面设计：张智波　　　　　　　版式设计：原　皓

定价：48.00元

教学支持　售后服务　　联系电话：（0411）84710309

版权所有　侵权必究　　举报电话：（0411）84710523

如有印装质量问题，请联系营销部：（0411）84710711

PREFACE

前　言

　　会计作为商业通用语言，是企业稳健运营与宏观调控的重要基石。管理者需夯实会计基础，洞察财务报表背后隐藏的奥秘，用会计信息引导企业顺利前行，使其在激烈的市场竞争中实现可持续发展的长远目标。

　　鉴于此，我们紧贴时代潮流，立足业财融合，精心编纂了这本《会计学》教材。本教材写作视角独特、内容系统全面、彰显报表奥秘；紧扣企业实际运营，全面覆盖财务会计与管理会计的基本原理；旨在满足零基础的经济管理类非会计专业本科学生，MBA、EMBA等管理精英，以及企业高端管理人士和经济界精英人士的需求。无论是会计新手还是经管行家，都能在这里找到学习会计知识的起点，掌握解读财报的实务技能，并学会运用会计信息进行经营与投资决策，为职业生涯筑牢基石。

　　本教材融入了党的二十大精神，各章节特设"四个面向"小课堂，巧妙将会计学与"推进中国式现代化"的宏伟目标紧密相连。我们希望通过培养具备本土智慧和数据思维的经济管理类人才，为中国式现代化建设贡献会计力量。

　　本教材共十二章，从会计原理到实战，覆盖企业经营、投资和筹资三大活动领域。业务为始，报表为果，会计确认与计量搭桥梁。遵循"业务→报表→确认"的逻辑，先览报表全貌，再探会计奥秘。业务（因）与报表（果）紧密关联，贴近企业管理实际，助力学生掌握会计核心。

　　本教材具有以下几大特色：

　　（1）铸就财务报表思维，塑造商界管理领袖。本教材突破传统局限，聚焦会计信息使用者的核心需求，全面彰显财务报表思维的重要性。每章的"信息披露与列报"部分，引导学生从系统视角洞察会计信息，确保在掌握核算技能的同时，深刻理解其内在价值，逐步将学生塑造成兼具会计思维与财务报表决策支持能力的高级管理人才。

　　（2）融合业务与财务，打造全方位经济管理能力。本教材打破财务与业务壁垒，引导学生深入业务核心，理解财务信息背后的逻辑。在讲解会计处理之前，全面解析采购、生产、销售、投融资等关键业务活动，培养学生的业财融合理念。每种业务活动的确认与计量，从基础到拓展，步步深入，让学习者轻松掌握会计精髓，助力学生全面掌握业务运作中的财务决策要点，成为能在复杂环境中实现业财高效整合与精准决策的高级管理人才。

（3）树立大数据思维，引领未来管理潮流。本教材超越传统会计循环框架，立体化融合会计与大数据知识。深入剖析大数据会计中的数据采集、整理和加工过程，并将其巧妙融入会计循环中。通过这一创新融合，帮助学生建立大数据思维，洞悉会计信息形成机制，提升在大数据时代的分析与应用能力，并彰显教材在培养具备数据思维的经济管理类人才方面的独特学术价值。

本教材由武汉理工大学洪荭教授（财会系主任）和山东大学潘爱玲教授（教育部高等学校会计学专业教指委委员）两位主编全面负责教材的编写规划、总体框架设计、学术质量把控，确保教材内容的科学性与前瞻性；副主编中南民族大学翟华云教授（管理学院院长）和武汉理工大学孙旭鹏老师（中国会计学会政府及非营利组织会计专业委员会委员）协助主编完成教材的编写规划和内容设计，负责相关章节的撰写、修订和完善工作；其他编者武汉理工大学王怡老师、中国地质大学（武汉校区）李利华老师、中南民族大学刘晓霞老师主要负责相关章节的撰写工作。

本教材得到武汉理工大学智能财会课程组、教育部民族院校会计学专业虚拟教研室、山东省重点教改项目"融合数智技术的跨学科复合型会计人才培养模式研究"的支持。本教材是一次内容与思路的双重创新尝试！在编写过程中，编者们秉承严谨的学术态度，力求内容既准确又易学。由于本次编写为一次全新的尝试，教材中难免有不完善之处，我们诚邀广大读者提出宝贵意见与建议，共促本教材质量不断提升，为会计学教育贡献绵薄之力。

编　者
2025 年 1 月

目 录

第一章 会计学总论：构建决策信息的基石

第一章 会计学总论：构建决策信息的基石

▶【本章导读】

　　全球知名的价值投资者沃伦·巴菲特曾透露过自己的选股理论，他喜欢挑选净资产收益率持续较高，并且负债杠杆低的公司。他曾告诉自己公司的股东，只有净资产收益率高于20%、负债杠杆低、保持10年稳定持续增长的企业才能进入他的选股范畴。这里的净资产、收益、负债、负债杠杆等信息，都直接或间接来自企业财务报告中披露的会计数据。

　　按巴菲特的选股条件，根据Wind资讯2011—2021年收录的数据，近3 500家中国A股上市公司中，仅格力电器、贵州茅台、恒瑞医药、双汇发展、东阿阿胶、华东医药、承德露露、海康威视、洋河股份9家公司满足标准。这9家公司的股票长期表现均不错，如果投资者从上市伊始便购买股票，到2021年年末，回报率最高的格力电器在22年间涨了136.2倍，即使回报率相对较低的承德露露也有10.2倍的收益。

　　由此可见，会计信息是股票投资者做出投资选择的基础。人们需要经济信息来帮助他们对企业做出决策和判断。无论是生产部经理如何决定最合适的生产水平，还是银行经理向企业发放银行贷款，抑或是管理层决定为员工增加多少工资，利用会计信息都可以帮助他们作出决定。

　　除了上述股票投资者以外，还有哪些人需要依据企业会计信息进行决策判断？不同人关注会计信息的侧重点是一样的吗？企业披露的会计信息应该具备怎样的特征和作用才能符合会计信息使用者的期望？会计人员参与了企业会计信息披露的整个过程，他们在工作中应具备哪些基本的职业道德规范，才能有效保障所提供的会计信息是满足使用者需要的呢？新兴技术的发展对会计信息生成以及基于会计信息的分析、预测、决策、管理分别有怎样的影响？请你带着对这些问题的思考，开始本章内容的学习，逐步了解会计学的总体框架。

　　资料来源：作者根据公开资料整理而成。

第一节 会计的基本概念

一、会计的产生与发展

1. 会计的起源

　　会计学（accounting）是一门古老而年轻的学科，最早可以追溯到史前文明时期的原始计量与记录。原始人类靠捕猎和耕种为生，随着原始社会生产力水平的发展，逐渐有了剩余产品，但当时还没有出现文字，为了使用或交换这些剩余产品，诞生了简单的计量和记录。计量和记录方式一般有两种，一种是简单刻记，另一种是直观绘图计数。如西安半坡遗址的陶符刻画、宁夏贺兰山岩画中的刻石记事等，本质上都属于"会计"行为。

结绳记事被视为数学、统计及会计的起源，也说明会计与数学、统计存在一种必然的联系。考古证据表明，古代美索不达米亚地区的人们在黏土上记录与贸易有关的文字和数字信息，现代会计系统也由此发展而来。这些原始的简单计量、记录行为标志着会计思想的萌芽。随着生产力的进一步发展，剩余产品的种类和数量不断增加，会计逐步"从生产职能中分离出来，成为特殊的、专门委托的当事人的独立的职能"。

【"四个面向"小课堂】

马克思在《资本论》（第一卷）中论述社会内部分工部分时提到，在原始小规模印度公社，已经专设一个记账员负责登记农业项目和记录相关事项，这就是古代早期的会计人员。

从远古时期到农耕时代，随着社会生产力的发展进步和经济管理要求的不断提高，需要清晰的记录和核算以应对复杂的社会经济现象，这便是会计的起源。包括中国在内的四大文明古国，都与会计工作存在古老的渊源，并伴随着其后期的发展。

2.西方会计发展历程

会计工作自公元前就在古巴比伦、古埃及、古希腊和世界其他古老的文明里存在。一般认为，经济活动的发展是会计的重要起源。12世纪至15世纪，地中海沿岸城市成为商品贸易中心，驱动了单式簿记向复式簿记的变革。1406年—1434年，意大利威尼斯商店会计账册中出现了"资本"和"损益"账户，出现了资金负债表的平衡结算，其被称为"威尼斯核算法"。1494年，意大利数学家卢卡·帕乔利（Luca Pacioli）出版了数学、会计学名著《算术、几何、比及比例概要》，对威尼斯流行的复式记账法进行了较为翔实的介绍和理论阐述，被誉为会计发展史上的第一个里程碑，卢卡·帕乔利也被誉为"近代会计之父"。

18世纪英国发生第一次工业革命，社会经济结构、企业组织形式和科学技术发生了剧烈变革，促使了簿记向会计的历史性转变。19世纪英国迈入会计发展的最前列，产生了编制、稽核报表以及研究资产估值方法和相关理论等的工业会计，继而又有了折旧概念和成本会计。1854年爱丁堡会计师协会成立，这是西方会计史上的第二个里程碑，标志着职业会计师和企业会计师相分离，审计师的地位和审计职业得到了确立。

第二次世界大战后，美国取代英国，在生产、科技发展上遥遥领先，使经济以及会计都转向为以美国为中心。20世纪上半叶，标准成本会计的研究在美国得到飞速发展。1911年泰勒的《科学管理原理》一书，为财务会计发展到管理会计奠定了思想基础与理论基础。自20世纪50年代开始至今，股份公司这一经济组织形式迅速发展，同时会计技术、方法和内容的发展也出现两个重要标志：一是系统论、控制论和信息论的产生，建立了自然科学与社会科学的联系，会计信息论观点也随之出现。电子计算机的出现与迅速发展，使会计业务从手工操作向自动化操作转变，产生了电算化会计。二是伴随管理科学的发展，会计分化成财务会计和管理会计两支——管理会计不仅能描述和分析过去，还能科学地预测未来，会计的职能扩展为反映、预测、决策、计划、监督和控制。会计电算化的普及以及财务会计和管理会计两个分支的出现，是会计发展史上的第三个里程碑，标志着会计进入了现代化阶段（如图1-1所示）。

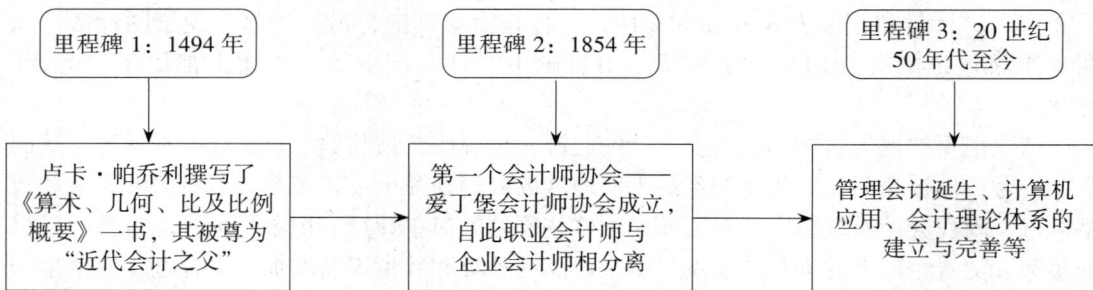

图1-1　西方会计发展的三个里程碑

资料来源：作者根据公开资料整理而成。

到20世纪80年代，会计又出现了新的领域，如人力资源会计、通货膨胀会计、环境绿色会计、社会责任会计等。会计内容变得更加广泛，会计手段更加现代化，会计目标更加明确，会计作用得到更充分的发挥。

3.中国会计发展历程

"会计"一词最早见于《史记·夏本纪》，"禹会诸侯江南，计功而崩，因葬焉，命曰会稽。会稽者，会计也"。大禹晚年在绍兴的苗山上大会诸侯，稽核他们的功德，这个行动称为会稽（会计）。"会，大计也。然则零星算之为计，总合算之为会，本源会合考核。"

在中国会计的发展历程中，政府会计（官厅会计）作为国家经济治理的关键环节，数千年来始终处于国家经济体制改革的中心位置。西周时代出现了专门的官吏"司书"负责记账、"司会"负责监督。司会专管国家钱粮赋税，对财务收支开展"月计岁会"，"凡财物会计必揽，凡财用必管"，"以参互考日成，以月要考月成，以岁会考岁成"。任何财政制度的实施都无法脱离会计计量和控制工作，经济制度能否取得成效的关键在于会计工作的实施，管仲认为，"不通于轨数而欲为国，不可"（这里的轨数指会计核算方法），"不明于计数，而欲举大事，犹无舟楫而欲经于水，险也"。春秋战国时的《孟子·万章》就记录了："孔子尝为委吏矣，曰：'会计，当而已矣。'"

秦汉时商品货币经济快速发展，民间会计随之繁荣，创立了中国古代独特的会计记账方法"四柱结算法"——"旧管+新收=开除+实在"以及"入-出=余"。唐宋是我国封建经济发展的高峰，其间官厅会计体系逐步完善。到宋代，单式记账法已经发展得非常完善，这一时期"四柱结算法"的普遍应用，使中式会计中的结算方法问题得以解决，宋代"四柱清册"是会计的一大发明。明末清初，商业和手工业再度趋于繁荣，会计活动中诞生了以四柱结算为基础的"龙门账"，将经济事项科学地分为进、缴、存、该，以"进-缴=存-该"为结算关系。清代商品货币经济进一步繁荣发展，又产生了"天地合账"。"龙门账"和"天地合账"是我国出现最早的接近西方复式记账法的记账形式。

复式记账（double entry bookkeeping）可谓会计史上的一次重大变革。然而，我国受封建制度等因素制约而发展小农经济，相较于西方资本主义经济显得发展缓慢，会计进程也被拖累，中式簿记最终被西式簿记代替。1840年鸦片战争后，我国会计领域出现了"改良传统中式会计"与"引进西式借贷复式簿记"共存的局面。清末，蔡锡勇先生所著的《连环账谱》，是中国引进借贷复式簿记的起点；谢霖与孟森合著的《银行簿记学》一书，为引进借贷复式簿记开创条件。1914年中国第一部会计条例颁布，当年10月改称为《会计法》，1935年8月被当时的国民政府废除，1945年《暂行银行统一会计制度》的颁布才使得会计规范体系有了进一步完善与发展。会计方法上出现了收付记账法和增减记账法。同时，政治制度和科学文化都对会计记账方法的演进产生了深刻影响。

会计发展不仅是会计领域的事情，而且取决于整个社会经济的发展是否形成了有利于会计发展的精神环境。中华人民共和国成立以来，会计制度一直在发展完善。1963年《会计人员职权试行条例》发布，1980年《国营工业企业会计制度》发布，1985年《中华人民共和国会计法》发布（1993年第一次修正，1999年修订，2017年第二次修正，2024年第三次修正）、《中华人民共和国中外合资经营企业会计制度》发布，2000年《企业会计制度》发布。改革开放以后，计算机被广泛应用，会计电算化接踵而至。

改革开放初期，我国积极推动会计改革和会计制度的建立，会计工作法治化是必然趋势，开始接轨国际、引入公认会计准则体系。就企业等营利组织会计而言，财政部于2006年2月15日发布了《企业会计准则》，自2007年1月1日起首先在上市公司施行，随后逐步扩大到所有大中型企业。

4. 21世纪的会计发展趋势——数字化、智能化

自20世纪中后期以来，信息技术尤其是互联网技术的飞速发展，重塑了社会基础和经济环境，世界迈入数字化的时代。2012年后，大数据被更多人熟知，会计实现网络化管理显得尤为重要。从1996年财政部发布的《会计电算化工作规范》到2015年国务院印发的《关于积极推进"互联网+行动"的指导意见》，互联网及信息化应用，极大地加快了会计网络化、数智化的转变。国资委2022年发布了《关于中央企业加快建设世界一流财务管理体系的指导意见》，文件提出中央企业应"完善智能前瞻的财务数智体系"，明确了建设目标、规划体系、数据基础、建设路径等，并提到企业的文化、组织、人才等关键因素。图1-2列示了数字化技术的主要发展历程。

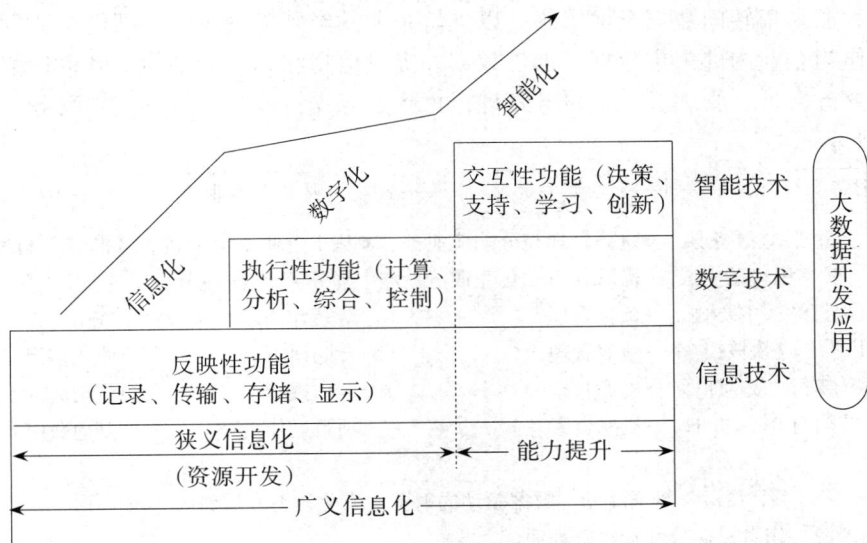

图1-2　信息化、数字化、智能化的关系模型

随着社会的发展进步，会计正面临着前所未有的挑战。一方面，财务报表提供的信息与公司股价间的相关性在不断丧失，在某些行业，会计信息（收入、利润率等）越来越不能反映那些最能够体现公司价值（市值）的因素，比如互联网行业、高新技术行业、人力资源密集型行业等，为这些企业创造价值的要素——无形资产、智慧资本、数字资产——未能在当前规范下的会计信息中得到恰当反映。会计需要进入那些在现代企业中发挥越来越重要的价值驱动作用的领域，如智慧资本、数字资产、环境生态、流量等。另一方面，技术的进步，尤其是大数据、人工智能、区块链、云计算，对会计职业提出了巨大的挑战。例如，随着深度学习与智能决策技术的快速发展，人工智能会计机器人将通过不断学习大量代替人工记账和电算化信息系统，实现会计传统职能的全自动化、全智能化。2016年德勤会计师事务所宣布与Kira Systems联手将人工智能引入会计、税务审计等工作当中，随后四大会计师事务所纷纷推出各自的"财务机器人"以实现财务会计的自动化与智能化。再如，区块链目前已有智能合约和数字货币等应用，其核心的分布式记账技术可以极大提升信息的可信任度、降低社会信任的摩擦成本，很可能对会计、审计的部分职能产生冲击。2019年安永会计师事务所发布了两项区块链开发项目，即区块链分析仪的新版本和零知识证明协议。正如20世纪初西方复式簿记大量取代传统中式簿记、21世纪初电算化技术大量取代手工记账技术，与其说数字技术可能让会计面临消亡局面，不如说数字技术将成为有助于会计适应未来的嬗变与重塑的关键力量。

企业面临的经济环境越来越复杂、市场竞争加剧、产业链变化等不确定因素的影响，使企业必须应对一些重大风险，企业在经营决策过程中需要依赖更多的数据支撑。数据在传统财务部门仅用来作为证据追溯过去，而数据还可以用来监控和评价、实时预警、洞察规律、发现未知、预测未来。传统会计采集的信息——通过会计科目核算流程呈现的数据——把复杂经济业务中的大量数据都丢失了，因此企业财务亟待进行数字化转型，从传统财务数据采集转向数据全面采集，以支持企业的经营管理决策、帮助企业创造价值。财务部门作为企业内部采集数据、加工数据、提供信息和知识的部门，其责任范围会逐渐扩大，从财务会计、管理会计到财务管理，再到财务支持业务，最终实现财务支持决策，如图1-3所示。

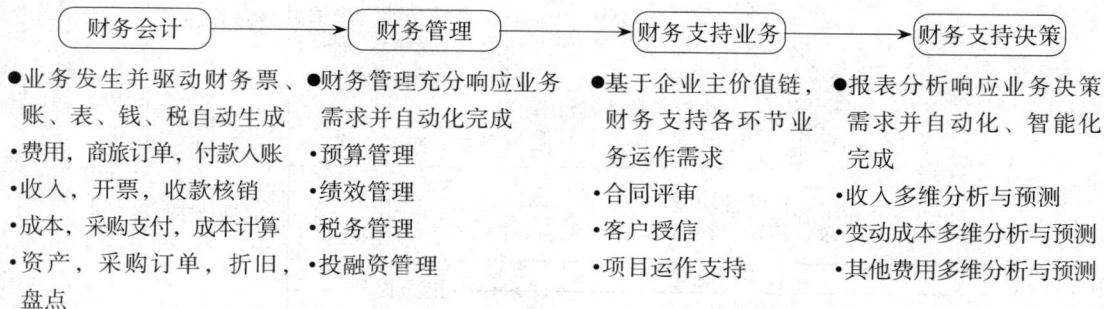

财务会计	→	财务管理	→	财务支持业务	→	财务支持决策
●业务发生并驱动财务票、账、表、钱、税自动生成		●财务管理充分响应业务需求并自动化完成		●基于企业主价值链，财务支持各环节业务运作需求		●报表分析响应业务决策需求并自动化、智能化完成
・费用，商旅订单，付款入账		・预算管理		・合同评审		・收入多维分析与预测
・收入，开票，收款核销		・绩效管理		・客户授信		・变动成本多维分析与预测
・成本，采购支付，成本计算		・税务管理		・项目运作支持		・其他费用多维分析与预测
・资产，采购订单，折旧，盘点		・投融资管理				

图1-3 数据驱动的财务数字化转型发展路径

资料来源：作者根据公开资料整理而成。

经济越发展，会计越重要。从人类文明史来看，会计随着社会生产的发展和科技文化的进步，经历了由简到繁、从低级向高级的演化过程，会计是经济管理学的基础。当代数字技术和智能科技的蓬勃发展，改变着会计这一古老职业的工作特征和行业形态，财务数字化转型方兴未艾，对会计的未来影响深远。

▶▶ 二、会计含义和对象

1.会计的含义

会计是什么？在《说文解字》一书中认为，"会"和"计"都有计量和汇总计算的含义，两字可以通用。清代的焦循则以会计实践为依据，在《孟子·正义》中将"会"和"计"两个字作了一定的区分，"零星算之为计，总合算之为会"。在生产活动中，为取得劳动成果往往要耗用相应的人力、物力、财力。既要注重成果的多少，也要考虑相应耗费（成本）的高低，于是产生了专门记录和计算经济活动过程中所得与所费的会计。随着生产经营活动的进一步发展，会计已经由简单的记录和计算逐渐发展成为以货币单位为计量媒介，综合地核算并监督经济活动过程的一种价值管理活动。

综上所述，本书将"会计"定义为以货币为主要计量单位，运用专门的方法来综合核算与监督经济活动的一种经济管理过程。通俗来说，就是用货币金额的多少，按照一定的规则整理、记录、展现、总结某一时期所有的经济行为。比方企业花1万元买了一台电脑，或者卖了200万元的商品，或者支付了40万元的工资，这些活动就是一个又一个的经济业务，而企业需要对经济业务进行记录并报告。一个月、一个季度、一年里，企业会发生很多不同类型的经济行为，对每个经济业务进行整理、记录、汇总，最后就形成了财务报告（月报、季报、年报）。通过对每个经济行为进行核算与监督，财务报告就能反映这个企业经营的总体情况。

纵观会计理论发展的历史，古今中外不同的会计学派呈现百家争鸣的局面，各种会计学派对会计的本质有不同的认识，出现了不同的会计定义，具有代表性的几种会计理论见表1-1。

表1-1　　　　　　　　　　　　　主要会计理论

学派	经济学基础	代表人物	主要理论观点
古典会计学派	新古典经济学、制度经济学（20世纪30年代）	会计学家兼经济学家佩顿（Paton）和利特尔顿（Littleton）	关于指导会计准则的理论应具有"连贯、协调、内在一致"的理论体系的论断，一直指导各国关于财务会计概念框架的研究和会计制度建设
信息系统论会计学派	信息经济学（20世纪60年代）	会计思想家马蒂斯奇（Mattessich）、德纳斯齐（Denaski）和菲尔珊（Felthan），我国学者葛家澍、余绪缨等	会计是旨在提高企业和各单位活动的经济效益、加强经济管理而建立的一个以提供财务信息为主的经济信息系统（同时也是国内多所高校教材采纳的观点）
管理活动论会计学派	管理经济学（1951年诞生）	经济学家施马伦巴赫（Schmalenbach），我国学者杨纪琬、阎达五等	会计是人们管理生产过程的一种社会活动，其基本职能一是反映，二是监督。"会计是以货币为主要计量单位，反映和监督一个单位经济活动的一种经济管理工作。"（中国CPA教材采纳）

2.会计职能

马克思在《资本论》（第二卷）中指出："过程越是按社会的规模进行，越是失去纯粹个人的性质，作为对过程的监督和观念上的总括的簿记就越是必要。因此，簿记对资本主义生产，比对手工业和农民的分散生产更为必要，对公有生产，比对资本主义生产更为必要。"由此可见，会计的职能包括核算和监督。而现代会计不仅是记录和陈述过去、如实反映已发生的经济业务，还包括预测未来、为企业的经营决策提供依据。除了会计核算和会计监督两大会计基本职能以外，还有一些拓展职能，如预测经济前景、参与经济决策、评价经营业绩等。这三项拓展职能体现了由传统财、税、审职能向管理会计和内部审计的转型，是会计由信息系统向控制系统的拓展延伸。

（1）会计的反映（核算）职能

会计的反映（核算）职能，是指会计通过对各单位发生或完成的经济活动进行确认、计量、记录和报告，主要以货币计价，为经营管理提供经济信息的功能，是会计最基本的职能。会计核算的内容是会计系统所确认、计量、记录和披露的关于特定主体经济业务的一系列数据，主要包括货币和有价证券的收付、产品货物的增减变动、债权债务的发生和结算、收入支出和经营成果的计算等需要办理会计手续、进行会计核算的事项。

（2）会计的监督职能

会计的监督（控制）职能，是指会计按照一定的目的和要求，利用各种价值指标，在核算所提供的经济信息基础上，对各单位的经济活动进行控制，使之达到预期目标的功能。会计监督分为事前、事中和事后监督，也可分为内部监督与外部监督。

核算职能和监督职能相辅相成、不可分割、辩证统一。核算是基础，没有会计核算的监督就失去其存在的基础；会计监督是如实核算的保证，没有会计监督的核算也就失去了其意义。会计核算是会计监督的基础，会计监督是会计核算质量的保障。

会计要发挥反映、监督与参与经营决策的职能，就必须进行预测、计划、记账、算账、分析、控制、检查、反馈等各个环节的工作。从预测到反馈的各个环节综合体现了反映、监督和参与经营决策的职能，而不是某一个工作环节孤立地只和某一项职能相联系。对会计职能的认识随着生产力的发展、管理水平的提高而不断变化和发展。

3.会计对象

会计对象是指会计反映、监督什么内容。具体来说，会计核算和监督的对象是社会再生产过程中能用货币表现的经济活动，又称资金运动或价值运动，即资金在生产、交换、分配、消费等环节不同的经济活动中流动的过程，是会计行为的客体。会计仅可核算和监督再生产过程中能够以货币等数量形式表现的经济活动（如图1-4所示）。

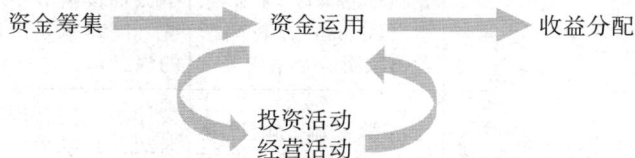

资金筹集 ➡ 资金运用 ➡ 收益分配

投资活动
经营活动

图1-4　企业经济活动示意图

由于企业、行政事业单位在国民经济中所处地位和作用不同，资金运动的具体内容、形式也不相同，会计核算和监督的主体、目的及具体内容也不完全相同。

（1）营利组织会计

企业属于营利性的经济组织，企业会计也称营利组织会计，如制造业会计、农业会计、商品流通会计、交通运输会计、建筑施工会计、通信服务会计、饮食服务会计等各类企业会计。广义上的企业会计，主要工作不仅限于财务会计，还包括管理会计、内部审计、财务管理等。企业会计是以资金循环为中心，以成本核算为重点，核算和监督企业生产经营资金在社会再生产过程中的运动过程和结果的会计体系，一般制造业企业的资金运动如图1-5所示。

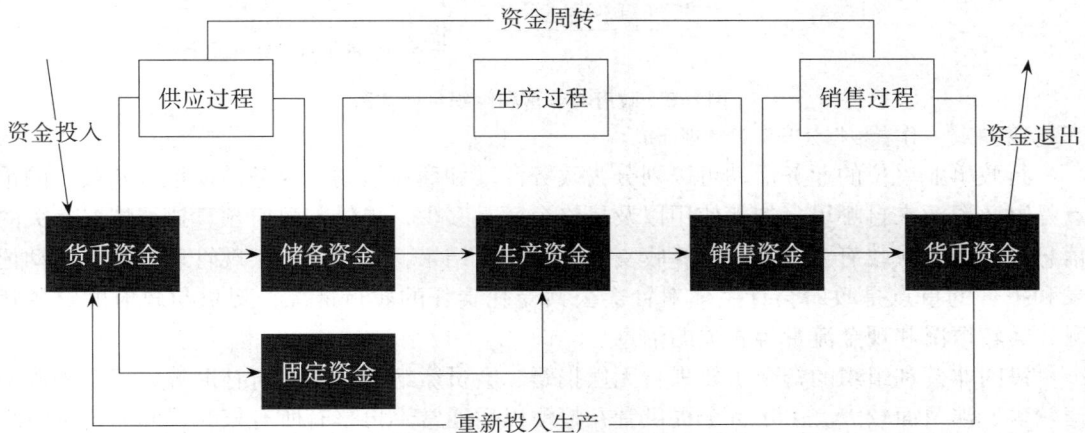

图1-5　一般制造业企业的资金运动

如图1-5所示，制造业企业的资金运动表现为供、产、销三个阶段的资金循环和周转，企业所处行业不同，其资金运动也不尽相同。商品流通企业购进并销售商品，制造业企业比商品流通企业多了生产环节，其资金运动相比于商品流通企业要更复杂。不论哪种类型的企业，首先得从不同渠道筹集资金才能开展经营活动，随后将筹集到的资金用于购置厂房、机器设备、工具、原材料等，制造业企业通过生产活动形成最终产品，销售产品，收回资金并最终实现盈利。

（2）政府与非营利组织会计（government and nonprofit accounting）

非营利组织是一种组织形式，主要目的不是为了盈利，而是为了实现通常具有社会性质的其他重要目标。政府与非营利组织会计主要从事财政预算、相关业务的核算以及资金使用、控制和监督等工作。

现代社会组织可分为政府组织与非政府组织，其中非政府组织又可以分为营利组织与非营利组织。作为公共管理主体的政府是指执掌公共权力的所有国家机构，包括多级立法机关、行政机关和司法机关。西方非营利组织一般以民间非营利组织为主体，我国非营利组织则分为公立非营利组织（事业单位）和民间非营利组织两大类。公立非营利组织主要包括文化事业单位、体育事业单位、教育事业单位、卫生事业单位、科学事业单位等，民间非营利组织主要包括"科、教、文、卫"（如红十字会、国际环境保护组织协会、中国青基会等）。政府与非营利组织会计目前大体分类如图1-6所示。

相比于企业，政府与非营利组织的资金运动更简单，只包括资金取得和运用两个过程，尚未使用的资金不用退出，而是结存，留待下年度使用。

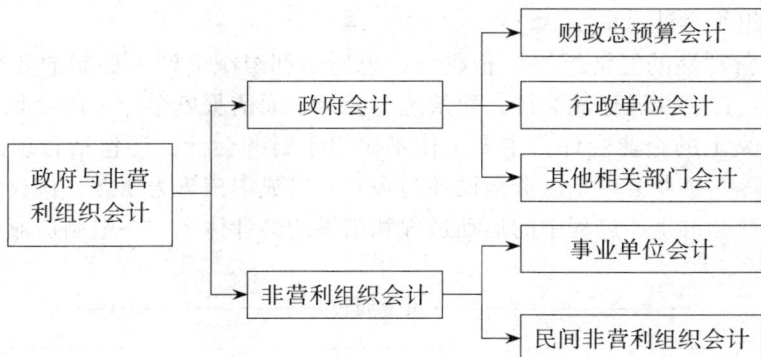

图1-6 政府与非营利组织会计体系

资料来源：作者根据公开资料整理而成。

行政事业单位的业务活动可以划分为政务活动和商业活动。政务活动记录和报告的重点是财政资源来自哪里、如何使用以及最终余额是多少，提供与政府预算执行情况有关的信息，综合反映政府会计主体预算收支的年度执行结果，从而进行宏观管理。商业活动记录和报告的重点是政府会计主体对社会公共受托责任的履行情况，提供与政府的财务状况、运转情况和现金流量等相关的信息。

民间非营利组织的资金主要来自无偿捐赠、会员缴纳会费、政府补助等，资金来源渠道较多、涉及面较大。由于资金提供者在捐赠以后通常不再享有所有权，民间非营利组织会计需要向捐赠人、会员、监管机构等报告资金使用状况、资源控制情况、负债水平、现金流量等信息。

第二节 会计系统和会计信息

▶▶ 一、会计系统

会计系统是整个企业信息控制系统的重要组成部分。企业内外的利益相关者都必须考虑如何分配稀缺的经济资源，为了确保分配决策的效率和有效，利益相关者就需要经济交易等各方面的信息。因此，可以将会计系统看作一个信息收集、处理和交流的系统，一个会计系统包括用以产生会计信息，并且把这些会计信息传递给决策者的人员、程序、方法和记录。会计系统的基本作用是提供大部分数据，该系统不能也不试图涵盖所有经济投入，主要侧重于收集、记录和报告与特定主体有关的关键经济数据，即重点在于要呈现哪些信息。被量化为数字的信息很"冰冷"，一个实体内如果没有能够理解和交流这些信息的人，就很难取得成功。会计系统一般包括四个阶段（如图1-7所示）。

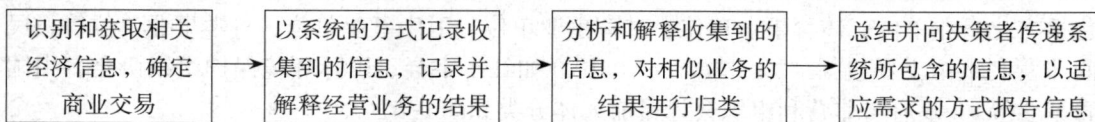

图1-7 会计系统的四个阶段

资料来源：作者根据公开资料整理而成。

1.会计信息是会计系统加工后的结果

经济活动发生以后，通常会形成一些杂乱无章的源数据，这些数据必须经过会计系统一系列的处理以后，才能以会计信息的方式输出，成为对决策有用的会计信息（accounting information）。

会计信息的加工处理过程是将经济信息转换为会计信息的过程。为顺利完成这一过程，就需要对经济活动产生的数据运用特定方法进行处理。会计数据处理过程即会计核算工作的过程，包括确认、计量、列报和披露三个环节（见表1-2）。

表1-2 会计核算工作的主要环节

环节	含义	作用
会计确认（recognition）	当经济活动发生时，依据一定的标准，辨认哪些数据需要输入、何时输入会计系统以及如何进行报告	会计确认主要解决以下问题：哪些经济活动应该进入会计系统；进入会计系统中的哪个项目；何时确认经济活动对会计要素的影响；会计期末如何进行报告
会计计量（measurement）	在财务会计核算中，对会计对象的数量关系加以衡量、计算，使其转换为可用货币表现的信息	会计计量是用货币来表示每笔经济活动，主要解决经济活动在会计信息上"反映多少"的问题，确定经济活动的影响程度
列报和披露（presentation and disclosure）	是指会计信息在财务报表中的列示和在附注中的披露	"列报"强调会计信息在财务报表中的传递，各类会计信息以货币金额的形式列示在财务报表中。"披露"则是在财务报表正表以外，以附注说明、补充信息和其他报告的形式进行信息传递，包括财务和非财务信息，帮助会计信息使用者更好地理解和分析财务报表中的会计信息

数字经济时代，会计系统需要与业务系统高效连接。通过业财融合，端到端打通业务与会计的衔接，财务直接参与业务管理；通过财务共享模式，不少企业将财务系统整合到企业整体信息平台，实行财务集成系统变革，使会计与企业经营的业务价值链高度融合起来。

2.会计信息及其提供者和使用者

会计需要为组织和社会创造价值，就要提供准确的信息进行内部管理筹划，同时提供可靠的信息获得外部信任。根据信息系统论，会计涉及对过去参与的经济活动进行核算，对当前正在进行的经济活动进行控制，并对未来将要发生的经济活动进行预测，从而提供与使用和决策相关的信息。每家企业只提供与自身经营运作状况有关的会计信息，因此各个主体提供的会计信息具有其独特性。

一般来说，会计信息可以被分为三种类型：财务、管理和税务。财务会计信息是指描述一个经济单位（组织或个人）的财务资源、义务和活动的信息。财务会计信息的首要目标是向外部利益相关者提供有用、相关的会计信息，帮助投资人、债权人、雇员、供应商、客户、政府机构等做出经济决策。管理（或管理性）会计信息旨在产生并提供实用的、有助于企业管理者做出经营决策的会计信息。一家公司的管理层或员工需要这些信息帮助他们对企业的日常经营进行分析、预测、控制和决策。许多管理会计信息具备财务会计信息的性质，只不过以一种与当前的决策息息相关的方式进行呈现。纳税申报是会计中的一个特殊领域，税务会计也聚焦于进行税务筹划。

企业，尤其是上市公司，是会计信息的提供者。企业内部的管理人员和会计人员是与会计信息披露相关的主要人员，企业的高管主要包括董事、监事、会计主管和其他高级管理人员，他们往往对公司的会计信息披露产生最为直接的影响。会计人员是会计信息的生产者，因为会计信息由其亲手加工处理。依据委托代理理论，会计人员和企业控制者构成委托代理关系。企业控制者是委托方，会计人员是受托方。会计人员秉承企业控制者的意旨，仅为企业生产会计信息。管理层和治理层是提供会计信息的责任人。

会计信息使用者包括所有者、债权人、客户、供应商、潜在投资者和潜在债权人、职工、管理人员、研究分析人员、税务部门、政府监管部门、社会公众等。其中，企业的投资方及其他所有者、债权人、顾客和政府部门（如税务部门、监管部门等）是财务信息的外部使用者。经营活动管理人员是会计信息的内部使用者。外部使用者和内部使用者都对企业的盈利能力、财务状况和现金流量感兴趣。

盈利能力通常通过公司的利润表进行测算，资产负债表主要描述企业某一特定时点的财务状况，现金流量表则主要描述在一段时期内现金的流入和流出。通过对一个公司财务报表的审查和分析，制定可行的经济决策、评定绩效和实力，同时也会影响公司在资本市场的融资或谈判能力。

会计信息使用者们对会计信息有着各自的需求，企业不可能满足会计信息使用者的所有需求。因此企业依照规定，为会计信息使用者提供一种旨在满足其共同需求的标准化会计信息。企业的会计信息与其在外部市场融资息息相关，主要使用者如图1-8所示。

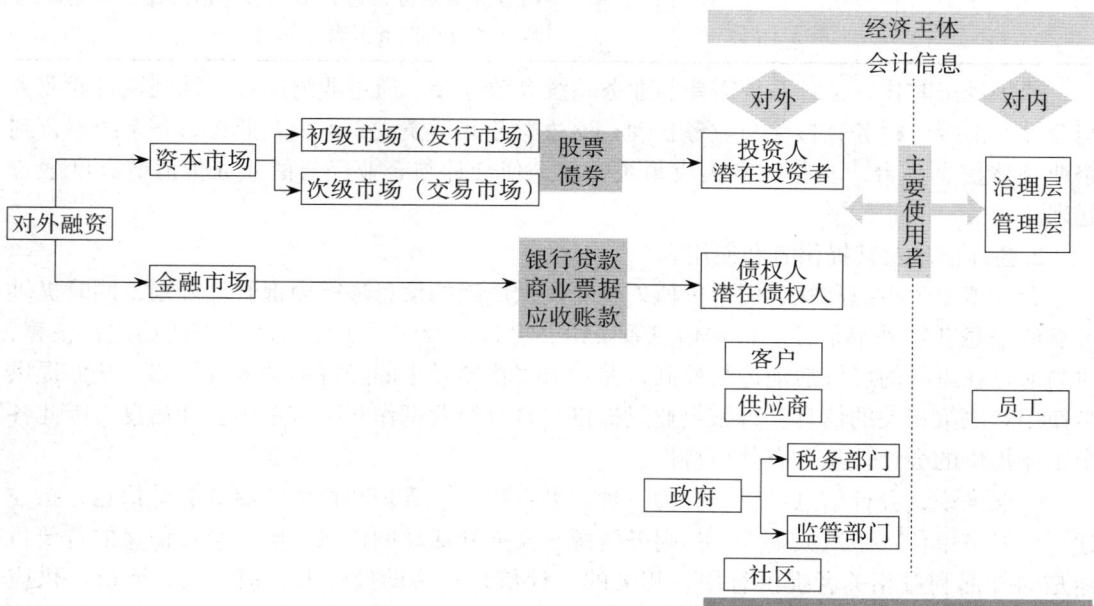

图1-8　对外融资与会计信息使用者

资料来源：作者根据公开资料整理而成。

▶▶ 二、财务会计信息

自 20 世纪 50 年代开始，会计分为财务会计（financial accounting）和管理会计（managerial accounting）两大分支。其中，财务会计的主要工作是记录和报告经济活动，提供决策需要的会计信息；管理会计的主要职责是运用财务会计信息等进行预测、决策、控制和评价。财务会计主要提供信息（即记账、算账和报账），管理会计主要运用信息（即用账）。财务会计与管理会计的对比见表1-3。

表1-3   财务会计与管理会计的对比

对比项	财务会计（被动）	管理会计（主动）
信息的使用者	"外向性"，企业外部信息使用者	"内向性"，内部各级管理层，企业管理信息系统的组成部分
信息报告的周期和格式	固定，不同会计周期如季度、年度	灵活、根据管理层的预测需求
信息的监管	受法律、法规和会计准则约束	无严格法规制约
信息的时间焦点	提供历史信息	提供面向未来的信息

1.财务会计面向会计信息外部使用者

财务会计主要向企业以外的利益相关者提供财务信息，也称对外会计。现代财务会计是在传统财务会计的基础上发展起来的。传统财务会计以权责发生制为基础，以历史成本为计量属性，以复式簿记为记账方法。现代财务会计以会计准则为规范，提供经过严格审计的通用财务报告，财务报告披露的范围也在不断扩大。

财务会计以货币形式反映企业一定期间已发生的经济业务，核算和评价整体的财务状况、经营成果、权益变动状况和现金流量。会计信息的外部使用者是对报告企业具有财务利益的个人和其他企业，但他们不参与该企业的日常运行。

不同的外部信息使用者对财务报告反映内容有着不同的要求，会计的贡献在于为所有的经济决策提供了一个基础和起点：投资者在这个基础上进行未来现金流的预测、挖掘未来收入增长点、看出资产负债中的风险，他们往往很关注企业的盈利状况，需要借助会计信息来确定是否要调整投资、变更管理层或强化企业的内部控制等。企业贷款人、供应商等债权人在这个基础上采取更保守的偿付能力分析，可能需要看到会计数字中隐藏的负债或费用，他们通常关心企业是否有能力偿还债务以及自身所承担的相关风险。企业管理者也是财务会计信息的使用者，他们利用财务信息等相关信息来管理企业，对企业进行控制、做出财务决策。政府需要依据财务报告计算投入、回报与补助的宏观状况，便于把握更真实、更符合长远发展的企业经营表现。

财务会计把决策者和经济活动联系在一起，并把决策者和他们决策的结果相联系（如图1-9所示）。一旦必要的经济信息汇总到报告之类的信息披露中，决策者便可利用这些信息来改进决策过程。决策者制定的决策和采取的特定行为将引起未来经济活动等的一系列的变化。

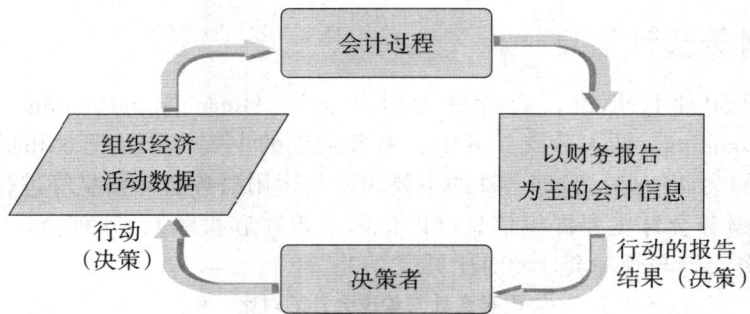

图1-9　财务会计建立决策者与经济活动的联系

2.对外财务报告体系

　　财务会计信息在宏观调控和微观管理上作用显著，能有效评估并预测未来现金流，从而加强和改善经营管理，有助于政府部门进行宏观调控、投资者等进行经济决策。财务会计工作有固定的原则和标准，要按照相关法律规范、公认会计准则等的要求，在固定的周期，以严格的标准，向会计主体外部的各利益相关者提供真实、公允的财务报告，以便他们及时、准确地了解当期的经营成果和财务状况等。

　　财务报告作为企业正式对外信息交流的主要工具和对外信息披露的主要载体，是反映企业财务状况和经营成果等的书面文件，包括资产负债表、利润表、现金流量表、所有者权益（或股东权益）变动表四张财务报表主表，其他附表（若有）及会计报表附注（如图1-10所示）。

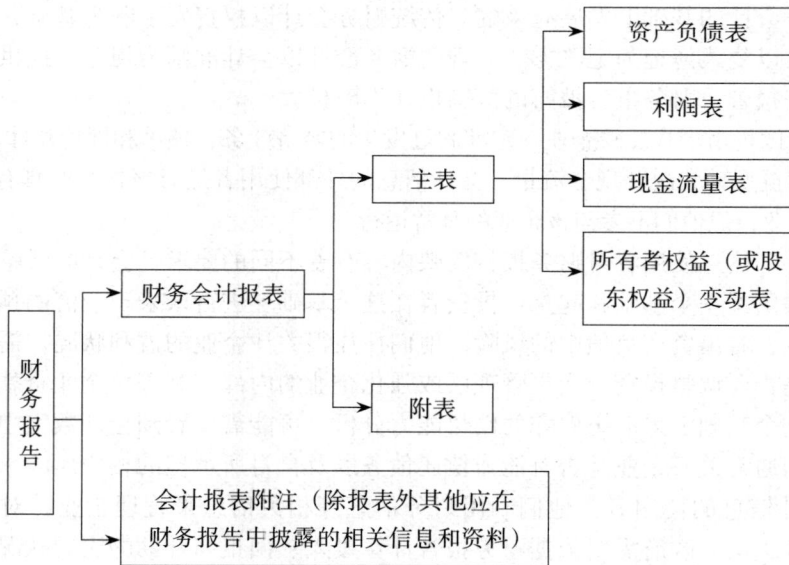

图1-10　财务报告体系

　　对外财务报告的目标包括总体目标和具体目标：总体目标是提供在利益相关者决策或价值评估中有用的相关信息；具体目标是披露企业获得的资源、资源的使用情况以及这些项目随时间如何变化的信息。对于会计信息的外部使用者，财务报告通常是往回看的，基于过去事件交易的记录，作为对过去业绩的反馈或用于确定未来业绩趋势的线索。管理会计还可以通过预测手段编制财务预测报告，以帮助管理者评估未来可能的利润、现金流量等。

3.上市公司监管框架和企业内部控制

企业通过财务报告体系向外披露会计信息，然而企业所提供的数据是否真实可靠、对外部使用者是否有用则成了新的问题。如何保证会计信息可靠？要由来自企业外部的监管和企业内部的制度共同保障，为此我国财政部等各部委发布并实施了一整套的外部监管框架和内部控制制度，以期保障企业财务信息披露的真实可靠。

上市公司监管是证券监管和公司治理机制之一，也是我国治理体系和治理能力现代化的一个组成部分。改革开放以来，不同行业、不同规模、不同所有制的优质企业相继发行上市，借力资本市场做大做强，成为我国经济中最活跃、最富创造力和竞争力的市场主体，为我国经济实力和综合国力的大幅跃升作出了积极贡献。上市公司由于所有权与经营权分离会导致道德风险与逆向选择的出现（代理问题），完善上市公司监管制度，对于保护投资者的利益、打造新时代合规高效的上市公司具有重要意义。

目前，中国证监会一直持续推动公司法的修订，不断夯实监管工作的制度基础；同时，注册制改革也加快了更加成熟、更加定型的上市公司监管制度体系的构建。上市公司监管框架包含证券立法、规范性文件和编报指南三个层次，如图1-11所示。

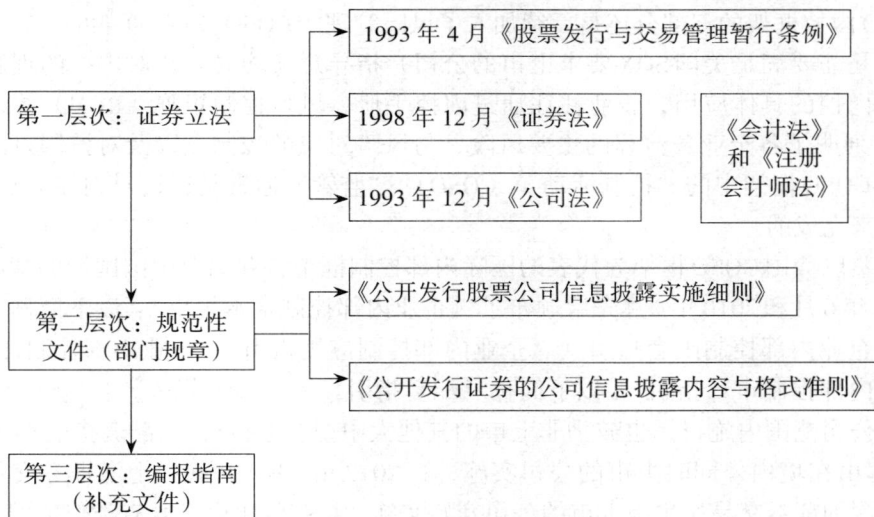

图1-11　上市公司监管框架

资料来源：作者根据公开资料整理而成。

具体而言，上市公司监管制度要求上市公司建立健全治理制度体系，按照《公司法》《证券法》等法律、法规和监管机构的其他有关规定，结合公司实际制定法人治理规章制度；对于信息披露，董事会要"真实、准确、完整、及时、公平"地向投资者披露信息，完善公司信息披露工作流程和管理制度；对于募集资金管理，严格按照各证券交易所颁布的《上市公司自律监管指引》或《上市公司持续监管指引》中关于募集资金管理方面的规定，确保募集资金使用的安全性、合规性及透明度；对于内部控制，应根据《企业内部控制基本规范》的有关要求建立健全从上到下、贯穿经营管理所有环节的内控机制。

2020年10月9日，国务院发布的《关于进一步提高上市公司质量的意见》指出：提升信息披露质量，以提升透明度为目标优化规则体系，督促上市公司、股东及相关信息披露义务人"真实、准确、完整、及时、公平"地披露信息。以投资者需求为导向，完善分行业信息披露标准，优化披露内容，加强信息披露的针对性和有效性。严格执行企业会计准则，优化信息披露编报规则，提升财务信息质量。上市公司及其他信息披露义务人要充分披露投资者作出价值判断和投资决策所必需的信息，并做到简明清晰、通俗易懂。相关部门和机构要按照资本市场规则，支持、配合上市公司依法依规履行信息披露义务。

内部控制是由企业董事会、监事会、经理层和全体员工实施的、旨在实现控制目标的过程，包括：内部环境、风险评估、控制活动、信息与沟通、内部监督等要素。目标是合理保证企业经营管理合法合规、资产安全、财务报告及相关信息真实完整，提高经营效率和效果，促进企业实现发展战略。

国际上通行的内部控制理论体系，来自美国COSO委员会上世纪90年代发布的概念框架——《内部控制整合框架》。其解决了理论边界问题，解释了内控的目标、层面、构成要素等内容，有助于理解内控概念。但COSO框架并不是一个"内控操作手册"，缺乏对不同行业、不同管理方式、不同发展阶段的企业内部控制具体操作的详细指导。因此，不论是COSO内控框架的五部分还是后续加入了风险管理的COSO-ERM框架的八要素，对公司（尤其是需要满足美国SOX要求上市的公司）指导意义均局限在对内控的理解这个层面。对于内控的具体应用，企业往往通过内控手册、风险控制矩阵（RCM）等工具来实现。RCM列明了各个业务流程的主要风险、与风险对应的控制点以及对控制点的详细描述，对应COSO框架中的"控制活动"。COSO的"监管"通常是通过对内控的自我评估、内控审计来完成的。

在借鉴以美国COSO框架为代表的国际内部控制框架，并结合中国国情的基础上，我国于2008年6月和2010年4月先后颁布了《企业内部控制基本规范》（以下简称《基本规范》）和企业内部控制配套指引（《企业内部控制应用指引》《企业内部控制评价指引》和《企业内部控制审计指引》，以下简称《配套指引》）。《基本规范》自2009年7月1日起在上市公司范围内施行，也鼓励非上市的其他大中型企业执行。《配套指引》于2011年1月1日起由在境内外同时上市的公司实施，自2012年1月1日起在上海证券交易所上市的公司及深圳证券交易所主板上市的公司开始实施。规范的出台，既有类似美国《SOX法案》的强制力，又有对企业内部控制建立、评价和审计实务的指导作用，是中国企业按国际化标准严格自律的法规文件，更是中国企业参与国际竞争，逐步接受并自觉遵循市场经济规则，不断完善企业制度，细化管理的内在要求。

根据《基本规范》及《配套指引》我国倡导有条件的企业根据市场自由竞争的需要建立全面内部控制和全面风险管理制度；同时，根据多数企业的意见，借鉴国际有关做法，提出对有义务对外提供财务报告的企业，至少须确保财务报告的真实可靠，并着重就影响财务报告真实可靠的重要业务与事项进行了规范，引导企业建立健全以财务报告内部控制为核心的内控机制。这样内控的建设有两个思路，一是全面风险管理的思路，二是财务报告内部控制的思路。后者是最基本的强制性要求，是底线，而前者可自愿选择，是一个较长远的规划。

▶▶ 三、管理会计信息

1.管理会计发展历程

管理会计脱胎于传统会计，与财务会计并驾齐驱，主要分为决策与计划会计、管理控制系统两大方面，定位于对组织当前的状况进行控制、考核和评价，以及对组织的未来开展预测、决策和规划，因此需要频繁地从企业各种商业活动产生的数据中挖掘出有价值的信息，是将"战略、业务、财务"一体化的最有效的工具。

管理会计产生于19世纪英国工业革命中纺织、铁路、钢铁业对成本控制和管理信息的需求，当时就产生了成本报表和业绩报告。20世纪以来，管理会计的发展历程大致可以分为四个阶段：

（1）追求效率的管理会计时代（20世纪初到20世纪50年代）；

（2）追求效益的管理会计时代（20世纪50年代至20世纪80年代）；

（3）战略管理会计时代（20世纪80年代至21世纪初）；

（4）培植企业组织核心能力的管理会计时代（21世纪初以来）。

20世纪上半叶，标准成本会计的研究在美国突飞猛进地发展。1911年泰勒的《科学管理原理》一书为从财务会计发展到管理会计奠定了思想基础与理论基础，第一次世界大战后泰勒的科学管理被美国许多企业广泛采用，用以提高企业内部的生产效率与工作效率。与科学管理相适应的"标准成本""差异分析""预算控制"等专门方法应运而生，成为成本管理会计的重要组成部分。20世纪40年代，尤其是第二次世界大战后，为应对激烈的市场竞争，大量企业开始实施职能管理与行为科学管理，以期提高产品质量、降低产品成本、扩大企业利润。此外还产生了"责任会计"与"成本—业务量—利润（本量利）分析"等新方法。"管理会计"一词于1952年世界会计学会年会上得到承认，标志着管理会计作为会计分支正式诞生，传统会计则被称为"财务会计"。

自从财务会计与管理会计"同源分流"之后，与财务会计相对独立的管理会计也得到发展。在高新技术迅速发展的今天，技术创新运用于产业活动，既导致了生产技术体系的变化，也引起了生产组织与管理的变化，对会计信息的应用提出了新的要求。如今的管理会计应用更强调依据量化的信息，在企业现有的运行过程中，为企业的业务运行、决策、判断及管理行为的修正提供支持。

2.公司类型与公司战略

现代企业组织形式通常包括三种，即独资企业、合伙企业和法人企业，每种组织形式存在不同的战略重心。独资企业由一个自然人单独出资经营，业主对企业盈亏承担完全责任、对企业债务承担连带责任；这种组织形式往往会选择培育竞争优势进而提升企业价值的战略，包括提高企业资源素质、发现有利可图的业务、进行匹配等途径。合伙制的企业组织形式由两个或两个以上的合伙人共同投资经营，按比例共负盈亏、共担风险；合伙企业的战略重点是凝聚人才、激发每个人的创造活力，它涉及企业的战略转型、公司治理结构的优化以及组织与人的关系重构等问题。公司制企业是法人企业的主要组织形式，取得国家相关行政部门承认的法人资格。股份有限公司的主要特性有永续存在、承担有限责任、所有权与经营权相分离，因此产权安排是股份制企业的战略重点，在明晰产权的基础上建立起有效的治理结构，追求最低的成本和最大的利润，从而端正战略发展方向并完善自身组织结构。

20世纪80年代以来，为了解决管理会计随着企业的发展，其相关性逐渐消失的问题，很多学者提出了"战略管理会计"的概念及理论，他们认为管理会计所提供的信息应该帮助企业管理层对内进行战略变革、对外做出战略选择，最大限度地协调企业现实与经济环境之间的关系，从而提高自身的竞争优势。战略管理会计的核心是要厘清"环境—战略—经济绩效"之间的逻辑和因果关系，包括"平衡计分卡"和"战略成本管理"等相关理论研究和实践应用。

1996年，哈佛大学的迈克尔·波特在《哈佛商业评论》发表文章《What is Strategy》。波特出于对竞争优势的理解，从产业组织理论的经济学视角定义战略，认为战略不是企业的经营效益，而是定位、取舍和适配，这三点决定了企业在行业内的竞争优势。波特也提供了企业如何提升战略竞争力以获取行业竞争优势的工具，用于分析企业在行业内竞争力的著名的波特五力模型、价值链、一般战略（成本领先战略、差异化战略和聚焦战略）等都包含在他1980年出版的《竞争战略》一书里。这些分析工具如今作为"管理会计工具"被广泛应用。

战略管理本质上是一个识别、选择和实施能够提高组织长期绩效的活动的过程，旨在为组织提供明确的目标和方向。它应该把企业的内部资源与竞争对手、供应商、客户等外部环境联系起来，通常包括利用现有优势和劣势上的限制，也会涉及对商业机会和商业威胁的仔细洞察。无论企业试图实现怎样一个使命或愿景，规划对于各种规模的企业都至关重要，这就需要企业的整个管理层内部协调一致。例如，生产水平和销售水平相互密切关联，对于一个制造业企业来说尤其重要，生产和销售各自为政就会出问题，必须用计划来确保生产水平和销售水平相互匹配。但也并不是说计划一旦制定就不能修改，所有受不可预见的市场变化、生产问题等新情况影响的计划很可能需要修改。决策，包括策划最佳的行动方案等，与计划密切相关。因此，公司战略的管理和实施必须关注计划、决策这两大具体环节。

3.业务与会计

业务活动是企业为了实现目标和战略由全体员工所实施的各类活动，即企业管理的客体或对象。所谓"业财融合"，一方面财务是对业务结果的记载和反映，属于传统财务会计的范畴，随着业务的推进，财务也需要不断改进，完善流程和控制；另一方面，财务可以通过参与业务，促进业务改进，反过来让财务结果有更好的呈现，属于管理会计的范畴。

业务与会计循环如图1-12所示。

企业会计从企业战略出发，对企业的业务活动进行预算和规划，通过战略、预算和规划制定具体的目标业绩，会计人员要对企业业务活动展开持续的记录、反映，最终出具资产负债表，利润则通过利润表来记录和反映，企业成本费用就在这个过程中记入报表。报表展现了企业实际的业绩，将其与目标业绩进行综合评价和对比后得到差异，通过分析这个差异可以更有效地对企业未来的业务活动进行控制，也可以修正目标业绩。

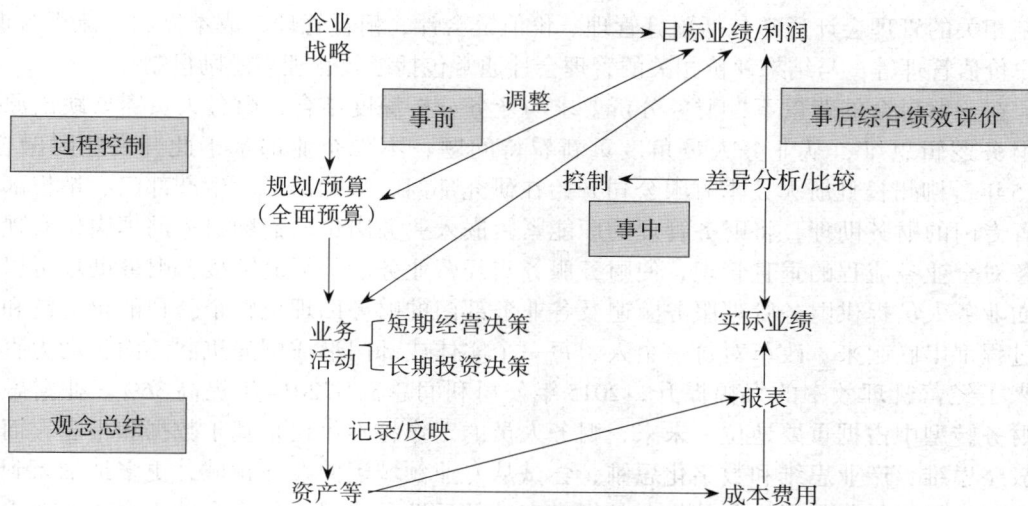

图1-12 业务与会计循环示意图

图 1-12 就反映了这整个体系，上半部分属于马克思所说的"过程控制"，下半部分则是"观念总结"。也有一些观点认为观念总结是财务会计基本职能之一的核算，认为过程控制是基本职能中的监督。管理会计的职能，与财务会计有所区别也有重合之处，其主要职能有管理决策、风险防控、预算管理和绩效考评。

目前管理会计领域大力推行业财融合，业财融合从字面理解就是将业务和财务融合。2016 年财政部发布的《管理会计基本指引》中提到，单位应用管理会计，应遵循融合性原则。管理会计应嵌入单位相关领域、层次、环节，以业务流程为基础，利用管理会计的工具方法，将财务和业务等有机融合。这里的"财务和业务有机融合"简称"业财融合"。管理会计工作要实现业财融合，信息化、数字化不可或缺。

数字时代，数据就是生产力，各种数据信息成为企业的重要驱动力之一，越来越多的商业活动场景实现了数字化，如何从各种数据中挖掘出有价值的信息，对企业持续的生存和发展至关重要。然而，任何没有分析、理解和沟通过的数据都不是信息，不具备价值；管理会计可以释放数据的价值，更好地支持业务经营和战略决策。管理会计将会计从"账房先生"这一角色解放出来，开始收集并处理数据，通过对数据进行分析所获取的信息，综合应用人工智能（AI）、机器人流程自动化（RPA）和区块链分布式账本技术等新技术，战略性地为企业创造价值。财务人员依然保有其客观、专业、严谨以及具备会计核算及分析能力和对企业状况的整体了解等，并对其加以整合，进而扮演业财融合推动者和执行者的角色。

管理会计要发挥作用，必须融入企业的各项业务，而不仅仅只是一门讨论技术、工具和方法的学科。从业务控制的角度出发，企业管理体系主要包括资金、资产、客户管理、供应商管理、合同管理、控制财务风险等项目。在每项业务活动中，几乎都会出现管理会计的身影：参与战略规划的管理会计需要建立起竞争情报系统，这是企业制定战略和正确决策的基础；与决策相关的管理会计需要解决投资方向、资金需求等问题，遵循相关性原则，进行敏感性分析，并预留足够的安全边际，取得报酬与风险的平衡；与日常经营管理控制相关的管理会计通常包括预算管理、价值链会计、精益管理、成本控制、流程管理、客户价值管理等；与结果评价相关的管理会计通常包括绩效管理与激励机制。

在业财融合的背景下，财务分析要求与业务分析深度结合，财务人员需要跳出原有的财务逻辑思维，从业务人员角度重新看待问题，不少企业都基于此开展业财融合。2015 年，柳州长虹航天技术有限公司开始在研究部门、采购部门、生产部门、销售部门设置专门的财务助理，将财务管理的职能紧紧嵌入业务岗位。借助财务助理岗位实现了财务对全业务流程的垂直管理，使财务服务与经营业务活动无缝链接，财务助理可以随时向业务人员提供财务管理服务。遍及各业务部门的财务助理把整个公司的价值链和业务过程都串联起来。改革对每一个人、每一个实体或部门形成倒逼机制，内生动力直接带来了经营管理效率的大幅提升，2015 年公司利润总额比 2014 年提高 36%。业财融合在财务转型中占据重要地位。未来，财务人员的工作将不仅仅是基于数据和报表，而是以战略思维、产业思维和数字化思维，尝试从专业领域迈向业务领域，更多地加入到企业业务决策中，以数据为基础为业务提供有效的反馈和建议，这将有助于财会专业人员的价值最大化。

4.管理会计与对内报告

管理会计是以会计为基础、涉及决策的战略管理。因其与财务报表关联密切而属于会计，因其对决策的影响，使得它更偏向管理。福特的流水线作业、沃尔玛的物流、日本车商间的合作都是管理会计的现实案例。管理会计的本质在于"控制现在，规划未来"，管理会计的内容和方法体系应用于企业管理循环，对改善企业管理水平和提高整体经济效益发挥着重要作用。

管理会计必须提供与管理需要具有高度相关性和具有充分可靠性的信息，有效的管理一般要求正确了解、运用好管理会计信息。管理会计需要提供对内报告（管理会计报告），从时间维度细分可以是多层次的。管理会计报告大体上分为预算报告、决策控制报告和责任考评报告，可按企业的管理需要灵活编制。和财务会计信息不同，管理会计信息用来帮助组织实现既定的目标和使命。为鼓励管理者实现组织目标，这些信息也被用来评价和奖励决策业绩，即绩效考核和激励机制。

管理会计报告作为使战略与执行之间完整闭环的核心工具，必须上达决策层，下至业务层。因此，管理会计报告不能只是专供决策层使用的工具，而应是上可辅助高层管理者决策，中可辅助中层管理者强化管控，下可为基层员工提高效率的全面的智能化工具。换言之，一套完整的管理会计报告体系应是涵盖业务层、经营层和战略层需求的分层级的管理会计报告，如图 1-13 所示。

通过综合分析，管理会计师将为决策背书，管理层将以此为据做出可执行的计划，这个过程当然也需要监管。企业管理者可能需要的会计信息决策类型有：

（1）开发或终止新产品或服务的决策；

（2）改变现有产品价格或数量的决策；

（3）借钱帮助企业融资的决策；

（4）与规模效应有关的决策；

（5）改变采购、生产或分销方式的决策等。

```
┌──────────────────────────────────────────────────────────────────┐
│  战略层管理会计报告                                                    │
│    报告对象：企业的战略层，包括股东大会、董事会和监事会等                    │
│                                                                    │
│    ( 战略管理报告 )      ( 经营分析报告 )      ( 综合业绩报告 )           │
│    ( 风险分析报告 )      ( 价值创造报告 )      ( 重大专项报告 )           │
└──────────────────────────────────────────────────────────────────┘

┌──────────────────────────────────────────────────────────────────┐
│  经营层管理会计报告                                                    │
│    报告对象：经营管理层                                                 │
│                                                                    │
│  (全面预算管理报告) ( 投资分析报告 ) ( 项目可行性报告 ) ( 融资分析报告 )    │
│  ( 盈利分析报告 )   ( 奖金管理报告 ) ( 成本管理报告 )   ( 业绩评价报告 )    │
└──────────────────────────────────────────────────────────────────┘

┌──────────────────────────────────────────────────────────────────┐
│  业务层管理会计报告                                                    │
│    报告对象：企业的业务部门、职能部门以及车间、班组                         │
│                                                                    │
│  ( 研究开发报告 )   ( 采购业务报告 )  ( 生产业务报告 )  ( 配送业务报告 )    │
│  ( 销售业务报告 )  (售后服务业务报告) ( 人力资源报告 )  (    ……    )      │
└──────────────────────────────────────────────────────────────────┘
```

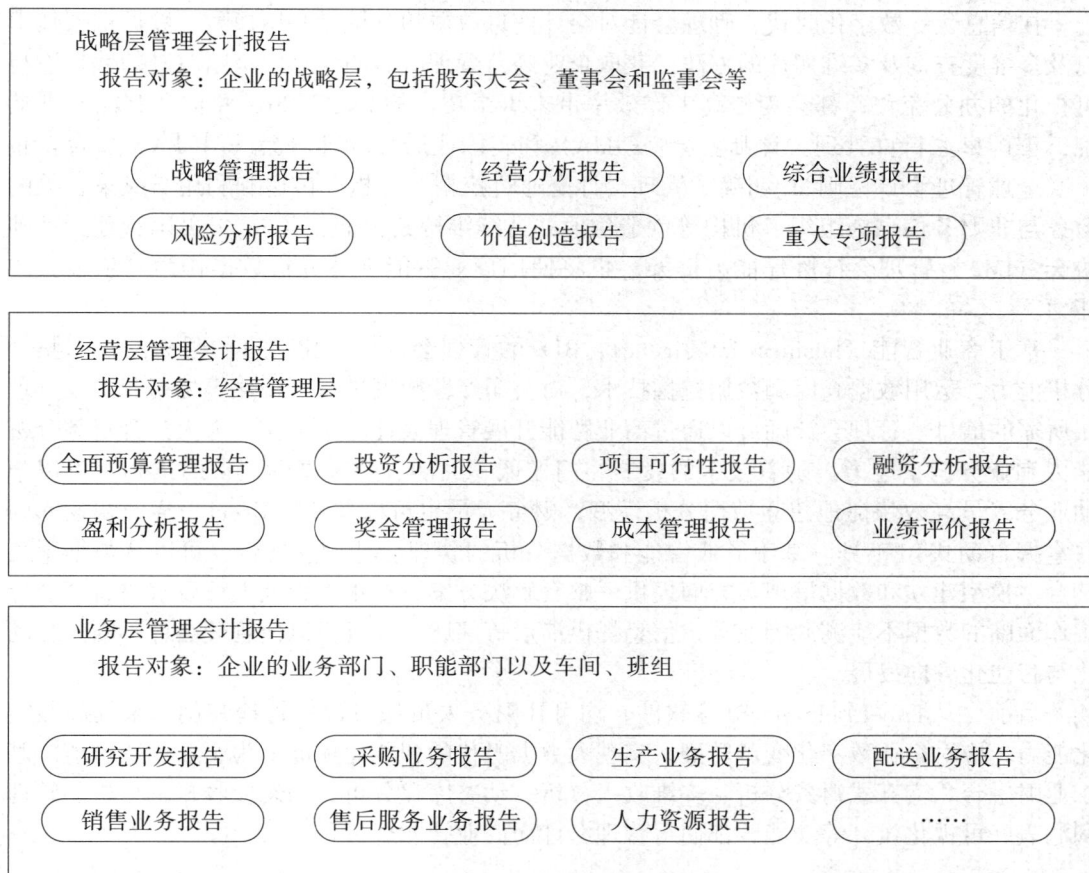

图1-13　管理会计报告体系

资料来源：作者根据公开资料整理而成。

　　管理会计还需要一些数字，各种比率、各种成本以及增长额。身为会计，需要看懂这些数据潜在的意义，其中的"陷阱"和"馅饼"都有待管理会计发现。对于企业数据，财务会计或许更关心目前赚钱不赚钱，怎样形成令人信服、令股东满意的报表，而审计关心数据是否准确、来源是否可靠，所以这两者有时会有些冲突。相比之下，管理会计更关心是否符合战略方向，是否能持久，与税务、审计都没什么冲突，面对的是公司内部。

　　截至目前，管理会计应该明确以各种不同的方式利用财务信息（以及越来越多的非财务信息），其总体目标是实现相对最优的决策。其主要作用包括：

　　（1）作为长期规划的一部分预测未来财务业绩；

　　（2）作为规划和控制的手段；

　　（3）控制和节约成本；

　　（4）定价；

　　（5）项目评估。

　　总之，管理会计是战略管理决策中的重要一环，所依靠的是会计学知识。

在信息化、数字化时代，管理会计对会计信息数据的分析是利用模型、数据挖掘技术以及多维度查询及多维切片的方法，获取企业经营管理所需的信息。不断改进的数据库与可视化的办公流程，都会为提高工作效率带来事半功倍的好处。2014年商业智能初现端倪，英国皇家特许管理会计师公会（CIMA）和美国注册会计师协会（AICPA）联合发布了《全球管理会计原则》，明确了管理会计是通过挖掘、分析、传递和利用与决策相关的财务与非财务信息为组织、机构等创造价值并持续维持其价值。此外，《美国管理会计师协会（IMA）管理会计胜任能力框架》也将使用商业智能软件分析数据作为一项重要的能力。

基于商业智能（business intelligence，BI）的管理会计信息化具有的强大的数据整合分析能力，运用数据仓库和数据挖掘技术，对公司经营数据进行可视化等处理，形成管理层所需的信息。管理会计师可以通过商业智能开展管理会计分析工作，大大提升财务分析能力和业务洞察能力。随着技术的发展，门槛低、灵活、效率高的"自助式BI"可以帮助业务人员高效快捷地建立数据分析模型，财务人员也可以像使用Excel一样，快速入门并掌握自助式BI工具。基于商业智能和数据分析的管理会计信息平台，可以从数据采集整合、模型建立和数据呈现等方面提供一整套解决方案，在很大程度上可以解决管理会计工作面临的数据不能溯源到业务、信息提供滞后等问题，并且可以使管理会计不断向自动化与智能化方向发展。

目前，从Excel到Power BI等软件，均可让财务人员通过数据管理和创新来提高数字化能力、应对企业数字化变革转型，实现大数据时代的智能化赋能，为企业创造价值。基于业财融合，交互式财务分析、多维收入分析、动态库存分析、动态应收账款分析、管理利润表、可视化设计等功能，都使得管理会计向商业智能迈进。

▶▶ 四、企业社会责任与会计信息的有用性

1.企业社会责任

随着企业社会责任理论及相应实践的不断丰富与发展，企业对社会负责的一些行为也被冠以诸如企业道德、企业社会回应、企业慈善等名词。企业社会责任的思想最先由安德鲁·卡耐基所提出，他认为对于企业持续的资本运转，慈善原则是必不可少的原则之一。1979年，卡罗尔创造性地为企业社会表现构建了第一个框架模型，即企业社会表现的三维概念模型。该模型认为企业的社会责任包含经济责任、法律责任、伦理责任、慈善责任四种，同时卡罗尔把四种责任由高到低排列成了所谓"企业社会责任金字塔模型"，如图1-14所示。

2001年欧盟委员会的绿皮书中首次定义企业社会责任（CSR）为企业"自愿将社会与环境问题纳入其业务活动，以及与利益相关方的关系问题"。基于利益相关者管理理论的会计体系力求满足广大信息使用者的需求，将企业社会责任的履行情况通过财务报告及时披露给企业现有的和潜在的利益相关者；把企业为各类利益相关者创造的价值增值在各利益相关者之间按照契约合理分配，实现经济利益上的和谐。

企业社会责任（CSR）是可持续发展在企业层面的具体实践。具体来说，企业在追求经济利益的同时，应更加注重对于环境、社会的思考与实践。履行其法律义务是企业最基

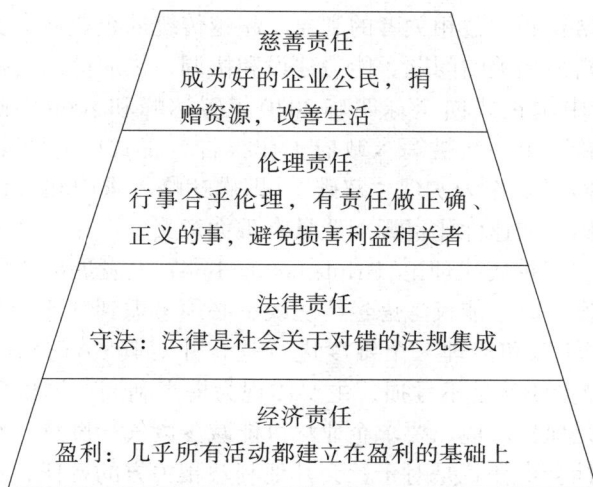

图1-14　卡罗尔的企业社会责任金字塔模型

本的一项社会责任，同时企业应该在自愿的前提下，思考并增加在人力资本、环境、与利益相关方的关系等方面的投资。以 ISO 26000 为例，企业可以从多个方面入手，与利益相关方开展对话，确定适合本公司的 CSR 相关政策与行为，具体为人权（反歧视等）、劳工实践（员工关系、工作环境与工作条件等）、环境（减少污染、应对环境变化、保护环境与生物多样性、劳动健康与安全等）、良好的商业操作（反腐败、公平竞争等）、消费者问题与社会承诺（教育、文化、就业、健康、公益等）。

总的来说，CSR 是企业通过信息披露及道德行为，在经济、社会与环境之间找到一个平衡点，以此来探求其可持续发展之道。

2.企业社会责任报告

19世纪末20世纪初出现了企业社会责任信息披露，几乎与管理会计同时期诞生，而企业社会责任会计于20世纪六七十年代才正式提出。企业在发展过程中发现企业需要通过综合信息披露以弥补财务信息披露的局限性，企业社会责任（或可持续发展）报告的发布可以建立与利益相关方间的评价与反馈机制。21世纪以来，随着OECD和世界银行发起相关项目、各国政府颁布相应文件，上市公司企业社会责任信息披露经历了从自愿披露到强制披露的变化，从在年报中分散披露到成为年度报告的重要部分，再到单独披露。

企业社会责任理论在发展的同时也对企业社会责任会计提出了更高的要求。一份完整的社会责任报告可以体现企业遵守与利益相关者的契约；通过与各方展开交流沟通，可以降低信息不对称，提升公司形象，实现企业的可持续发展。与资产负债表等传统财务报告信息披露不同的是，企业社会责任（或可持续发展）报告主要披露企业相关的非财务信息。

目前主流的企业社会责任报告为ESG报告，指的是企业将其履行社会责任的理念、战略、方法，及其经营活动在经济、社会、环境等维度产生的影响定期向利益相关方进行披露的沟通方式。何谓ESG？即环境、社会和治理（environment, social and governance）。根据世界经济论坛召开的研讨会以及对ESG从业人员和中国商业领袖的采访，通过白皮书揭示了有关中国企业ESG工作的六大关键见解，并确定了监管者、投资者和决策者是推动中国企业ESG报告质量和数量不断提高的主要驱动力。这六大关键见解包括：董事会层面的支持、长期增长和利益相关者的利益、超越传统的企业社会责任、通过实质性评估重点关注与业务经营最相关的问题、能力建设和协调、供应链的可持续发展。

随着 2020 年 9 月中国正式向全球明确 2030 年碳达峰和 2060 年碳中和的时间节点，2021 年年初，"碳中和"第一次被写入政府工作报告，正式成为国家战略。推动关注环境、社会与治理的 ESG 投资作为实现"双碳"（即碳达峰、碳中和）目标的"源头活水"，对于实现"双碳"目标、加速优化资源配置具有重大意义。

三重底线报告是在三重底线理论（triple bottom line）上发展形成的报告形式，它要求组织在考虑其可持续发展时不能仅考虑经济底线，必须考虑到其活动会给环境和社会带来影响，分别从社会、环境和治理三个维度进行整合并对其实行公开报告（如图 1-15 所示）。具体而言，治理责任就是不亏损，主要体现为提高利润、纳税责任和对股东投资者的分红；环境责任就是保护环境，要求企业尽可能减少废气、废物、废水排放量，符合每个行业的既定标准；社会责任就是对于社会其他利益相关方的责任，比如说企业对政府的责任体现在遵守国家法律法规和履行纳税义务上。

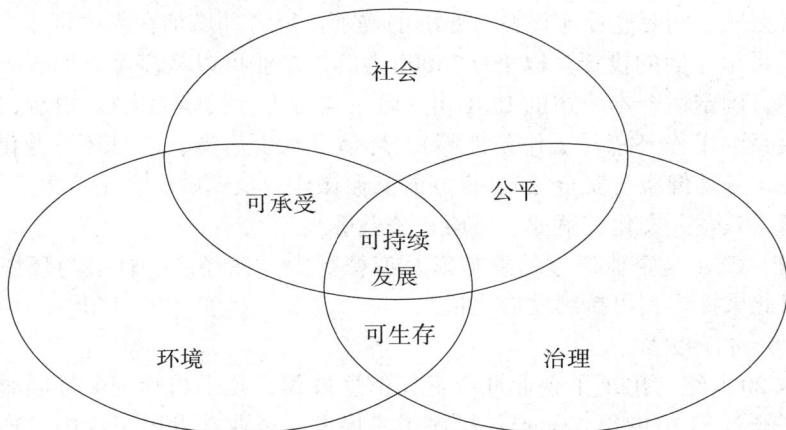

图1-15　三重底线报告框架图

3.会计信息有用性

对于特定的企业，可能会存在不同的群体对其财务状况感兴趣。会计与经济信息的收集、分析和交流有关，这些信息可以作为决策、规划和控制的工具。也就是说，会计信息对于那些需要为企业做出决策、计划的人以及那些需要投资这些企业的人都是有用的。财务会计准则的基石之一就是"有用性"，这种有用性一般体现为：其一，具备合理的预测价值。这主要是指会计信息能为投资者提供对企业未来发展经营具有价值的信息数据，以此作为信息使用者进行预测的依据，进而能够对决策方向做出指引。其二，信息披露及时有效。若提供给投资者的会计信息已经滞后，其价值就要相对衰减，及时有效的信息才能更进一步地体现会计信息对决策的相关价值。

会计信息有用性意味着整体相关的会计信息能否为使用者提供价值、是否有助于其做出准确判断。会计信息一开始只是作为利益分配的工具，但随着不同利益相关者对取得会计信息用以评价企业效果的需要，相关的效果已经不仅限于给管理者或股东的回报，还要考虑各利益相关者的利益。因此，会计信息的有用性导致报告体系发生了一系列变化，要尽可能对所有的利益相关者有用，则信息含量需要在一定程度上进行扩展，例如GRI的可持续发展报告、IIRC的企业综合报告等报告体系。随着进一步的数字化、智能化，技术上有可能实现对各利益相关者分别提供更为有用的会计信息，企业提供会计信息时，被要求站在利益相关者的角度考虑互利共赢，不再只是局限于原来的财务信息所提供的价值，这将成为资本市场更为可靠的压舱石。

没人会说会计信息已经可以完全满足每个使用者的所有需求，关于各使用者的需求以及满足这些需求的方法还有待研究。然而，会计报告中包含的信息应该帮助使用者做出与业务相关的决策，这些信息应减少企业财务状况和业绩的不确定性，回答有关资金的使用问题，如用资金支付股东回报、偿还贷款、奖励员工等。虽然我们无法确定会计信息实际上对用户究竟有多大用处，但会计毫无疑问被认为是有用的。甚至有研究试图将会计信息与其他来源信息的重要性进行排序，这些研究发现会计信息的排名一般来说高于其他信息来源。从会计信息对股价的影响可以看到一些明确证据支持这些观点。

第三节 会计核算的基本规则

▶▶ 一、会计核算的基本前提

会计核算的基本前提又称会计假设或会计公设，是指对会计资料的记录、计算、归集、分配和报告所运用的假设前提和约束条件，主要包括会计主体、持续经营、会计分期和货币计量四个基本前提，见表1-4。会计所处的经济环境具有复杂性和不确定性，因此在进行会计核算时，必须对核算范围、内容、基本程序和方法做出假定，据以确定会计工作的前提条件。

表1-4　　　　　　　　　　　　四个会计假设及其特点

会计主体	会计核算的特定单位，界定了会计工作的空间范围
	不一定是法律主体
	是独立的经济实体
持续经营	非清算前提，以企业要持续、正常经营下去为前提
	会计核算的重要条件和处理原则
会计分期	人为地分割持续经营的连续过程，建立在持续经营基础上
	定期反映会计信息，分为年度、半年度、季度和月度
	满足信息需求者的要求，产生了收付实现制和权责发生制
货币计量	以货币为主要计量单位，以人民币为记账本位币
	货币价值不变的假定
	确认、计量的具体工具，反映经营过程及结果

1.会计主体（accounting entity）
会计活动的运行离不开一个经济实体，该经济实体是会计运行的空间，这一实体可以

是营利组织也可以是非营利组织。会计主体又称会计实体或会计单位，指会计服务的特定经济实体，这个服务实体可以是总公司、分公司，甚至一个办事处、责任中心也可以成为会计主体。会计主体为会计人员对经济活动进行会计确认、计量和记录以及编制财务报表等会计工作界定了空间范围，典型的会计主体是以获利为目的而组建的企业或企业集团。那么就有一个疑问：为什么要从空间上规定会计核算的范围？即为什么要引入"会计主体"这一概念呢？因为会计主体强调"企业本身"，除企业本身以外的其他企业或者老板个人发生的经济行为与会计是无关的，否则会计就算有三头六臂都忙不过来，还要防范相应的风险。

这里还要注意区分法律主体与会计主体。它们之间的关系是"一对多"和"一对一"的关系。"一对多"是指一个法律主体可以存在多个会计主体。比如总公司就是一个法律主体，但是属于它旗下的多家分公司，则是多个会计主体。"一对一"是指一个会计主体可以是一个法律主体，甚至不是法律主体。比方说分公司是一个会计主体，但却不是一个法律主体。

2.持续经营（going concern）

企业从开业到日后的经营，时刻都有可能因为各种原因倒闭，此时会计将无法进行正常的核算，因此就必须有会计的持续经营假设。在持续经营前提下，企业在可预见的将来（无明显反证的情况下）都可连续地经营下去。会计确认、计量和报告应当以企业持续、正常的生产经营活动为前提。假如离开"持续经营"的会计假设，公司破产倒闭了，还需要会计吗？

持续经营是财务会计某些原则、方法和会计程序的前提条件，如企业的财产分类、计价、费用分配和收益确定等都是以持续经营为基础。根据持续经营假设，会计原则并不将破产清算作为考虑因素，从而解决了很多常见的财产计价和收益确定问题。如果一个企业不能持续经营下去时还仍然按持续经营进行会计处理，就很难客观地反映企业的财务状况、经营成果和现金流量，会误导会计信息使用者的经济决策。

3.会计分期（accounting period）

会计分期，又称会计期间，是将会计主体持续无限的经营过程，划分成较短的、等长的会计期间，以便分期结算账目、按期编制会计报表。会计分期后，企业才能以权责发生制为基础确认收入和费用，编制利润表。

会计分期有何目的？就是让财务资料更加有序、更加有条理性。如果你的老板一时间心血来潮，想要了解过去10年公司的经营状况，10年都过去了，当年的会计早已退休，去哪里找这人了解这10年间的企业经营状况？即便能找到资料，没有划分成相等的期间分类归档，那整理和查找财务资料也会很没有效率。这里需要和前面所讲的"持续经营"联系起来：持续经营是会计分期的前提。这个不难理解，企业都无法经营下去了，还需要会计分期吗？没有持续经营与会计分期假设就不可能形成现在的财务会计与报告模式。

4.货币计量（monetary measurement）

货币计量主要是指选择一种货币作为记账本位币，使核算不会乱七八糟。财务报表所列报的内容，只限于那些能够用货币来计量的企业经营活动，而不反映其他情况。会计主体在进行会计核算时，以货币作为计量经济业务活动的最佳单位。尽管会计所提供的信息或数据不只限于以货币单位计量，但现有以财务报表为主体的财务报告体系主要包括以货币计量的财务信息。

货币计量假设有两层含义：一是假设在诸多计量单位中，货币是计量会计主体经济业务活动及经营结果的最佳单位；二是货币的单位价值是不变的。

▶▶ 二、会计信息的质量要求

会计信息质量要求（quality of accounting information）使企业财务会计报告中所提供的会计信息能够有利于投资者等使用者进行财务决策，是会计信息对固有特性的满足，有助于实现会计目标。我国企业会计基本准则对会计信息质量的要求主要有可靠性、相关性、可理解性、可比性、及时性、实质重于形式、重要性和谨慎性等。

1.可靠性（reliability）和相关性（relevance）

可靠性和相关性是会计信息最基本的质量特征。可靠性（也称为客观性、真实性）要求企业以真实存在或发生的事项和交易为依据开展会计核算，不得虚构交易或事项。会计信息必须以可靠为基础，披露的信息要真实可靠、内容完整，不能少报或漏报。相关性原则以可靠性为基础，会计信息要有用，就必须能够影响经济决策，否则其就毫无意义。因此，会计信息应与未来事件的预测（如估计明年的利润）或过去事件的确认（如确定去年的利润）相关，或与两者都相关。通过确认过去的事件，使用者可以检查他们早期预测的准确性，反过来又能帮助他们改进对未来的预测。

会计信息要有相关性，就要问一个关键问题：其遗漏或失实陈述是否会改变使用者做出的决策？若答案是否定的，则这些信息就不是重大的。这意味着这些不应该被单独地包含在会计报告中，因为这些信息只会把报表弄得杂乱无章，也许还会干扰使用者对报表的解释能力。所有数字都需要列入账户，但问题是某一特定数字是否需要单独列示，或者是否可以列入其他地方，放在更一般的科目下。为了确定重要性的阈值，必须在特定企业的会计报告中考虑信息的性质和涉及的金额。

会计信息应该是完整的，能提供理解所描述内容所需的全部信息。它同时应该是中立的，这意味着它的表达和选择应该是无偏的。最后，会计信息应该没有错误，但这并不等于说它必须总是完全准确。尽管最终证明估计是不准确的，我们可能仍不得不做出合理估计。然而，可靠性确实意味着编制和描述这些估计数的方式不应出现错误。在实践中，一项会计信息可能并不完全是完整、中立和没有错误的，但它应该尽可能地可靠。

会计信息要想有用，必须既满足可靠性又满足相关性这两个基本质量要求。若产生的相关信息不够客观、真实，或者产生不相关的信息，均没有什么意义。

2.可理解性（understanding）、可比性（comparability）和及时性（timing）

可理解性、可比性和及时性是从会计信息使用者的角度出发所提出的质量特征要求。

可理解性要求企业提供的会计信息清晰明了，以便于企业所有者等财务报告使用者理解并使用。企业编制财务报表的最终目标在于方便使用者利用，若要让使用者有效地利用会计信息，就应使他们能够理解信息的内容、弄懂这些信息的内涵，因而要求财务报告所提供的会计信息清晰明了、易于理解。只有这样，才能提高会计信息的有用性，实现财务报告的目标，满足向投资者等财务报告使用者提供对决策有用信息的要求。会计信息的列报应尽可能清楚、简洁，同时也应该能够被那些信息的目标使用者所理解。

可比性要求企业的会计核算按照公认的会计处理原则进行，指标计算口径一致，会计信息相互可比。不但同一企业需要前后进行对比，不同企业之间也需要前后进行对比，以便于使用者比较和决策。可比性质量要求有助于使用者识别信息项之间的相似性和差异性。比方说，它可以帮助他们识别业务随时间的变化（如过去5年的销售收入趋势）；它还可以帮助他们评估与类似业务相关的业务绩效。可比性通过以相同的方式处理基本相同的项目而得到增强，也可以通过明确在衡量和提供信息方面所采用的会计政策而加强。

及时性要求会计人员在进行账务处理时应当讲求时效，及时对已发生的交易或事项进行确认、计量、列报和披露，不得提前一个会计期间或延后一个会计期间。在经济业务发生后，应当马上进行处理，确保会计信息的期间与经济业务发生的时间相符合，以便会计信息可以及时更新并得到应用。会计信息应及时生成，以供使用者决策，缺乏及时性会损害信息的有用性。通常情况下，会计信息产生得越晚，其用处就变得越少。

你认为一个没学过会计学的人该怎样理解会计报告？显然，会计人员有责任尽可能让非会计人员理解其所提供的信息。值得注意的是，上述三个质量要求不能直接使会计信息有用，它们只能提高已经相关、可靠的信息的有用性。此外，不同质量要求间可能发生冲突。

3.实质重于形式（substance over form）、重要性（materiality）、谨慎性（prudence）

实质重于形式的质量特征要求企业应当按照交易或事项的经济实质进行会计核算，而不应当仅以它们的法律形式作为会计核算的依据。企业可能会发现要记录的交易或事项的经济实质与法律形式不一致，比方说承租人以租赁形式租入的固定资产，在租赁期间内，在法律上企业没有这一资产的所有权，但在经济实质上企业拥有了资产的控制权与受益权，此时，会计人员应根据业务活动的经济实质来进行会计核算，从租赁开始就将其视为企业的资产。

重要性原则要求企业所提供的会计信息应当反映所有重要交易或事项，不重要则可适当简化处理。例如，合并报表中抵销内容的选择、季度财务报告不必披露详细附注信息、不重要的前期差错不必追溯重述、不重要的会计估计可以不披露等。重要性的应用需从性质（定性）和金额（定量）两个方面来加以判断。

谨慎性也称为稳健性，要求企业对相关交易或事项进行核算和报告时必须保持应有的谨慎，不高估资产或者收益，也不低估负债或者费用。例如，固定资产采用加速折旧法、对可能发生减值的资产计提资产减值准备、企业内部研发项目研究阶段支出计入当期损益、对符合条件的或有应付金额确认预计负债等，都体现了会计信息质量的谨慎性要求。同时，需要注意它不允许企业设置秘密准备。

▶▶ 三、会计规范和会计职业

（一）会计规范体系

由于会计信息的提供者并非首要的信息使用者，要得出准确的财务决策信息必须依靠会计信息的真实传递、顺畅流通和有效使用。信息不对称，势必危害在信息占有上处于劣势的一方，违反公平原则，需要政府或其他社会公正机构出面干预。上述干预，表现为对企业按照真实、公正、充分、可比等原则提供会计信息的制度性安排。会计规范，就是这样产生的。

到目前为止，我国财务会计已经形成了以《会计法》为核心，包括会计行政法规和会计规章制度等在内较为完善的规范体系。

1.会计法

《中华人民共和国会计法》（以下简称《会计法》），最早于1985年首次颁布施行。时至今日，《会计法》已经历了三次修正和一次修订，最近一次修正在2024年6月28日，经第十四届全国人民代表大会常务委员会第十次会议通过。

2.会计准则

我国著名经济学家、会计学家葛家澍教授曾言：高质量的企业财务会计报告是由高质量的财务会计准则来规范的，只有符合标准的财务会计报告才能为社会所公认，否则它将背上"虚假"报表的阴影，其后果不堪设想。

会计准则是会计核算工作的规则和指南，会计人员从事会计工作不得不遵循这一基本原则。会计准则就经济业务的具体会计处理作出规定，以指导、规范企业的会计核算，从而保证会计信息的质量。按其适用单位的经营性质，会计准则可分为营利组织的会计准则和非营利组织的会计准则。现行的会计准则体系如图1-16所示。

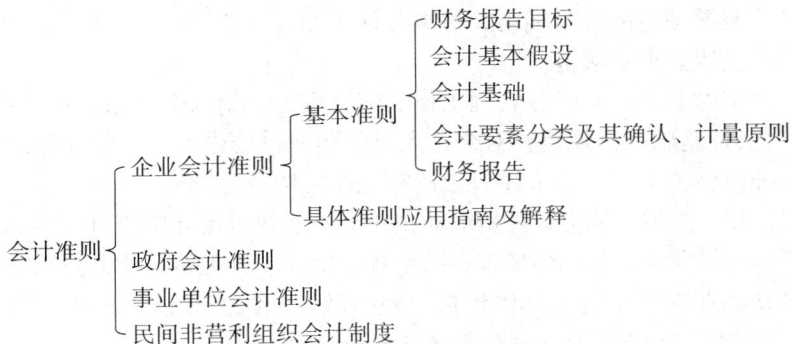

图1-16　我国会计准则体系

资料来源：根据公开资料整理而成。

此外，为规范小企业会计确认、计量和报告行为，在我国境内依法设立、符合《中小企业划型标准规定》所规定的小型企业标准的企业，可以采用《小企业会计准则》。

为了厘清公认会计准则的发展方向，已制定的会计准则框架和原则试图解决几个基本问题：谁是财务会计信息的使用者？应编写何种财务会计报告？其中应包含什么？应如何列示利润以及资产价值等项目？

会计准则是会计理论的具体化、会计实践的总结，是进行会计核算工作的规范，是制定并推行各种会计制度的主要依据，其对规范我国企业会计行为和会计秩序、有力维护公众利益具有极其重要的意义：

（1）它是企业会计核算工作的统一规范。

（2）它是企业会计进行确认、计量、记录和报告所需要遵循的基本原则。

（3）它是制定不同企业会计制度的基本依据。

（4）它为会计人员恪守职业道德提供了一定的保障。

3.非营利组织会计准则

非营利组织会计（含政府会计）的相应准则包括《政府会计准则》《财政总会计制度》《事业单位会计制度》《民间非营利组织会计制度》《农村集体经济组织会计制度》等。

（二）会计职业道德规范

会计作为一种职业，对专业知识技能的应用性、实践性较强。会计职业人员的主要工作是生成、提供会计信息，信息的质量影响了决策的正确性和利益分配的格局。然而近年来，财务舞弊导致的会计信息失真、会计信用下降等问题备受关注，会计职业道德的缺失是导致会计信息失真、影响会计工作质量的关键因素之一。这就要求我们在加强会计信用建设中，重视会计人员职业道德的建设，其对提高会计工作质量和会计人员整体素质有着重要的意义。请自行搜集"安然事件"的相关资料，并分析财务舞弊案件和审计失败对会计职业道德及其规范的影响和启示。

遵纪守法是职业道德的基本底线，诚信是职业道德的精髓。广义上，职业道德是从业人员在职业活动中应该遵循的行为准则，涵盖了从业人员与服务对象、职业与职工、职业与职业之间的关系。狭义的职业道德是指在一定职业活动中应遵循的、体现一定职业特征的、调整一定职业关系的职业行为准则和规范。会计职业道德意味着会计人员从事会计、审计工作时必须遵循一定的行为准则，各类会计工作应受制于由所属行业组织（如行业协会）所制定的不同职业道德规范。

在我国，从事财务会计和财务管理工作的道德规范，由《会计法》和《会计基础工作规范》规定。《会计基础工作规范》对会计人员的职业道德进行了比较详细的规定。另外，中国注册会计师协会负责制定从事注册会计师工作的职业道德规范——《中国注册会计师职业道德守则》和《中国注册会计师协会非执业会员职业道德守则》，包括职业道德基本原则、概念框架、提供专业服务具体要求以及审计、审阅、其他鉴证业务对独立性的要求等。整个会计界公认的职业道德规范具体包括：爱岗敬业、诚实守信、廉洁自律、客观公正、坚持准则、提高技能、参与管理、强化服务这8项。

2016年美国证监会（SEC）宣布，对四大会计师事务所之一的安永处以930万美元（约合6 200万元人民币）的罚款，原因是该公司审计合伙人与两家上市公司重要客户的关系过于密切。美国证监会的调查发现，安永在芝加哥的前合伙人格雷戈里·贝德纳（Gregory Bednar）拿出逾10万美元款待一家审计客户的首席财务官及其儿子。安永和贝德纳没有承认或否认这些指控。安永同意支付497.5万美元罚款，贝德纳必须支付4.5万美元罚款，并被暂停执业3年。美国证监会还发现，安永一位高级合伙人与其负责审计的纽约一家上市公司的首席财务官发展了不适当的亲密友谊关系。另一位高级合伙人与其负责审计的另一家上市公司的首席会计官卷入恋爱关系。美国证监会认为，安永对这两段关系都未能采取适当举措。美国注册会计师协会专门设立了职业道德部，负责职业道德规范的制定和发布。美国会计职业道德规范体系由注册会计师协会道德规范、财务经理协会道德法规、管理会计师职业道德准则等构成，甚至会计学术界、会计教师的职业道德也在研究之列。

国际会计师联合会（IFAC）作为全球会计行业的权威组织，在职业道德的制定和推广方面有着举足轻重的地位。考虑到全球各国在文化、语言、法律以及社会结构上的显著差异，在推动国际会计职业道德建设时，将基本原则建立在所有成员普遍关心的方面。会计职业的一个显著特征，是对所有依赖职业会计师的客观、公正来维持正常商务秩序的公众承担一定的责任。因此，会计职业的目标是实现最高执业水平并满足公众利益的要求。国际会计师联合会制定并颁布的《职业会计师道德守则》中，将会计职业道德基本原则归纳为五点，如图1-17所示。

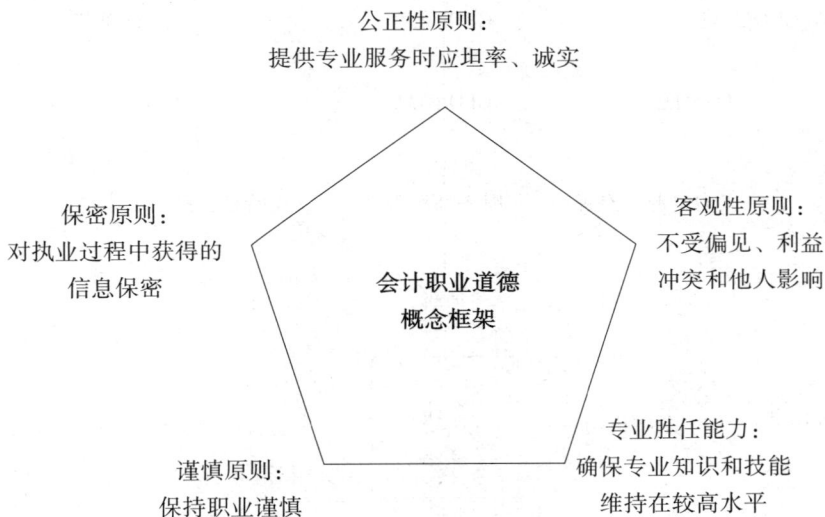

图1-17　会计职业道德概念框架

资料来源：根据公开资料整理而成。

　　总体而言，职业道德规范与法律不同，它不属于强制性的规定，一般都由行业协会对会员实施约束，主要强调自律。职业道德的基本规范归纳起来不外乎这几个方面：胜任、廉洁、保密、独立、客观、公正等。道德和职业道德是我们一生的立身之本，是人生的幸福之源。在日后的工作中遇到两难选择时，一要牢记法律，二要牢记职业道德。

　　（三）会计未来发展

　　当今，大数据伴随着云计算、互联网等信息技术发展，正对全球经济社会产生巨大的影响。大数据所具备的大量、高速、多样、真实性等特征给现代商业提供了新的技术和方法，也给会计的发展带来了前所未有的机遇和挑战。会计人员从传统的"核算会计"逐步向审计、管理会计、税务管理、财务咨询等多方向发展，而会计行业也随着先进的科学技术发展，逐渐融入了大数据、云计算、财务共享中心和人工智能等先进的管理模式。

　　1.会计职业方向——审计、会计、税务、管理、咨询

　　整体来讲，会计职业一直在发展和变革。在会计行业有两句话——"经济越发展，会计越重要""会计是国际通用的商业语言"——它们充分彰显了会计在经济发展中的重要地位。

　　目前全国会计人才市场逐渐呈现出两极分化的趋势：一方面普通会计人才严重饱和，且重复性、标准化的工作面临被人工智能取代的境地；另一方面能够处理复杂业务和综合利用会计信息的高级会计人才严重短缺，甚至需要从其他国家引进。从事会计行业或者有志于会计行业的人士，往往通过考取注册会计师、ACCA、CFA、CMA、FRM、USCPA、管理会计师等高端财务证书，成为稀缺的高级会计人才。

　　目前我国除了大中小企业每年的会计人才需求不断增长外，新兴企业、国家财政和税务部门、资产评估事务所，以及近年来逐步稳健发展的会计师事务所等机构，也一直存在会计人才的缺口。结合市场经济和人才市场的需求，会计人员的未来发展方向主要有审计、会计、税务、管理、咨询这五个方面，一般集中在会计、财务、审计以及与之交叉的

管理、税务、咨询、内控、战略、风险管理、信息技术等相关领域（如图1-18所示）。

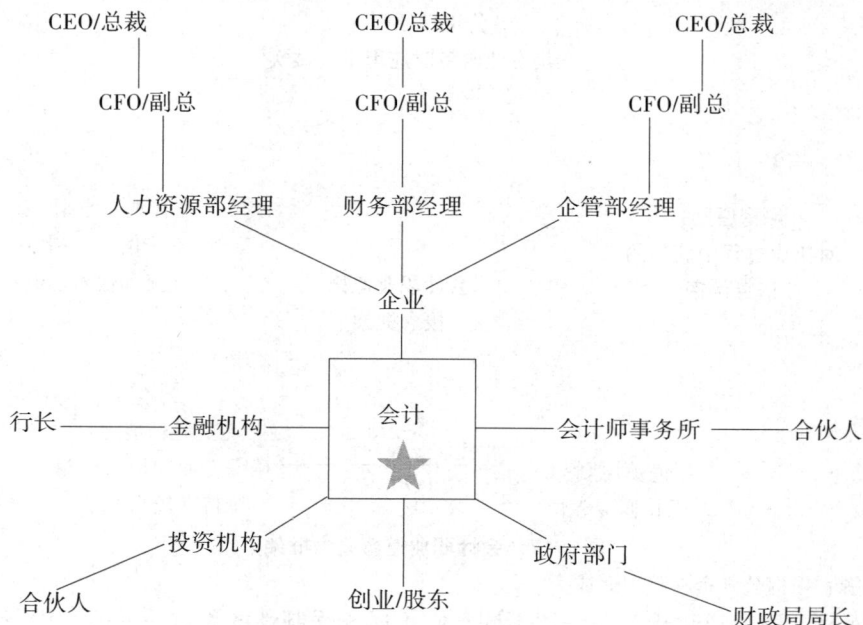

图1-18   会计职业方向

资料来源：作者根据公开资料整理而成。

　　历史上任何重大技术变革都会带来人员流动与职业更替，但最终都迎来人类社会的进步与发展。未来应对会计变革的挑战，重点在于会计人知识与能力的持续升级，除了会计与财务方面的专业知识，还需要掌握大数据分析和计算机智能化的底层逻辑。在数字技术革命面前，会计人要勇于迎接挑战，要尝试在混沌中构建会计发展新秩序，主动拥抱新科技革命和产业变革的机遇与挑战，这是在特定历史阶段会计人的使命与责任。企业数字财务人才需求如图1-19所示。

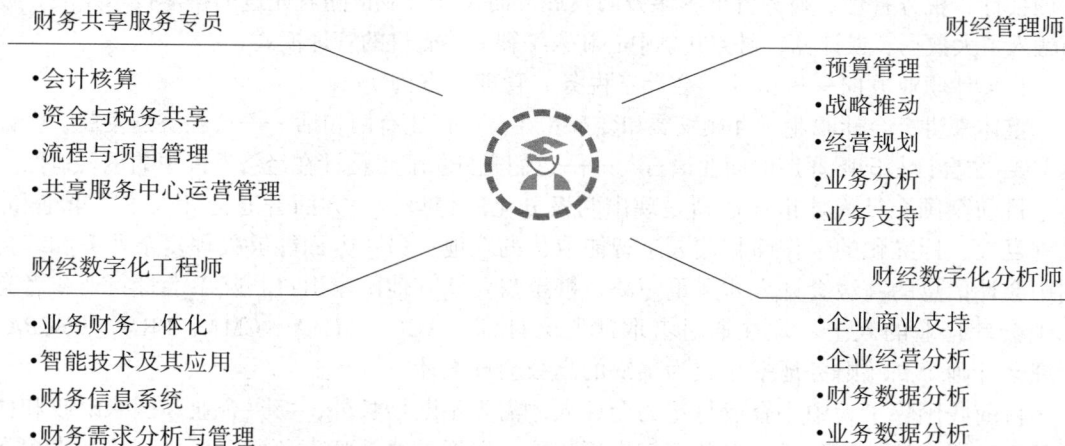

财务共享服务专员
•会计核算
•资金与税务共享
•流程与项目管理
•共享服务中心运营管理

财经管理师
•预算管理
•战略推动
•经营规划
•业务分析
•业务支持

财经数字化工程师
•业务财务一体化
•智能技术及其应用
•财务信息系统
•财务需求分析与管理

财经数字化分析师
•企业商业支持
•企业经营分析
•财务数据分析
•业务数据分析

图1-19   企业数字财务人才需求

资料来源：作者根据公开资料整理而成。

随着科技更新迭代、社会发展越来越快，未来人才需求变化快、不确定性高，终身教育将成大势所趋，财会从业人员也要不断学习、不断充实自己，才能逐渐适应未来的职业需要。

2.会计发展前景——数字化转型与智能财务

会计是以提供财务信息为核心的经济信息系统，充分利用现代化的信息处理手段来加快信息处理的效率，同时提高信息处理的效果。从电算化会计信息系统的建立，到决策支持系统的转型，再到人工智能的引入，计算机在会计数据处理中的效能得以充分发挥。但是，电算化会计信息系统在全球范围内的运用仍然局限于用计算机快速、准确的处理技术代替原来的手工操作。目前，通信技术、网络技术已经为实现会计数据共享、远程查询、合并报表编制等提供了基础，这无疑会推动会计信息系统向更高的层次发展。

随着数智时代的到来，大数据、人工智能、移动互联网、云计算、物联网、区块链、5G等新一代信息技术的蓬勃发展，对全球经济发展、社会进步、人民生活带来重大而深远的影响，产品会被场景替代、行业将被生态覆盖，工业互联网已成为驱动传统经济发展的新引擎。传统企业与互联网的融合可以缓解个性化定制和标准化生产之间的矛盾，从而有助于实现差异化战略、降低企业库存成本，进而提高公司业绩。数字经济越发展，数字化会计、智能会计越重要（如图1-20所示）。

在"大智移云物区"等新一代数字技术风起云涌的数字经济时代，数据成为新型生产要素，"上云用数赋智"成为主导经济发展的新动能。在此背景下，财务数字化转型以及智能财务成为会计学术界与实务界共同面临的新课题，对其理论与实践的深入挖掘成为会计领域热点，也引发了社会的广泛关注。数字化时代的到来将数据科学理念和数字化平台工具引入财务领域，驱动财务从IT（信息技术）走向DT（数字技术），掀起新一轮的财务变革，如图1-21所示。

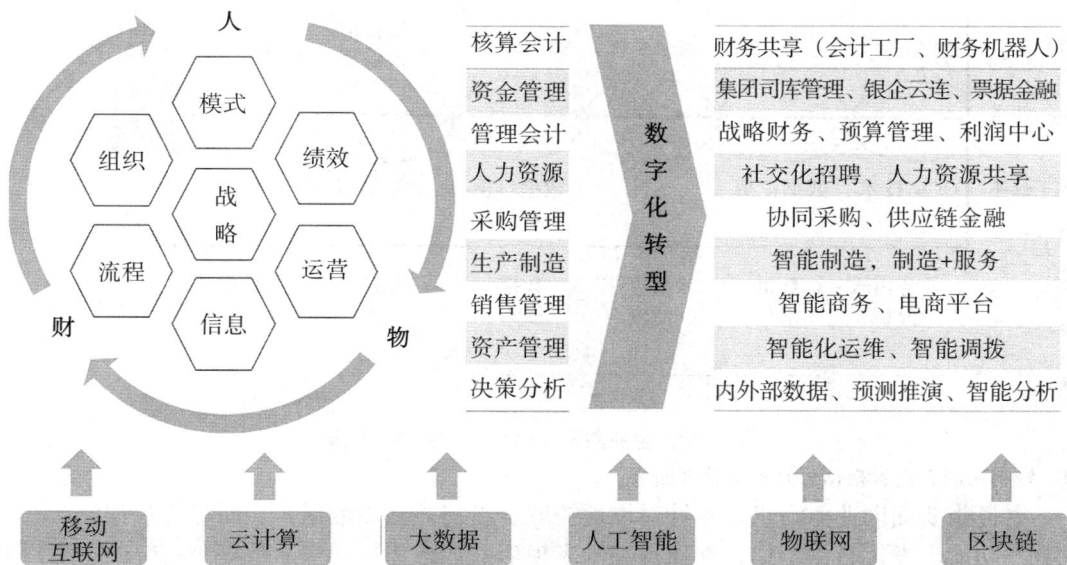

图1-20 会计发展前景

资料来源：作者根据公开资料整理而成。

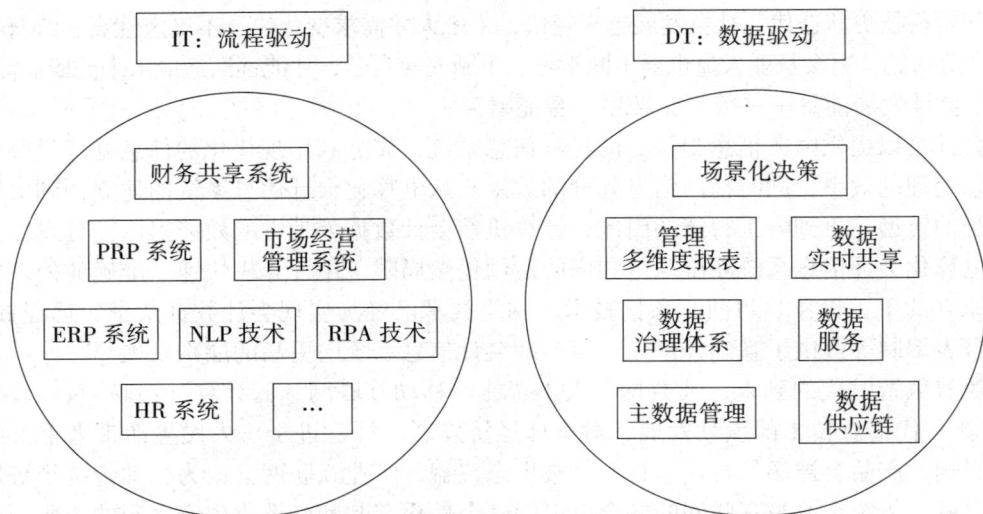

图1-21　IT+DT双轮驱动，全面实现财务数字化转型

资料来源：作者根据公开资料整理而成。

历次科技革命都会催生新的产业格局，ICT技术的发展不但成为经济增长的新动能、产业发展的新蓝海、高质量发展的新引擎，也是财务数字化转型的第一驱动力。财务数字化转型的本质是以数字技术驱动价值创造，建立以数据为核心而不是流程为核心的管理体系，用数据驱动战略、运营和创新，从而不断创造价值，是财务数字化转型最重要的工作。中兴新云公司为财务数字化提出了"数据价值链"，是企业数据价值体系下的全新概念，如图1-22所示。

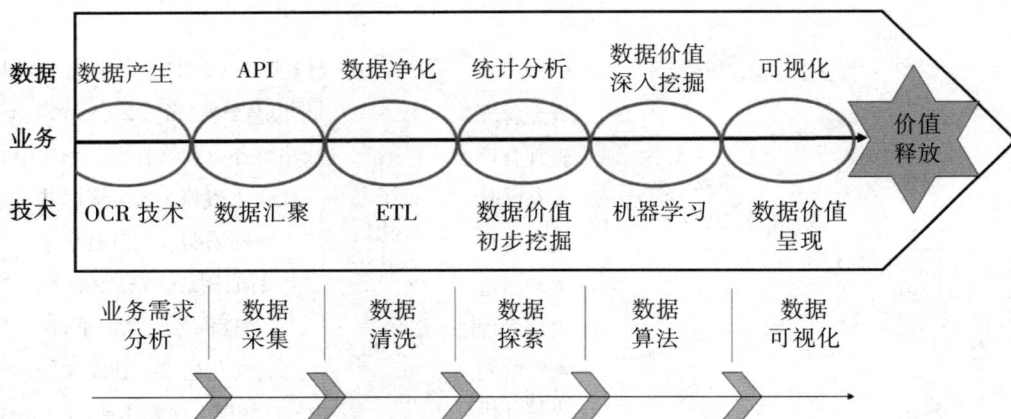

图1-22　企业数据价值体系之数据价值链

资料来源：作者根据公开资料整理而成。

财务需要面向业务需求，有针对性地提取、组织并利用数据，从而盘活数据资产、开发数据功能、发挥数据价值，并通过视觉表现形式清晰传达和沟通数据分析结论，实现数据向信息、知识、智慧的逐步升华，最终赋能企业经营决策。

新一代信息技术促进了财务数字化的深化，并正在重构财务管理体系。对于未来的管理会计工作，数据中台、数据挖掘、数据智能等与数据相关的新技术能够更好地促进和支撑企业管理会计体系的智能化，使数据更好地赋能业务、赋能决策。财务数字化的未来发展方向是"无人会计、人人财务"。无人会计是指用数字化技术使标准的会计事务性工作实现自动化，人人财务是指财务人员通过大数据、人工智能等技术，让财务赋能业务。表1-5是2020年以来上海国家会计学院主持评选的影响中国会计人员的十大信息技术。

表1-5　　　　　影响中国会计人员的十大信息技术评选结果（2020—2024年）

排名	2020年		2021年		2022年		2023年		2024年	
	信息技术名称	占比	信息技术名称	占比	信息技术名称	占比	信息技术名称	占比	信息技术名称	占比
1	财务云	73.14%	财务云	56.02%	RPA和IPA	52.60%	数电发票	49.80%	会计大数据分析与处理技术	52.93%
2	电子发票	66.33%	电子发票	55.46%	流程自动化	51.30%	会计大数据分析与处理技术	47.92%	数电发票	49.78%
3	会计大数据技术	62.44%	会计大数据分析与处理技术	52.19%	中台技术	48.10%	财务云	47.13%	RPA和IPA	47.02%
4	电子档案	50.56%	电子会计档案	47.69%	财务云	47.10%	RPA和IPA	41.92%	财务云	45.93%
5	RPA	48.41%	RPA	41.58%	电子会计档案	47.00%	电子会计档案	39.97%	中台技术	42.53%
6	新一代ERP	47.91%	新一代ERP	33.66%	电子发票	45.40%	中台技术	36.07%	电子会计档案	38.13%
7	区块链技术	45.73%	移动支付	33.38%	新一代ERP	39.00%	新一代ERP	31.62%	数据治理	31.24%
8	移动支付	43.00%	数据中台	31.77%	在线审计与远程审计	35.20%	数据治理技术	30.59%	新一代ERP	29.96%
9	数据挖掘	42.77%	数据挖掘	31.03%	商业智能（BI）	31.70%	商业智能（BI）	28.70%	数据挖掘	28.98%
10	在线审计	42.74%	IPA	29.32%	在线与远程办公	27.60%	数据挖掘	25.27%	商业智能（BI）	28.67%

资料来源：2020年影响中国会计从业人员的十大信息技术评选报告（上海国家会计学院）。

财务数字化是"大智移云物区"背景下基于共享服务模式的财务转型，为企业数字化转型提供保障，数字化、智能化最终会实现"智能财务"的体系架构。我国学者张庆龙总结，智能财务是在企业财务数字化转型与智能化技术应用场景中逐步发展起来的新形式财务。他将智能财务定义为以人工智能等高科技作为基础设施与核心要素，实现人工智能与财务全面融合，并不断赋能财务组织，提升财务组织的服务效率，拓展财务服务职能的广度和深度，最终实现财务组织价值与颠覆性创新。财务智能化转型的发展路径需要经过五个阶段：业务流程自动化平台、机器人流程自动化（RPA）、自然语言识别技术、智能/认知计算、模型化业务。智能财务一般具备全面共享、高效融合、深度协同、精细管理、力求智能五个特点。

展望未来，要加快开发与创新会计工具和方法体系，加快网络安全管理，加快会计工具的开发与应用，主动地将区块链技术融入会计的工具和方法之中，积极把握区块链技术下会计工具与方法的新特征，在信息采集、信息整合和信息分析等方面促进会计信息支持系统的功效，降低交易成本，提高交易安全性，保障数据信息的安全可靠，使企业和组织之间的融资信任机制得到建立和保障。在以"互联网+"和"智能+"为特征的新时代，实施会计工具和方法的创新驱动，从差异化管理向要素融合方向转变，有助于中国企业在全球范围内整合资源，积极参与全球的水平分工。

● 案例思考

2021年4月9日，金钼股份发布《2020金钼股份环境、社会与公司治理报告》，这也是公司首份ESG报告。公司过往年度的ESG信息在年度履行社会责任报告中披露。报告介绍了公司2020年度在促进经济、社会、环境及生态可持续发展等方面的表现。

金钼股份拥有钼采矿、选矿、冶炼、化工、金属加工、科研、贸易一体化全产业链条，主要生产钼冶金炉料、化学化工、金属加工三大系列二十多种品质优良的各类钼产品，以其良好的物理特性和稳定的化学特性广泛应用于钢铁冶炼、石油化工、航空航天、国防军工、电子照明、生物医药等领域。

作为一家金属矿产行业企业，金钼股份充分认识到自身在发展的过程中面临的资源、环境和社会等多重约束和压力。良好的可持续发展管理能够帮助公司有效管控自身经营活动对利益相关方的影响，在持续发掘资源价值的同时，实现人与自然的和谐共生。

金钼股份认为，良好的环境、社会及治理（ESG）与公司ESG治理体系密不可分。为保障公司ESG相关治理工作的有效推进，报告期内公司成立ESG委员会，由总经理直接领导，由16个职能部门为成员组成。ESG委员会负责公司ESG管理体系的建立及运行，包括研究、筹划、协调推进ESG相关重大议题，其下设ESG委员会办公室，统筹协调ESG日常管理工作，推进各成员部门落实公司ESG规划和工作计划，围绕ESG相关议题开展实践活动。

金钼股份董事长程方方表示，环境、社会与治理是企业社会责任的真实写照，不仅是国家、社会和资本市场等利益相关方的客观要求，也是公司对接国际资本市场、提升外部影响力、强化市值管理、推进高质量发展的重要举措。公司积极顺应资本市场的关切，加快导入ESG管理理念，构建公司ESG管理体系，切实履行经济、环境和社会责任，重塑企业外部形象，努力打造负责任、有担当、有作为的一流企业。

报告期内，公司通过结合宏观政策导向、对标同行优秀企业、综合资本市场主流 ESG 相关评级的行业议题等方式，识别潜在的重大议题，并通过对各类利益相关方进行访谈及问卷调研，确认各议题的排序，以推进公司 ESG 治理工作向纵深发展。

根据报告，2020 年公司先后开展 ESG 管理提升工作启动会议、ESG 管理提升理念培训暨 2020 年报告编制准备会议，全面分析公司 ESG 重点议题现状，并结合国际最佳实践案例对未来三年工作进行全面规划。

报告称，金钼股份以"建设具有全球竞争力的世界一流企业"为愿景目标，以可持续发展绩效评价指标体系为指导，秉持"统筹推进、全面融入、可操作性、持续改进"的工作原则，于报告期内综合评估公司的 ESG 表现和管理现状。结合内部调研、同行对标、资本市场关注等结果，制定并发布《环境、社会及治理（ESG）管理提升三年行动计划》。

该计划按照"第一阶段总结梳理、强化披露，第二阶段完善政策、加强实践，第三阶段巩固提升、长效推进"的工作路径，通过三年时间，围绕环境保护、社会责任、公司治理三大范畴，稳步提升公司 ESG 管理水平和绩效表现。

金钼股份表示，面对日益激烈的竞争态势，公司将以更加宽阔的视野和开放包容的姿态，立足新发展阶段，贯彻新发展理念，构建新发展格局，持续做大做优做强钼产业，与各方携手并进、互利共赢、行稳致远，为实现公司绿色、可持续高质量发展而努力奋斗。

资料来源：作者根据公开资料整理而成。

阅读上述材料，请思考：

（1）与传统报告相比，你认为 ESG 报告有什么特点和优势？投资者为什么逐渐开始青睐 ESG 报告？

（2）ESG 报告应具备哪些内容？它的出现有什么重要意义？ESG 与国家的"双碳"目标和可持续发展战略有怎样的联系？

课后习题

一、单项选择题

1.会计的基本前提包括会计主体、（　　　）、会计分期和货币计量四个方面的内容。

A.实际成本　　　　B.经济核算　　　　C.持续经营　　　　D.会计准则

2.会计的基本职能是（　　　）。

A.核算和监督　　　B.预测和决策　　　C.监督和分析　　　D.反映和核算

3.会计核算应以实际发生的交易或事项为依据，如实反映企业财务状况，体现了（　　　）原则。

A.实质重于形式　　B.明晰性　　　　　C.客观性　　　　　D.谨慎性

4.计提坏账准备的做法体现了（　　　）。

A.相关性　　　　　B.谨慎性　　　　　C.重要性　　　　　D.可比性

5.企业的会计核算要求会计指标应当口径一致，体现了（　　　）原则。

A.相关性　　　　　B.明晰性　　　　　C.客观性　　　　　D.可比性

6.（　　　）是处理会计工作的规范，制定会计制度的依据，也是评价会计信息质量的标准。

A.会计法律法规　　　　　　　　　　B.企业会计准则

C.金融企业会计制度　　　　　　　　D.小企业会计准则

二、简答题

1.什么是会计？它有哪些职能和任务？

2.会计核算有哪些基本前提？

3.会计有哪些要素？它们各有哪些特征？

4.会计核算有哪些方法？会计信息的质量要求有哪些？

三、思考题

1.财务报表如何体现会计的基本假设和信息质量要求？

2.从财务报表中，你能看出企业数字化转型和智能化发展的迹象吗？

第二章 会计要素与报表：决策必备工具

第二章　会计要素与报表：决策必备工具

▶【本章导读】

　　如果你有8万元的积蓄，打算开一家主要经营冰箱维修的店铺。考虑到个人资金不够多，以店铺的名义向银行借了4万元。用10万元购买了一些电器配件并开始营业。假如首月卖出了一些配件，收到货款3万元，这些配件当初是花2.2万元购进的。此时店铺还剩多少钱？与最初成立时相比，钱是增加了还是减少了？

　　企业会计的核算对象是资金运动，包括资金的筹集、资金的运用以及资金的退出。如何使用会计语言来表述资金运动过程？这就是财务报表列报和财务报表要素要回答的问题。

第一节　资产负债表

▶▶ 一、资产负债表概览

1.资产负债表的定义和作用

　　我们常常将企业的资产负债表（balance sheet）比作"照相机"，它可以反映在某一时点企业的财务状况。那这张表具体包括哪些内容呢？下面我们通过长江公司的例子来看一看"照相机"具体拍到了什么。

　　资产负债表（见表2-10）的左边是资产，我们可以把它简单看成是企业拥有的东西。右边是负债和所有者权益，表示企业资产的来源。负债说明企业有外来的借款，所有者权益则是企业所有者拥有的东西，因此，我们可以看出企业的资源来源于两个方面：负债来源于债权人，而所有者权益来源于所有者。

表2-1　　　　　　　　　　长江公司2023年资产负债表（部分信息）　　　　　　　　单位：万元

资产		负债和所有者权益	
货币资金	408 645.28	应付票据	222 374.35
应收票据	62 143.48	应付账款	476 178.92
应收账款	46 809.94	应付职工薪酬	50 751.78
存货	202 400.66	...	

　　　　　　　　　　　　　　　　　　　　　　　　　　　　　　　　　　　　续表

资产		负债和所有者权益	
固定资产	600 393.68	实收资本	94 311.49
…		资本公积	237 625.47
		…	
资产总额	2 409 991.86	负债和所有者权益总额	2 409 991.86

资料来源：作者根据公开资料整理而成。

　　资产负债表是反映会计期末（或是特定日期）企业财务状况（企业的资产、负债和所有者权益有多少）的会计报表。那通过阅读资产负债表能为报表使用者带来哪些信息呢？资产负债表的作用见表2-2。

表2-2　　　　　　　　　　　　　　　　资产负债表的作用

作用	解释
了解企业某日资产的种类及其状况	比如企业流动资产包括哪些项目及其具体数值等
了解企业某日负债总额和构成情况	比如企业负债多少，比重如何。如果负债比重较高，说明企业主要靠举债来放大资产，实际由股东投入形成的资产并不多
掌握企业所有者权益的情况	可以看出最初投资者对企业投入了多少，有助于报表使用者分析、预测企业抗风险能力以及对负债的保障程度

　　2.流动性列报的意义

　　先来看一看长江公司2023年资产负债表（见表2-3）具体包括哪些会计信息。

表2-3　　　　　　　　　　　长江公司2023年资产负债表　　　　　　　　单位：万元

资产	期末余额	上年年末余额	负债和股东权益	期末余额	上年年末余额
流动资产：			流动负债：		
货币资金	408 645.28	383 881.57	短期借款	131 835.18	94 337.47
应收票据	62 143.48	58 019.18	应付账款	476 178.92	418 369.43
应收账款	46 809.94	41 369.15	预收款项	25 436.43	24 308.10
应收款项融资	221.62	83.97	合同负债	222.67	—
预付款项	23 829.49	12 075.62	应付职工薪酬	50 751.78	32 861.73
其他应收款	24 955.90	18 092.96	应交税费	28 421.55	34 455.17
存货	202 400.66	234 271.31	其他应付款	191 856.92	192 747.66

续表

资产	期末余额	上年年末余额	负债和股东权益	期末余额	上年年末余额
合同资产	31.13	—	一年内到期的非流动负债	37 255.05	86 627.26
一年内到期的非流动资产	710.87	451.37	其他流动负债	16 513.92	15 646.37
其他流动资产	55 016.77	69 251.56	流动负债合计	958 472.42	899 353.19
流动资产合计	824 765.14	817 496.69	非流动负债:		
非流动资产:			长期借款	179 330.29	244 172.79
长期应收款	5 040.95	3 507.00	预计负债	19 301.40	15 813.14
长期股权投资	254 679.35	202 780.03	递延收益	10 501.96	9 962.30
其他非流动金融资产	863.11	567.85	其他非流动负债	22 456.00	538.33
固定资产	600 393.68	555 834.84	非流动负债合计	231 589.65	270 486.56
在建工程	30 346.96	49 468.45	负债合计	1 190 062.07	1 169 839.75
无形资产	450 623.07	420 588.14	股东权益:		
长期待摊费用	4 174.55	5 988.32	股本	94 381.15	94 946.99
递延所得税资产	10 594.56	10 222.30	资本公积	237 623.56	238 820.38
其他非流动资产	23 398.69	18 073.69	减:库存股	50 340.65	38 578.07
非流动资产合计	1 380 114.92	1 267 030.62	盈余公积	48 423.39	40 141.91
			未分配利润	684 730.54	579 356.35
			股东权益合计	1 014 817.99	914 687.56
资产总计	2 204 880.06	2 084 527.31	负债和股东权益总计	2 204 880.06	2 084 527.31

资料来源:作者根据公开资料整理而成。

从表2-3中可以看出,我们对资产和负债按流动性进行了分类,那为什么要这样操作呢?因为不同的流动性对企业的收益和风险的影响有所不同。

从收益角度来说,资产必须在流动过程中增值。流动性大的资产,特别是企业的货币资金,企业许多经营活动的开展都需要它。

从风险角度来说,资产的流动性越强,变现所需要的时间越短,比如固定资产和存货相比,后者的变现能力就更强,流动性风险更小。通常企业抵御风险是依靠流动性强、变现快的资产来完成的。

　　因此，我们在编制资产负债表时，应当根据流动性对资产和负债进行分类，具体分为流动资产和非流动资产、流动负债和非流动负债。

▶▶　二、资产负债表要素

　　要研究一个系统，首先需要了解构成系统的各个要素都包括什么。因为要素是组成系统的单元，要素之间相互独立，但又有所联系，要素间的联系方式决定了系统的性质。

　　会计信息也可看作一个系统，这个系统能够全面、综合地反映和监督企业的经济状况，并为管理者的决策行为提供重要依据。

　　正如同要素和系统的关系，会计要素也是构成会计信息系统的单元。正是有了会计要素，才明确了会计核算和监督的对象是谁，同时也根据会计要素不同的性质和特点对其进行了具体的分类。

　　《企业会计准则》将会计要素界定为六个，包括资产、负债、所有者权益、收入、费用和利润。前三个要素侧重反映企业的财务状况，构成资产负债表要素（见表2-4）；后三个要素侧重于反映企业的经营成果，构成利润表要素。

表2-4　　　　　　　　　　　　　　　　　　资产负债表要素

要素	定义
资产	资产是指企业过去的交易或者事项形成的，由企业拥有或者控制的，预期会给企业带来经济利益的资源。它是企业从事生产经营活动的物质基础，如库存现金、银行存款、存货以及固定资产等
负债	负债是指企业过去的交易或者事项形成的，预期会导致经济利益流出企业的现时义务。如应付账款、应付职工薪酬等，代表未来现金的流出
所有者权益	构成企业的资本来源中，不仅有来源于债权人的，还有一部分是来源于投资者的，我们称之为所有者权益。比如，实收资本，描述了企业直接收到的资本；资本公积，描述了股东实际投入的资金超出注册资本的部分（所有者权益的构成后面会详细展开）

　　在介绍资产负债表时我们说过，企业的资源来源于两个方面：债权人和所有者。

　　企业从事生产经营活动，需要一定数量的资产，比如生产产品的机器设备、购买原材料所需的银行存款等。同时这些资产都是有源头的，要么是由投资者投入，比如投资者投入一台生产设备；要么是通过债权人借入的，比如短期借款等。

　　如果我们把这个关系用等式来表示，就得到下面的静态会计公式（如图2-1所示）：

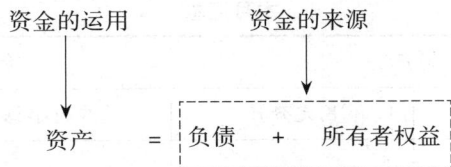

资金的运用　　　　　　　　资金的来源

资产　＝　负债　＋　所有者权益

图2-1　静态会计等式

　　这就是基本的会计等式。等式左边表示资金的去向，比如拿钱买设备、原材料等。同时，等式的右边代表资金的来源。通常分为两种：一是投资者向企业投入资产而形成权益，称为所有者权益；二是债权人借款给企业而形成的权益，称为负债。

【例 2-1】根据企业发生的不同业务尝试编写简单的资产负债表。

（1）长江公司为一家家电公司，2023 年 5 月 1 日公司刚成立时，收到股东投入的资金 8 000 元。

此时长江公司的银行存款和实收资本都增加了 8 000 元（见表 2-5）。

表 2-5　　　　　　　　　　长江公司资产负债表（简表）-1

2023 年 5 月 1 日　　　　　　　　　　　　　　　　　　　单位：元

资产		负债和所有者权益	
银行存款	8 000	实收资本	8 000
总计	8 000	总计	8 000

（2）5 月 2 日长江公司用现金 2 500 元购买了一台维修设备。

此时长江公司的银行存款减少 2 500 元，而固定资产增加了 2 500 元（见表 2-6）。

表 2-6　　　　　　　　　　长江公司资产负债表（简表）-2

2023 年 5 月 2 日　　　　　　　　　　　　　　　　　　　单位：元

资产		负债和所有者权益	
银行存款	5 500	实收资本	8 000
固定资产	2 500		
总计	8 000	总计	8 000

（3）5 月 8 日长江公司购买了一台价值 15 000 元的生产机器，用于生产家电，支付了 2 000 元现金，然后签发了 13 000 元的应收票据，此时的资产负债表见表 2-7：

表 2-7　　　　　　　　　　长江公司资产负债表（简表）-3

2023 年 5 月 8 日　　　　　　　　　　　　　　　　　　　单位：元

资产		负债和所有者权益	
银行存款	3 500	应付票据	13 000
固定资产	17 500	实收资本	8 000
总计	21 000	总计	21 000

（4）对本月发生的业务进行汇总（见表 2-8）：

表 2-8　　　　　　　　　　　本月汇总　　　　　　　　　　　单位：元

日期	资产		负债+所有者权益	
	银行存款	固定资产	应付票据	实收资本
2023.5.1	8 000			8 000
2023.5.2	5 500	2 500		8 000
2023.5.8	3 500	17 500	13 000	8 000

通过【例2-1】，我们可以发现，企业的经济活动虽然会使得等式同一边或两边的数额发生变化，但都不会对资产和负债、所有者权益三者之间的数量关系产生影响。因此会计等式得到了验证：在任何时点上，企业的资产等于负债、所有者权益的数量和。

▶▶ 三、资产计量

对于资产来说，不同的时期反映的价值可能有所不同。比如商品的价值会随着时间变化有所波动、固定资产随着使用寿命的增加而有所贬值。那么不同的情境下资产的价值应如何可靠地体现，才能帮助管理者更好地掌握资产的状况呢？针对这个问题，学者们归纳出五种不同的计量属性——历史成本（historical cost）、重置成本（replacement cost）、可变现净值（net realizable value）、现值（present value）和公允价值（fair value），这五种属性分别都有各自适用的情景。

1.历史成本

历史成本又称实际成本，是指取得或制造某项财产物资时所实际支付的现金或者现金等价物。最典型的情形是企业在购买一项固定资产后，对购买的固定资产按照实际支出的金额进行计价。那为什么会选择该种计量方式？从股东及债权人的角度看，以交易事实为依据的金额是可验证的，并且能够客观计算可分配利润，这也是历史成本计量属性在会计实践中得以广泛应用的原因。然而，由于历史成本不涉及后续确认问题，如果投资者或债权人想要对该项资产做出动态的衡量，那么选择历史成本进行计量会与不断变化的现时价格脱节，缺乏可比性和配比性。

2.重置成本

资产重置成本的计量，是指用现时条件下重新购置或建造一个相同状态的被评估资产所需的全部成本。最典型的情形是固定资产盘盈的情况，管理者能够通过与同样条件的资产进行对比，掌握盘盈资产的状况。这种方法既能够避免价格变动虚计收益或亏损，也较为科学合理地对盘盈资产的价值进衡量。但是，通常确定重置成本较为困难，不能够与原有资产完全保持一致，从而影响会计信息的可靠性。

3.可变现净值

可变现净值，是指在生产经营过程中，以预计售价减去进一步加工成本和销售所必需的预计税金、费用后的净值。该种计量属性主要适用于容易变现的资产——最典型的就是存货。对于经营者而言，存货能够较为直接地体现企业的价值创造。通过将存货的账面价值与市场价值不断进行比较，经营者能够及时掌握市场状况从而制定战略规划，实现及时的生产管理。

4.现值

现值，是指对未来现金流量以恰当的折现率进行折现后的价值，是考虑货币时间价值因素等的一种计量属性。一般情况下，对于会计要素的计量应当采用历史成本。但是在某些情况下，比如对某些金融资产进行后续计量时，投资者想要确定未来这项金融资产能否有所收益，如果此时仅仅以历史成本作为计量属性，无法实现目标。因此，需要一种新的计量属性，能够站在当前的角度去审视未来创造的收益，现值便是一个不错的选择。

【"四个面向"小课堂】

在两千多年前，我国古代大教育家、思想家孔子在总结其库管小吏的职责时说过"会计当而已矣"，概括了会计的本质与内涵及应当遵循的原则。在现代生活中，会计工作的基本要求就是要真实准确、全面及时地反映财务状况，维护社会各方财产的安全，这与党的二十大报告中提出的"健全共建共治共享的社会治理制度，提升社会治理效能"的理念相契合，旨在通过提高会计工作的质量，为社会治理提供坚实的财务信息支持，进而促进经济的健康发展和社会的和谐稳定。

5.公允价值

公允价值，是指市场参与者在计量日发生的有序交易中，出售一项资产所能收到或者转移一项负债所需支付的价格。对于制造业企业来说，企业经营过程可以简单地理解为生产销售的双循环过程，通过销售来实现对生产成本的补偿。当物价持续上涨时，若仍以历史成本计量，得到的金额将购不回原来相应规模的原材料。而采用公允价值计量，便可以解决这个问题，从而实现对实物资产的维护。除对实物资产进行保护外，还对企业拥有的金融资产进行衡量，最典型的例子要数交易性金融资产，通过对交易性金融资产进行公允价值计量，能够真实、及时地反映当前价格的变动情况，便于管理者掌握交易性金融资产的情况，从而进行管理和决策。

▶▶ 四、会计报表附注及补充信息

1.会计报表附注的作用

对于投资者、管理者或债权人来说，怎么才能了解企业的概况呢？一般是通过阅读资产负债表或利润表等财务报表。比如通过阅读制造业企业的资产负债表，可以明确"存货"这种资源的具体金额，而信息使用者若想要进一步了解企业都有哪些"存货"，这些存货的存在是否合理时，应该怎么做呢？可以查看会计报表附注。有关各类存货的构成状况（原材料有多少，有没有在产品）、某种存货是否热销或者积压等信息也都在会计报表附注部分反映。

会计报表附注是一个"收纳箱"，它将财务报表中没有办法表示的信息进行归纳和汇总，拓展了财务信息。此外，它也增强了会计信息的可理解性，揭示了财务数据背后的"秘密"，使使用者了解数据的成因。同时，揭示会计政策发生了哪些变化，以及为什么会发生这种变化，便于报表使用者将本公司会计信息与行业外或同行业其他企业进行对比，提高了会计信息的可比性。

2.会计报表附注的主要内容

会计报表附注主要包括企业的一般情况、企业的会计政策、重要事项等内容。以"股本""资本公积"项目为例，见表2-9。通过"股本"项目可以了解到公司发行在外股份总数以及变动情况。借助"资本公积"项目可以分析股东实际投入的资金超出注册资本的部分，以及由于资本溢价或股本溢价金额变动导致资本公积变动的情况等。

表2-9 长江公司2023年年报附注（部分）

39.股本

单位：元 币种：人民币

股份类别	期初余额	本期增加	本期减少	期末余额
一、有限售条件股份				
1.国家持股				
2.境内非国有法人持股				
3.境内自然人持股				
4.境外非国有法人持股				
二、无限售条件股份	94 465.99		84.84	94 381.15
1.人民币普通股	63 085.53			63 085.53
2.境内上市的外资股				
3.境外上市的外资股	31 380.46		84.84	31 295.62
4.其他				
三、股份总数	94 465.99		84.84	94 381.15

40.资本公积

单位：元 币种：人民币

项目	期初余额	本期增加	本期减少	期末余额
资本溢价（股本溢价）	222 802.38	7.55	3 518.41	219 291.52
其他资本公积	16 018.00	6 106.07	3 792.03	18 332.04
合计	238 820.38	6 113.62	7 310.44	237 623.56

资料来源：作者根据公开资料整理而成。

第二节 利润表

▶▶ 一、利润表概览

资产负债表反映的是企业某一时点的情况，因此我们把它称为"照相机"。但是交易的发生却是一个时段的行为，例如购买原材料、销售产成品或者费用的形成，单纯的"照相"功能无法完整地记录整个过程。因此我们就需要一台"录像机"，它能够记录一段时间内发生的事情，有开始和结尾。这样的报表就是利润表。

利润表是反映企业在一定会计期间经营成果的报表，也叫动态会计报表。在利润表中具体体现为各项收入、各项费用和成本等支出，以及利润总额或亏损总额。通过阅读利润表，我们又能得到哪些信息？利润表的作用见表2-10。

表2-10　　　　　　　　　　　　　　利润表的作用

作用	解释
掌握经营成果和盈利能力的情况	通过比较和分析收益信息，比如净利润率等指标，掌握收益增长的规模和趋势，看看这个企业盈利水平究竟如何
分析企业的偿债能力	企业的偿债能力是指企业按时还本付息的能力，这和企业的获利能力有一定关系。如果企业在某个年份获利能力不足，对企业的偿债能力影响并不大。但如果这种状况一直持续下去，持续亏损，说明其偿债能力可能存在问题
指导管理者的经营决策	分析利润表中的数据，了解各项收入、成本、费用与利润之间的关系，从利润的角度发现企业工作中存在的问题，如经营管理是否合理有效、有没有增收节支等

▶▶ 二、利润表要素

依然以长江公司为例说明利润表的构成要素，见表2-11。

表2-11　　　　　　　　　　长江公司2023年利润表（简表）　　　　　　　　　单位：万元

项目	本期金额	上期金额
一、营业收入	2 614 277.10	2 435 170.73
减：营业成本	1 790 539.31	1 672 396.20
税金及附加	10 161.80	8 137.83
销售费用	409 780.37	385 991.10
管理费用	114 896.88	108 378.50
研发费用	102 210.28	94 997.85
财务费用	5 442.52	2 979.18
其中：利息费用	8 582.89	10 740.32
利息收入	3 140.37	7 761.14
加：其他收益	300.55	5 430.23
投资收益	19 099.25	18 322.60
其中：对联营企业和合营企业的投资收益	17 865.34	15 821.86
公允价值变动收益	6 947.87	1 754.72
信用减值损失	-3 576.57	-3 413.51

续表

项目	本期金额	上期金额
资产减值损失	−239.79	−5 159.32
资产处置收益	1.69	407.20
二、营业利润	203 778.94	179 631.99
加：营业外收入	1 278.44	1 365.96
减：营业外支出	9 289.82	5 302.24
三、利润总额	195 767.56	175 695.71
减：所得税费用	29 801.41	28 575.16
四、净利润	165 966.15	147 120.55
五、其他综合收益的税后净额	—	—
六、综合收益总额	165 966.15	147 120.55

资料来源：作者根据公开资料整理而成。

通过表2-7可以发现，利润表由收入、费用和利润共同构成，侧重于反映企业的经营成果。利润表具体内容见表2-12。

表2-12   **利润表要素**

要素	解释
收入	我们知道，水是生命之源。对于企业来说，收入是企业经营的动力之源。开办企业或是生产经营的支出需要通过实现销售获得的收入来补偿，这样企业才有动力维持运转。对于企业而言收入的形式有多种，比如主营业务收入，反映企业从事某种主要生产经营活动所取得的营业收入；其他业务收入，反映企业从非主业获得的经营收入；营业外收入，反映企业发生的与生产经营无直接关系的各项收入。 会计准则是怎样规定的呢？收入是指企业在日常活动中形成的、会导致所有者权益增加的、与所有者投入资本无关的经济利益的总流入
费用	企业经营过程中伴随着费用的发生，就像做饭需要耗用食材一样。制造业企业生产过程产生多种多样的费用。比如制造费用，反映了企业为生产产品和提供劳务而发生的各种间接费用，例如生产用固定资产的折旧费；管理费用，主要反映行政办公费，例如水电费等；销售费用，主要反映为销售商品而产生的费用，例如广告费；财务费用，主要反映企业为筹集生产经营所需资金而付出的费用，例如利息费用。 费用，是企业在日常活动中发生的会导致所有者权益减少的、与向所有者分配利润无关的经济利益的总流出

续表

要素	解释
利润	利润是企业经营的最终目标。由于利润数据容易获得，且具有现实意义，能够解释和评价一家企业的经营管理效率和生产能力。不论是管理者、投资人还是债权人，都非常关心企业的利润。 利润是企业在一定期间内经营成果的综合反映，也是其最终成果的具体体现。它反映的是收入减去费用、利得减去损失后的净额的概念。因此，利润的确认主要依赖于收入和费用以及利得和损失的确认。对于利得和损失的定义后面会详细阐述。 通过观察长江公司的利润表，我们可以发现利润有一定的层级关系，由于利润的计算口径不同使得利润有不同的层次。首先，对营业收入和营业成本进行计算得出营业利润；其次，在营业利润的基础上对营业外收入及营业外支出进行归集，得到利润总额；最后，根据计算所得的利润总额扣除所得税，得到最终的净利润。通过利润层级的划分，亦可实现对收入和费用简单的归类

企业在销售产品取得销售收入的过程中，也会发生各种费用，如广告费用、运输费用等。收入大于费用，就实现了利润。通过阅读长江公司2023年利润表可以看出，利润是根据各项收入和各项费用综合得出的，利润与收入和费用的关系可用动态会计等式进行表示：

收入−费用=利润

这一等式是资金运动的动态反映，反映企业在一定时期内的获利能力，并揭示了企业收入、费用、利润之间的相互关系。当收入大于费用时为利润；当收入小于费用时为亏损。

▶▶ 三、会计处理基础

业务发生时，我们需要使用统一的方式来记录业务，这就衍生出具体的会计核算方式。在日常交易活动中，经济业务的发生和收到货币的时间可能不一致（赊销货物），现金流动与经济活动相分离，这样就产生了两种确认和计量的标准——权责发生制和收付实现制。具体核算方式见表2-13。

表2-13   会计核算方式

核算方法	特征
权责发生制	不论款项是否收付，只要是属于本期已经实现的收入和已经发生或应当负担的费用，均应作为当期的收入和费用。由于其能够真实地反映当期的经营收入和经营支出，因此一般适用于营利性企业
收付实现制	以实际收到或支付款项为确认本期收入和本期费用的标准，适用于业务比较简单的企业以及机关、事业、团体等单位

对于同一业务，采用这两种核算方式得到的结果有何不同？

【例2-2】长江公司于2023年7月销售一批家电设备，售价52万，发票已开具，商品也已发出，款项在本年10月收到。

权责发生制认为，7月份商品控制权转移给客户，并取得收款权利，属于本期已经实现的收入，这笔销售收入需要入账。而收付实现制认为，只有看到真金白银流入企业才能确认收入，因此收入确认时间应该在 10 月。

一般而言，企业类以营利为目的的会计主体往往采用权责发生制，非营利组织一般不以营利为目的，往往采用收付实现制。

▶▶ 四、利润计量

企业通常采用的权责发生制是建立在谁承担谁受益的基础上，运用该原则时，会计需要利用一定的职业判断对各个期间的收入和费用进行划分，从而准确地计算出当期的利润。在利润计算中，包括三个重要的职业判断——存货计价方法、固定资产折旧以及应收账款的坏账。针对这三个方面选择不同的计量方式会影响到费用划分进而导致利润结果存在差异。因此本节将从三个方面分析会计核算方式如何对利润施加影响，并探讨会计人员在进行职业判断时应注意哪些要点。

1.利润计量、营业成本与存货计价

存货计价是如何影响利润的呢？我们都知道，企业购进的预备生产产品的原材料价格不是一成不变的，其随市场变动而上下浮动。在实际工作中，我们也不可能对不同价格的原材料进行一一甄别，从而确定生产存货的成本。因此我们需要做出一定的假设，比如是先买进的原材料先使用，还是针对不同批次分别核算。不同的假设产生了多种存货计价方式，从而对存货成本和利润的计量产生影响。存货的计价方法有：个别计价法、先进先出法、月末一次加权平均法、移动加权平均法。具体的介绍请详见第四章。

【例 2-3】长江公司 2023 年存货变动情况见表 2-14。

表2-14 　　　　　　　　　　　长江公司2023年存货变动情况

月份	业务	单价（元/个）
4	购进甲零件40 000个	3.0
5	购进甲零件50 000个	3.1
6	购进甲零件60 000个	3.2
7	销售甲零件130 000个	
8	购进甲零件70 000个	3.3
9	购进甲零件70 000个	3.4
11	销售甲零件100 000个给下属A公司	

分别采用月末加权平均法和先进先出法计算 11 月份的销售成本、对利润及所得税的影响（假设 2023 年年初，甲零件没有库存，出库成本按实际进货价格核算，企业所得税税率为 25%），计算结果见表 2-15。

表2-15   **不同核算方法对利润的影响**

项目	月末加权平均法	先进先出法
11月份销货成本	11月末加权平均价格3.32元/个 11月份销售成本 =100 000×3.32=332 000（元）	11月份销售成本=（40 000+50 000+60 000-130 000）×3.2+70 000×3.3+10 000×3.4=329 000（元）
对利润的影响	使公司营业利润下降332 000元	公司营业利润下降329 000元

存货的计价方式会使企业销售成本发生变化，产生不同的营业利润，从而影响最终的净利润。当期的存货销售成本=期初存货成本+购进存货成本-期末存货成本。当其他因素保持不变时，如果企业期末存货价值的计量结果偏低，则当期存货销售成本的计量结果会偏高，那么企业将会低估当期营业利润；反之，则会高估当期营业利润，进而对当期收益结果的评估也会相应增加。

如果物价持续下降，选择先进先出法计算出的存货发出成本高于用加权平均法计算的结果，此时会低估期末存货成本和本期利润。反之，当物价持续上升时，选择先进先出法会高估期末存货成本，对应的销售成本就偏低，在此基础上计算出来的当期利润会被高估。

可以发现当物价出现上下波动情况时，利用加权平均方法进行存货计价，能够尽可能弱化物价波动带来的利润上下浮动情况，反映企业真实的财务状况。

2.利润计量、折旧计算与折旧费用

在企业的生产经营过程中，尽管机器设备的外部形态大致保持不变，但实际上它们可能会产生肉眼难以察觉的磨损。我们通常将这种磨损称为"折旧"。

固定资产折旧一般不会直接减少利润，而是按照一定的标准分摊计入各期的直接费用、间接费用和期间费用，反映出利润的减少。通常情况下不同类型的折旧会被分别进行归集，比如生产车间发生的折旧一般归集为制造费用；管理部门的资产折旧归属于管理费用；属于销售部门的固定资产的折旧费用计入销售费用。

不同的折旧方法下，我们计算出的折旧金额是不同的，这时会发生"连锁反应"，使计入产品成本中的金额也不一样，进而影响到企业利润，同时会影响到企业所得税。

计算折旧的方法主要有：年限平均法、工作量法、双倍余额递减法、年数总和法。前两种统称为直接法，后两种统称为加速折旧法。具体方法的计算请详见第七章。

【例2-4】长江公司购入一台冰箱组装设备，原价为100万元，预计使用年限为5年，分别采用年限平均法和双倍余额递减法计提折旧，预计净残值为10万元。不同方法的折旧额如图2-2所示。

可以看出，使用不同的折旧方法计算的折旧额存在较大差别。假设该企业在持有该组装设备的五年中，折旧前每年盈利50万元。观察折旧方法对利润的影响，见表2-16。

上述计算结果显示，使用年限平均法时，五年内的利润是保持不变的，原因在于这段时间折旧前利润和折旧费用都保持不变。然而，当采用双倍余额递减法时，利润数字会随着时间推移发生变化，第一年利润最低，随后逐年上升。这种变化反映了机器的使用情况及其对利润的影响。

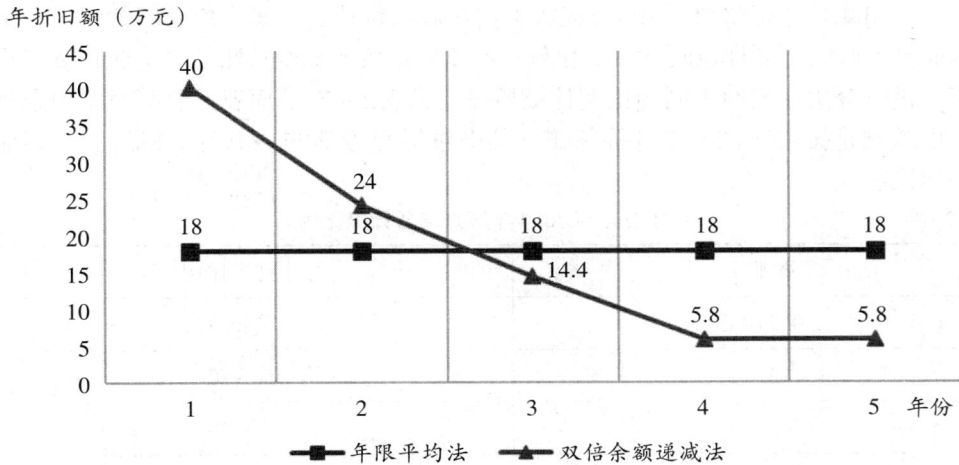

图2-2　年折旧额计算比较

表2-16　折旧方法对利润的影响

年份	扣除折旧前的利润	年限平均法计算的利润	双倍余额递减法计算的利润
1	50	32	10
2	50	32	26
3	50	32	35.6
4	50	32	44.2
5	50	32	44.2
总计		160	160

　　企业在选择特定资产的折旧方法时，应当基于固定资产在未来产生经济利益的方式。因此，企业需评估资产的盈利模式。如果预期收益在未来一段时间内保持相对稳定（如建筑物），那么直线法（即年限平均法）可能是最佳选择。然而，当资产的经济效益模式存在不确定性，或者当利润随着资产使用效率的降低而逐渐下降（如某些机器设备），采用加速折旧法（如双倍余额递减法）可能更为合适。

　　3.利润计量、信用减值损失与坏账问题

　　当企业允许客户赊购商品时会形成一笔应收账款，如果购买方因为某些原因（如破产等），不能按时支付，我们把这些收不回来的账款称之为坏账。

　　企业对于坏账损失通常采用备抵法进行核算，设置"坏账准备"账户，并于每期末估计坏账损失，计提坏账准备时，要同时计入信用减值损失。通过观察长江公司的利润表可知，计入信用减值损失部分的坏账准备会直接影响营业利润，从而最终减少净利润。

　　那要计提多少坏账准备合适呢？坏账准备的计提一般有以下几种方法：余额百分比法、账龄分析法、销售百分比法、个别认定法等。但这些方法都涉及一个问题——确定坏账准备的计提比例。该比例是由本企业应收账款的余额、应收账款的账龄等来确定的，在这个过程中企业有很大的主动权。

上市公司华信国际将单笔300万元以上的应收账款认定为重大应收账款，进行单独测试，判断其回收的可能性以及回收的比例；剩下的应收账款则按账龄（应收账款存在时间的长短）进行分组，按照不同的比例计提坏账（见表2-17）。而亚星客车对单项金额重大的应收账款则是按76%的比例计提坏账（其中包括11个客户，共计1.5亿元），其他账款按照5%计提。

表2-17   华信国际2021年坏账准备计提比例

账龄	坏账计提比例（%）
0~1年	5
1~2年	10
2~3年	30
3~5年	50
5年以上	100

由于在利润计算过程中，要减去信用减值损失，因此，坏账准备计提得越多，利润就越少。采用不同的计提比例，企业利润的计算结果可能不同。

【例2-5】长江公司宣布从2023年第三季度起，改变账龄在1年以内的应收账款坏账准备计提比例，由原来的5%降到2%。如不变更应收账款坏账准备计提比例，长江公司第三季度亏损，前三个季度的累计净利润为9.75万元；而在政策变更后，其前三个季度累计净利润增至12万元。由于这一比例的变动，长江公司前三季度的累计净利润迅速增长了2.25万元。

因此在评价企业利润时，对坏账部分的分析是必不可少的，重点分析会计人员对坏账准备计提的比例是否合理。

通过以上例子的分析可知，不同的会计核算方法有可能会对计量结果产生不同的影响。会计准则也规定，企业不得随意改变固定资产的折旧方式、资产计价方法等。如果企业任意改变会计政策，修改会计报表列报，不利于企业对被评估资产的价值进行客观、准确的分析，并且增加了投资者、债权人等利益相关者的风险。当企业因特殊原因需要调整折旧政策或改变坏账计提比例时，需要在报表附注中进行说明。

▶▶ 五、资产负债表和利润表的关系

资产负债表反映企业在某一特定日期的财务状况，利润表反映企业在一定会计期间的经营成果。我们知道资产负债表反映的是资金的静态表现，即企业发生损益后的结果，而利润表反映的是资金运动的动态表现，即反映损益的形成过程及金额。年末，要将企业创造的利润结转入所有者权益科目，基于此将资产负债表和利润表进行结合，可以得到这样一个新的等式①：

①资产=负债+所有者权益+收入-费用

如果将费用移到等式的左边，则等式①可以整理为等式②：

②资产+费用=负债+所有者权益+收入

我们可以将其理解为左边是资金的使用，右边是资金的提供。资金能用于构成各种资产，也可用于各项费用；而右边可能是债权人或股东提供的资金，或者通过一系列业务产生资金，以收入的形式提供给企业，该收入与债权人和股东无关，是企业自身运作产生的。

【例 2-6】表 2-18 是王东的冰箱维修店在 2022 年 6 月发生的经济事项：

表2-18　　　　　　　　　　　　　　　　　经济事项

时间	事　项
6月1日	王东用30 000元银行存款作为初始投资，租用一间门面开办冰箱维修店，主要提供冰箱维修服务并附带销售冰箱配件
6月2日	用银行存款支付3个月房租4 500元
6月2日	支付银行存款5 500元买了一部手提电脑用于办公
6月5日	用银行存款支付15 000元购买了冰箱配件
6月12日	向银行申请短期贷款20 000元，银行批准后款项存入小店银行账户
6月20日	购买冰箱配件，价值5 000元，未付款
6月30日	收到本月水电费缴费单共计300元，尚未支付
6月30日	用银行存款支付在小店打工学生的本月报酬1 800元
6月30日	月末盘点，当月购买的冰箱配件全部售出，收入28 000元已存入小店银行账户

分析计算该冰箱维修店 6 月份各会计要素具体项目的增减变化和结余情况，完成表2-19，并编制 6 月 30 日小店的资产负债表和 6 月的利润表（以简表形式）。

表2-19　　　　　　　　　　　　　　　　　经济业务记录

业务序号	银行存款	库存商品	固定资产	预付账款	短期借款	应付账款	实收资本	营业收入	营业成本	管理费用
期初	0	0	0	0	0	0	0			
(1)	30 000						30 000			
(2)	(4 500)			3 000						1 500
(3)	(5 500)		5 500							
(4)	(15 000)	15 000								
(5)	20 000				20 000					
(6)		5 000				5 000				
(7)						300				300
(8)	(1 800)									1 800
(9)	28 000							28 000		
(10)		(20 000)							20 000	
期末	51 200	0	5 500	3 000	20 000	5 300	30 000	28 000	20 000	3 600

王东的冰箱维修店 6 月的资产负债表和利润表见表 2-20 和表 2-21。

表 2-20

资产负债表（简表）

2022 年 6 月

单位：元

资产		负债和所有者权益	
银行存款	51 200	短期借款	20 000
库存商品	0	应付账款	5 300
固定资产	5 500	实收资本	30 000
预付账款	3 000	留存收益（本月）	4 400
总额	59 700	总额	59 700

表 2-21

利润表（简表）

2022 年 6 月

单位：元

营业收入	28 000
减：营业成本	20 000
管理费用	3 600
利润总额	4 400

从表中可以看到，6 月的利润为 4 400 元，也反映在资产负债表留存收益项目中。这就是资产负债表和利润表之间的勾稽关系。

▶▶ 六、与利润表有关的表外附注

财务报表附注对利润表中的某些项目作了进一步补充说明。例如，利润表中的“营业收入”项目，是主营业务收入和其他业务收入的合计数，企业需要在报表附注中披露主营业务收入和其他业务收入各有多少，并按经济活动类别区分取得的主营业务收入，便于分析主要经营活动取得的收入对利润总额的贡献程度。

此外，也需要将费用项目按照性质分类并予以披露，以作为利润表的补充资料。其主要包括营业成本（商品销售成本）、销售费用、管理费用等，通过分别列示上述各项成本费用的本期发生额和上期发生额，更好地进行比较分析。

关联方及关联交易是附注的一项重要内容。当一家企业能控制、共同控制另一家企业，或是能对其经营施加重大影响，这两家企业即构成关联方关系。当关联方之间的交易活动不是基于公平的交易价格，而是利用关联方交易达到操纵利润的目的，会对企业带来一定风险。为了防范不公平交易和虚假交易，需要披露重大关联方交易，有助于会计信息使用者了解企业真实的财务状况和经营成果。

第三节　所有者权益变动表

▶▶ 一、所有者权益变动表的定义

所有者权益变动表反映了构成所有者权益的各组成部分当期的增减变动情况。它具体能够给报表使用者提供哪些对决策有用的信息呢？

　　我们知道企业生产经营形成的净利润通过利润表进行反映，那形成利润后管理者应该如何进行分配呢？多少交付给股东，多少由企业保留从而保障企业的继续生产？这种利润的分配关系便体现在所有者权益变动表中。

　　所有者权益变动表还反映资本的进入和退出。归属于所有者的权益主要来源于两部分，一部分为股东投入，另一部分来源于企业创造的利润。因此所有者权益变动表除了描述利润的分配关系，还反映了来源于股东那部分资本的进入和退出。比如企业被投资或减资会引起股本、资本公积等会计要素的变动。

　　所有者权益变动表也反映投入的资本是否保值。除管理者外，所有者权益项目也是投资者关注的重点。当你身为投资者购入一家企业的股票，实际上成为股东（所有者）中的一员，如何判断你的这项投资是成功还是失败？要看所有者权益质量，明确投入企业的资本能否得到保值与增值。通过阅读所有者权益变动表，能够知晓在某一特定时间内，股东权益如何随企业经营的盈亏、现金股利的发放而发生变化，从而判断管理层是否公平对待股东。

▶▶ 二、所有者权益变动表要素

　　所有者权益变动表要素见表2-22。

表2-22　　　　　　　　　　　　所有者权益变动表要素

来源	对象	解　释
股东投入	股本/实收资本	股东投资于企业的注册资本，即股东的投资款
	资本公积	当股东实际投入的资金超出注册资本，多出来的这部分就是资本公积
企业创造	盈余公积	包括法定盈余公积和任意盈余公积，法定盈余公积是根据国家法律法规定必须提取的公积金，公司分配当年税后利润时，应当提取利润的10%列入公司法定盈余公积。任意盈余公积是股份制企业按照公司章程或股东大会的决议，从可向投资者分配的利润中提取的公积金，其提取金额与用途由公司自行决定
	未分配利润	企业留待以后年度进行分配的结存利润。比如企业当年盈利，有10%要计入盈余公积，剩下的90%由股东决定如何分配，在这90%中可能只有50%被股东拿走，剩下40%未分配而继续留在公司形成未分配利润
	其他综合收益	由非利润性项目引起的资产增值。例如，A公司购入乙公司股票作为其他权益工具投资，2023年12月1日，购买时成本100万元，2024年12月31日，该股票公允价值120万元。但是这样的一种增值仅仅是资本市场上的价格波动而已，并没有产生真正的现金流入和流出。股票卖出去之后，才算真正地赚了20万元

▶▶ 三、所有者权益变动表的结构

　　所有者权益变动表应当以矩阵形式列示。一方面，列示导致所有者权益变动的交易或事项，从所有者权益变动的来源对一定时期所有者权益的变动情况进行全面反映；另一方面，按照所有者权益各组成部分及其总额列示交易或事项对所有者权益的影响。我国企业所有者权益变动表的格式见表2-23。

表2-23

所有者权益变动表（简表）

编制单位：长江公司　　2023年　　单位：万元

项目	本年金额						上年金额					
	股本	资本公积	减：库存股	盈余公积	未分配利润	股东权益合计	股本	资本公积	减：库存股	盈余公积	未分配利润	股东权益合计
一、上年年末余额	94 465.99	238 820.38	38 578.07	40 141.91	579 837.35	914 687.56	93 987.05	226 953.75	24 240.39	34 386.16	479 859.29	810 945.86
二、本年初余额	94 465.99	238 820.38	38 578.07	40 141.91	579 837.35	914 687.56	93 987.05	226 953.75	24 240.39	34 386.16	479 859.29	810 945.86
三、本年增减变动金额	(84.84)	(1 196.82)	11 762.58	8 281.48	104 893.19	100 130.43	478.94	13 535.48	14 337.68	5 755.75	98 398.45	103 830.94
（一）综合收益总额	—	—	—	—	165 966.15	165 966.15	—	—	—	—	147 120.55	147 120.55
（二）所有者投入和减少资本	(84.84)	(1 196.82)	11 762.58	—	—	(13 044.24)	478.94	13 535.48	14 337.68	—	—	(323.26)
1.股东投入的普通股	—	—	—	—	—	—	414.14	8 986.27	—	—	—	9 400.41
2.股份支付计入所有者权益的金额	—	1 792.39	—	—	—	1 792.39	—	6 938.35	—	—	—	6 938.35
3.其他	(84.84)	(2 989.21)	11 762.58	—	—	(14 836.63)	64.80	(2 389.14)	14 337.68	—	—	(16 662.02)
（三）利润分配	—	—	—	8 281.48	(61 072.96)	—	—	—	—	5 755.75	(48 722.10)	(42 966.35)
1.提取盈余公积	—	—	—	8 281.48	(8 281.48)	—	—	—	—	5 755.75	(5 755.75)	—
2.对股东的分配	—	—	—	—	(52 791.48)	—	—	—	—	—	(42 966.35)	(42 966.35)
3.其他	—	—	—	—	—	—	—	—	—	—	—	—
四、本年年末余额	94 381.15	237 623.56	50 340.65	48 423.39	684 730.54	1 014 817.99	94 465.99	240 498.23	38 578.07	40 141.91	578 257.74	914 776.8

*表中未列示"其他权益工具持有者投入资本"，因而产生部分差值。

资料来源：作者根据公开资料整理而成。

● **案例思考**

　　上市公司披露年度财务报告是资本市场的一件大事，它不仅反映了上市公司过去一年的经营成果，更是投资者判断公司未来发展趋势的重要依据。在资本市场中，业绩是衡量一家公司价值的重要指标，一家公司的业绩增长情况，直接反映出其是否具有强大的市场竞争力、优秀的管理团队以及明确的发展战略，是否能够在复杂多变的市场环境中保持稳健增长。通过财务报告中的业绩数据，投资者分析该公司盈利能力、市场地位以及未来发展潜力，并据此做出投资决策。因此，对于那些在年报中披露出高增长业绩的上市公司而言，其股价往往会在业绩的推动下实现大幅上涨。

　　资料来源：作者根据公开资料整理而成。

　　请通过巨潮资讯网（http：// www.cninfo.com.cn/new/index.jsp）查阅一家A股上市公司2024年年度报告，并在同花顺财经（https：//www.10jqka.com.cn）中查询该年报公布前后公司股价的变动情况。思考以下问题：

　　（1）财务报告包括哪些内容？其有什么作用？

　　（2）为什么上市公司披露会计信息后，公司股价和评级会发生变化？

　　（3）上市公司通常在什么时间、通过什么方式和渠道披露会计信息？

● **课后习题**

一、单项选择题

1.对会计对象的具体内容所作的最基本的分类是（　　）。

A.会计科目　　　　　B.会计要素　　　　　C.会计账户　　　　　D.会计恒等式

2.下列会计要素中，属于静态要素的是（　　）。

A.负债　　　　　B.收入　　　　　C.费用　　　　　D.利润

3.企业实际收到的投资者投入的资本应（　　）。

A.记入实收资本账户的贷方　　　　　B.记入实收资本账户的借方

C.记入资本公积账户的贷方　　　　　D.记入资本公积账户的借方

4.企业的净利润是（　　）。

A.利润总额−所得税费用　　　　　B.利润总额−已交所得税

C.利润总额−向投资者分配的利润　　　　　D.利润总额−提取的盈余公积

5.编制会计报表时，以"资产=负债+所有者权益"这一会计等式作为编制依据的会计报表是（　　）。

A.利润表　　　　　B.利润分配表　　　　　C.资产负债表　　　　　D.现金流量表

二、多项选择题

1.下列各项中，属于所有者权益的项目有（　　）。

A.形成的利润　　　　　B.出现的亏损　　　　　C.对利润的分配

D.投资者投入的资本　　　　　E.从银行取得的贷款

2.下列关于会计要素之间关系的说法中，正确的有（　　）。

A.费用的发生，会引起资产的减少或负债的增加

B.收入的取得，会引起资产的减少或负债的增加

C.收入的取得，会引起资产的增加或负债的减少

D.所有者权益的增加会引起资产的增加或费用的增加

E.以上说法都正确

3.通过资产负债表所提供的信息，利益相关者可以了解（　　）。

A.企业资产数额及分布情况

B.债权人和所有者的权益情况

C.企业财务实力、短期偿债能力和支付能力情况

D.主营业务收入支出情况

E.企业利润的形成和分配情况

4.利润表的构成要素包括（　　）。

A.营业收入　　　　　　B.营业成本　　　　　　C.税金及附加

D.财务费用　　　　　　E.利润总额

5.所有者权益变动表反映了（　　）等信息。

A.利润的留存与赚取　　　　　　B.资本的进入和退出

C.投入的资本是否保值　　　　　　D.企业的资产、负债和所有者权益的总额

E.企业的经营成果和综合收益

三、综合题

1.资料：某企业12月31日资产、负债和所有者权益状况见表2-24。

表2-24　　　　　　　某企业资产、负债和所有者权益状况　　　　　　　单位：元

资产	金额	负债和所有者权益	金额
库存现金	1 000	短期借款	10 000
银行存款	27 000	应付账款	B
应收账款	35 000	应交税费	9 000
原材料	A	长期借款	61 000
固定资产	200 000	实收资本	240 000
无形资产	60 000	资本公积	23 000
合计	375 000	合计	C

要求：根据表2-24：

（1）计算表中应填的数据A、B、C。

（2）计算该企业的流动资产总额。

（3）计算该企业的流动负债总额、负债总额。

（4）计算该企业的所有者权益总额。

2.某企业20×3年度收入与费用情况见表2-25。

表2-25   **某企业20×3年度收入与费用情况**   单位：元

账户名称	借方发生额	贷方发生额
主营业务收入		630 000
其他业务收入		67 000
营业外收入		2 700
投资收益		11 200
主营业务成本	420 000	
其他业务成本	29 000	
税金及附加	8 800	
销售费用	12 000	
管理费用	18 900	
财务费用	2 900	
信用减值损失	5 000	
营业外支出	8 500	

要求：请计算该公司20×3年度利润表中列示的以下项目：

（1）营业成本；

（2）营业利润；

（3）利润总额。

四、思考题

1.假设你是一位财务分析师，你需要通过哪些关键指标来解读公司的资产负债表，以评估公司的资产结构、偿债能力和运营效率？

2.假设你是一位财务总监，你如何利用利润表来分析公司的盈利能力、成本控制和收入增长情况？

第三章　大数据与会计循环：信息的数据引擎

第三章 大数据与会计循环：信息的数据引擎

▶【本章导读】

　　企业会计的核算对象是资金运动，包括资金的筹集、资金的运用以及资金的退出。冰箱维修店买卖电器配件的活动，也是相似的资金运动过程，如何使用会计语言来表述这个过程？这就是会计对经济业务信息进行采集、整理、加工、分类、报告的过程，也是会计数据的处理过程。

第一节 大数据会计

▶▶ 一、大数据的含义和特点

　　以"大智移云物区"为代表的数字技术推动着经济社会的发展，数字经济正在全球范围内加速演进，各种行业和各类职业都面临着数字技术的机遇和挑战。企业经营决策涉及产品设计、市场开发、商业模式、行业发展、资源分配等一系列决策场景，影响决策的核心要素是对信息的掌握和分析。能将大量复杂的数据通过算法模型转化为对决策有用的信息，是企业在竞争中获得优势的关键。

　　大数据的定义并不统一，不同行业和企业都从自身角度来定义大数据。总体而言，大数据是指一个数据体量巨大、数据类型众多的数据集，并且该数据集无法使用传统的数据库工具对其内容进行抓取、处理和管理。大数据的特征主要表现为：

　　1.数据体量大

　　手机、电脑、物联网、互联网、社交媒体等，都是数据的来源或者载体。在数字时代，日常生活中不断产生数量庞大的数据。传统的GB或TB单位已经不能衡量大数据的体量，而是以PB（约1 000个TB）、EB（约100万个TB）或ZB（约10亿个TB）为计量单位，这是大数据的首要特征。

　　2.数据类型多

　　大数据的类型也多种多样，可分为结构化、半结构化和非结构化数据。结构化数据是高度组织和整齐格式化的数据，可以用二维逻辑表来进行表达。结构化数据通常采用表格或电子表格形式，存储在关系型数据库中，主流的关系型数据库有MySQL、Oracle、Microsoft SQL Server、Microsoft Access等；非结构化数据是结构不规则或不完整，不方便用数据库二维逻辑表来体现的数据，包括文本、图像、地理位置信息和音频/视频信息等；

半结构化数据介于二者之间，例如HTML文档、电子邮件、报表、资源库等就属于半结构化数据，数据的结构和内容混在一起，没有明显的区分。

3.数据价值密度低

大数据的重点不仅在于数据量的增长，更重要的是对数据价值的挖掘。尽管价值密度的高低与数据总量的大小往往成反比，但大数据中蕴藏的价值依然是不可估量的：运用数据分析技术从大量不相关的信息中挖掘萃取出价值，帮助企业对未来趋势与模式做可预测分析。

4.数据产生和处理速度快

基于高速网络和实现了软件性能优化的电脑处理器和服务器，创建实时数据流已成为流行趋势。企业不仅需要了解如何快速创建数据，还必须知道如何快速处理、分析并反馈信息，以满足实时需求。数据处理速度快是大数据区别于传统数据挖掘技术的特征，数据处理速度越快、越及时，其发挥的效能就越大，价值也越大。

▶▶　二、会计与大数据

会计部门是企业天然的数据中心，所有重要的经营活动数据，最终都汇集到了会计部门。传统的会计工作主要关注"钱、票、账、表、税"等财务数据，这些数据通常是在企业处理各类交易时产生，以"存款通知单、购货发票、差旅行程单、发货单、纳税申报表"等作为数据载体。这些数据大多是结构化数据或半结构化数据，体量小，信息维度低，会计部门对数据的处理流程是标准化的。从交易发生时取得的各种书面证明（原始凭证）上获取信息，将其转化为以会计术语表达的信息（记账凭证、会计账簿），建立账簿间的关联，然后分类汇总成财务报表。

但这种传统的数据处理过程，基于手工环境下的操作模式，仅仅能提供一个很小的数据集。由于没有很好的采集工具、传输工具、计算工具和存储条件，只能把复杂的交易进行分类和压缩，丢失了很多对决策有用的信息。

随着经营和管理活动的发展，企业的数据变大了，不再局限于原始凭证上承载的数据。企业的采购活动与供应商产生数据连接，销售活动与客户、代理商产生数据连接，生产部门与仓储部门等产生数据连接。此外还需要涵盖行业发展数据、宏观经济金融数据、税收政策数据等。企业规模的扩大带来了产品和服务的种类增多，地域更加广阔，商业模式更加复杂，数据类型更加多元，需要更多的非结构化数据和非财务数据作为决策支持信息。

大数据技术的应用，使会计部门有能力整合企业经营中产生的多维度信息，不仅需要获取财务数据，还需要抓取业务数据，不仅从企业内部获取数据，还需要抓取外部数据，并且能在数据采集的基础上，进行数据整理、数据挖掘和分析，为企业经营决策提供精准有效的支持。

▶▶　三、会计大数据采集

数据采集是从不同数据来源获取不同类型数据的过程，采集数据的目的是收集和整理数据，为进一步的处理、分析和运用作准备。数据来源包括企业内部的业务数据、ERP系统和数据库，也包括企业外部的数据如行业研究报告、宏观政策、新闻等。

1.确定数据采集范围

数据采集需要保障数据质量，既要全面获取数据，又要避免数据冗余、无效和重复等问题。因此，会计部门进行大数据采集时，首先要明确界定哪些是必要的数据，确定数据采集的范围。数据采集的最终目的是支持决策，会计部门自身需要的决策场景包括资金管控、投融资决策、财务风险预警、税务筹划、绩效考核、成本管控、预测业绩等，同时还要参与业务部门的决策，如产品定价、材料需求预测、客户管理、供应商管理等。会计部门可以通过对业务流程的梳理和决策场景的细化，确定需要采集的数据。

以企业材料采购和付款业务为例，业务流程的重点在于实现从预算审核到分析事项的无缝衔接和数据共享。其业务场景见表3-1。

表3-1   采购付款流程业务场景

事前			事中			事后
预算审核	需求审核	合同审核	发票管理	货物验收	对账付款	分析事项
根据企业战略和全面预算编制采购预算	查询库存；根据库存控制要求提出采购需求	评估并确认供应商；确认交货日期和支付方式	审核发票项目；核对发票与合同是否匹配	核对入库单、发票、订单是否一致；确定应付款项金额	与供应商对账；按合同日期和支付方式付款	应付款项分析；采购价格异常分析；需求异常分析；特殊情况处理

每批次材料采购时可赋予唯一的"资产编码"，将发出采购需求、供应商选择、订立采购合同、采购物流、材料入库、支付请款、应付款对账、货款结清等流程纳入企业数据平台，整合各方面的信息。在采购付款流程的不同阶段，有相应的人员负责数据的输入和审核，实现材料和资金管理数据在企业内的全面共享。

从业务流程看，会计部门需要从流程中采集的数据应包括：采购预算数据、材料库存数据、材料需求数据、供应商信息、合同日期、合同金额、材料交付方式、交付时间、货款支付方式、发票信息、材料入库数据、异常数据预警等。

2.确定数据采集方式

会计部门从不同数据源中采集不同类型的数据，需要借助与之相应的数据采集工具。在典型的会计工作场景中，有很多标准化程度高的文本和数字信息，比如在上述采购付款流程中涉及的购货发票、入库单、银行结算单等。这类数据可以采购感知设备进行数据采集，如运用光符识别技术（OCR），扫描发票，无论是纸质版发票还是电子发票，均可捕捉票据上的图像和文字信息。以购货发票为例，见表3-2。

该发票上可采集的信息有：供应商名称、税号、地址、开户银行账号，发票号码，发票开具时间，采购材料的型号、单价、数量、总价、税率、税额、业务经办人。

企业数据库中也存储有大量结构化数据，覆盖经营过程的核心环节，会计部门可以在经过授权后随时调用这些数据，比如采集采购预算数据和材料库存数据。

表3-2

湖北增值税专用发票

No4100104140

开票日期：2023年1月15日

购买方	名　　　　称：长江公司 纳税人识别号：430111170105671234 地址、电话：武汉市林悦路68号 027-85706543 开户行及账号：工商银行武汉支行32004500670089	密码区	（略）

货物或应税劳务、服务名称	规格型号	单位	数量	单价	金额	税率	税额
油溶剂	Φ32	吨	10	5 000.00	50 000.00	13%	6 500.00
油溶剂	Φ40	吨	8	4 000.00	32 000.00	13%	4 160.00
合　计					82 000.00		10 660.00

价税合计（大写）	⊗玖万贰仟陆佰陆拾元整	（小写）￥92 660.00

销售方	名　　　　称：武汉信达化工厂 纳税人识别号：422111118030421123 地　址、电话：武汉市芳草路36号 027-85608942 开户行及账号：工商银行沌口支行382246790025	备注	

收款人：王星　　　　复核：　　　　开票人：刘月　　　　销售方：（章）

在企业经营中还积累了大量非结构化数据（unstructured data），如合同文档、各项业务管理规范、岗位职责、客户信息、供应商信息、人力资源信息等，这些非结构化数据能提供更全面、更丰富的经营活动数据。自然语言处理（NLP）技术可以从企业海量文档中抽取文本信息，通过算法进行判断从而实现数据的自动采集，如采购合同中的合同双方、合同时间、金额、交货方式等关键信息，协助人工完成合同审批。

企业还可以通过互联网信息采集，登录客户、供应商网站，收集相关新闻资讯，加强对关联企业的了解，为客户管理和供应商管理提供支持。

▶▶ 四、会计大数据整理

传统会计的原始数据主要来自发票，工资单、入库单、报销单、纳税申报表等，一般只需要进行合法性与合规性审核，不需要对数据进行二次加工处理。进入大数据时代，会计部门还有通过企业数据库或数据中台、网银支付账单、网络爬虫技术取得的数据和来自其他公司ERP系统的数据，这些数据不仅体量比较大，格式也各不相同。因此在对数据做进一步分析前，需要对数据做加工整理。常用的数据整理方法，主要包括数据清洗、数据聚合、数据转换。

1.数据清洗

数据清洗是指将采集到的数据中不规则、不一致或不完整的部分进行处理和纠正，以确保数据的准确性、完整性、时效性和一致性，如去除重复数据、填充缺失数据、转换数据类型和数据匹配等。数据质量决定了数据分析的准确性，数据清洗是提高数据质量的有效途径。

企业首先要在整体层面建立数据治理平台，明确数据标准和数据质量要求，如成本费用类型、会计科目、银行账号、明细项目等会计主数据要求编号和标识统一，避免在跨部门使用过程中出现主数据不规范、口径不统一等问题。

可用于数据清洗的工具有很多，ETL技术常用于大数据清洗，对多源异构的数据进行抽取、清洗和转换，加载至数据仓库。会计部门在审核采购合同、订单、购货发票和材料入库单时，从企业内部预算编制部门、材料需求部门、采购部门、仓储部门采集的数据可能存在更新不及时，录入信息不统一，采购数量与总金额不匹配，发票上的供应商名称与企业供应商管理名单中的名称不一致，合同、发票和入库单上材料的数量或型号不相同等问题，这些情况都可以预先设置相应的清洗规则，采用适当的数据清洗工具来预防和纠正错误。

2. 数据聚合

数据聚合是指将多个数据点或数据集合并成一个汇总的数据表示。数据聚合是一个重要的步骤，有助于更好地理解数据的整体趋势和模式。

例如，在销售数据分析中，可以将不同时间段（如每天、每周或每月）的销售数据进行聚合，以查看销售总额、平均销售额等指标。这样的聚合操作有助于识别销售趋势、季节性变化等。此外，数据聚合还可以用于其他类型的分析，如客户行为分析、市场趋势预测等。通过聚合相关数据，我们可以获得更全面的视角，从而做出更明智的决策。

在进行数据聚合时，需要选择合适的聚合函数。常见的聚合函数包括求和（SUM）、平均值（AVG）、最大值（MAX）、最小值（MIN）和计数（COUNT）等。这些函数可以帮助我们根据不同的需求来计算汇总数据。

3. 数据转换

数据转换是将数据从一种形式转换为另一种形式，例如数据从文本文件导入到数据库中或者从一个数据库转移到另一个数据库中。在会计部门，这个过程主要是将业务数据转换为财务数据。仍以采购付款业务为例，审核需要检查本次采购和支付业务是否通过了足够的权限审批，然后将清洗后的发票信息、入库信息、供应商信息向应付账款、材料采购和货币资金支付信息转换。

在使用ERP系统或RPA财务机器人的企业，对采购、销售、付款、差旅费报销等重复性高、标准统一的业务数据，可以由系统自动完成向财务数据转换的过程。

企业也可以采用其他计算机软件工具，实现数据转换。财务数据多体现为结构化的列表形式，可以将列表中的数据拆分到多个维度，比如交易时间、公司名称、会计科目、成本中心等。而业务数据则更加明细，例如对材料采购信息的颗粒度可以细化到每一批次采购材料的编号，数据指标也可以根据业务实际情况进行设置，如材料型号、采购区域、采购和入库日期、经办人员、相关合同、材料存量、生产消耗、支付方式、付款期限、异常情况等。在进行采购数据管理时，可以设计业务模型用于存放某批次材料的基本信息数据，通过建立映射规则，进行字段转换，实现记账功能，见表3-3和表3-4。

可以看到财务模型包括5个维度和1列金额，和业务模型之间有些字段相同（日期、资产类别、币种等），可以通过编写Python语言代码建立关联规则，将其他需要的字段进行转化（金额、资产名称转化为会计科目+金额的形式），将业务数据转化为财务模型的数据。

表3-3 　　　　　　　　　　　　　　　　材料资产基本信息

字段	字段描述	数据	数据类型	数据属性
no-AM	资产编号	600502	varchar	
date	日期	2024-01-18	datetime	
name_AM	资产名称	彩钢板	varchar	维度
Type_am	资产类别	镀锌钢板	varchar	
amount	金额	50 000.00	decimal	
warehouse	仓库	03	decimal	维度
currency	币种	CNY	varchar	维度
time	存放天数	4	decimal	

资料来源：作者根据公开资料整理而成。

表3-4 　　　　　　　　　　　　　　　　材料资产财务模型

字段	字段描述	数据	数据类型	数据属性
date	日期	2024-01-18	datetime	维度
name_AM	会计科目	112-原材料	varchar	维度
Type_am	资产类别	镀锌钢板	varchar	维度
amount	金额	50 000.00	decimal	金额
warehouse	仓库	03	decimal	维度
currency	币种	CNY	varchar	维度

资料来源：作者根据公开资料整理而成。

　　清洗整理后的数据，使用统计分析、机器学习等数据分析技术，推断出有用的信息。帮助企业降低材料缺货风险，实现材料库存自动预警、自动发出采购订单，实现采购付款自动化等，提升账务处理效率和准确度。对分析结果使用可视化技术，形象直观地展现出结果，供用户查看和应用。

　　大数据技术在会计中的运用不仅体现在财务会计基本职能方面，在智能审计、管理会计决策分析、财务决策等方面都具有广泛的应用前景。

　　（1）智能审计：通过分析历史审计数据和实时财务数据，智能审计系统能够自动识别潜在的风险点和异常模式。例如，系统可以检测到某项支出与预算的偏差，或者发现某个账户的交易频率与历史模式不符，从而提前预警可能存在的审计问题。

　　（2）管理会计决策分析：大数据技术可以为管理会计提供更为丰富和实时的数据支持。通过分析产品成本结构、销售数据和市场趋势，帮助管理层做出更准确的定价决策和市场策略。例如，企业可以利用大数据技术分析不同客户群体的购买行为，从而制定差异化的定价策略。

（3）财务决策支持：在投资决策过程中，大数据分析可以帮助企业评估投资项目的潜在风险和回报。通过分析宏观经济指标、行业趋势和竞争对手的财务状况，企业可以更全面地评估投资决策的可行性和效益。

（4）财务风险评估：利用大数据分析，企业可以构建风险评估模型，实时监控市场风险、信用风险和流动性风险等。例如，通过分析汇率波动对企业进出口业务的影响，及时调整风险对冲策略。

（5）税务规划与合规：大数据技术可以帮助企业优化税务规划，确保税务合规。通过分析税法变化、税率差异和税收优惠政策，企业可以合理规划，降低税务成本和风险。

（6）财务报告自动化：大数据分析可以自动化财务报告的编制过程。系统可以自动收集和处理财务数据，生成符合监管要求的财务报表和报告，提高报告的准确性和效率。

（7）客户信用评估：在信用管理方面，大数据分析可以评估客户的信用状况，预测违约风险。通过分析客户的交易历史、支付行为和财务状况，企业可以制定更合理的信用政策。

（8）供应链金融：大数据技术可以优化供应链金融管理，通过分析供应商和分销商的财务数据和交易记录，金融机构可以提供更精准的融资服务，降低融资风险。

第二节 记账方法和会计循环

▶▶ 一、会计账户和复式记账法

1.会计账户

（1）会计工作中的数据处理

大数据与会计行业融合最直接的结果是会计核算的方式发生了变化。相比以往手工登账，在大数据环境下会计核算过程更多地融合了用户画像思路，通过收集与分析影响资金运动的数据，完美地抽象出一个企业的商业全貌，实现用户画像。会计确认、计量、记录和报告经济活动的过程，可以总结为"为数据贴标签——按标签整理信息——构建关联关系"这样一个过程，见表3-5。

表3-5 大数据环境下的会计核算流程

步骤	描述
贴标签	会计人员通常根据经济业务的原始凭证进行数据采集，但其中包含一些噪声数据，还需要通过数据清洗筛选出影响资金运动的数据。接下来如何对繁多的数据进行数据处理呢？这就需要对数据贴标签，用标签来描述某一要素的特征并完成数据的分类与归纳。 比如："库存现金"就是一个标签，用于归集企业持有的可随时用于支付的现金。同理，对每个影响资金运动的数据都按照其属性对应地贴上标签，再将贴好标签的数据存放于数据库、数据池中，从而完成对数据的初步整理

续表

步骤	描　述
按标签整理信息	对数据进一步处理，按照分类的细分程度不同，对标签进行分层管理。比如设"原材料"为一级标签，再设"金属材料"为二级标签。如果管理者想要掌握某个分类下的具体的资金变化情况，应该怎么做呢？这就需要对贴好的标签信息进行归集，通过查询某个标签获得具体的资金运动情况。 还以"库存现金"为例，通过对该标签一个月的收支明细进行统计，便可知具体资金的进出情况；还可以统计月末合计数，从而掌握月度库存现金的整体状况
构建关联关系	企业的经济业务繁多，因此需要构建许多不同的标签来实现对业务的记录和处理。但每个标签只反映各自的信息，没有关联关系。实务中管理者不仅要从微观的角度去分析某个标签中的资金变化情况，更需要从宏观的角度掌握企业整体的财务状况和经营成果，因此需要将各个标签所包含的信息进行关联和汇总，构建标签体系来描述整体业务。 比如，将所有资产、负债、所有者权益标签所包含的信息根据会计等式汇总在一张表中，就得到了我们企业画像的一部分——资产负债表。该表能够清楚地反映资产的来源和分布，能够帮助财务报表使用者从整体的角度思考企业未来的发展方向

【"四个面向"小课堂】

　　在"互联网+"和大数据时代背景下，财务工作的发展迎来了新的趋势。这些趋势不仅推动了财务职能由传统的交易处理向决策支持转变，由单一的财务管控向创造价值转变，而且促进了财务人员的角色转换，使他们成为企业的"军师、参谋"、"主动参与者"和"价值创造者"。这种转变深刻体现了党的二十大精神中对于创新发展的高度重视。它要求我们会计人员不仅要具备扎实的专业知识，更要具备创新精神，勇于接受新技术、新方法的挑战，不断学习，不断进步。同时，我们也要重新树立职业目标与标准，培养全新的理念、素质与能力，以适应新时代财务工作的需要。

　　综上所述，企业画像可以用标签的集合来表述。通过标签来描述经济业务活动，每一个标签都提供了我们认识和描述企业的一个角度，在此基础上构建标签体系，使得各个维度的标签不再孤立，从而形成整体的企业画像。

　　【例 3-1】 请阅读表 3-6 中的经济事项并对业务活动数据进行处理。

表3-6　　　　　　　　　　　　　　　　**经济事项**

时间	事　项
6月1日	王东用30 000元银行存款作为初始投资，租用一间门面开办冰箱维修部，主要提供冰箱维修服务并附带销售冰箱配件
6月2日	用银行存款支付3个月房租4 500元；支付5 500元买了一部手提电脑用于办公
6月5日	用银行存款支付15 000元购买了冰箱配件；用银行存款支付在小店打工学生的本月报酬1 800元
6月12日	向银行申请短期贷款20 000元，银行批准后款项存入小店银行账户；购买冰箱配件价值5 000元，未付款
6月25日	收到本月水电费单据共计300元，尚未支付。月末盘点，当月购入的冰箱配件全部售出，收入28 000元已存入小店银行账户

①贴标签。

以第一项业务为例，收到投资者投入资本导致资产和所有者权益两个要素发生变动，贴上"银行存款""实收资本"两个标签，各增加 30 000 元。实际工作中需要依据原始凭证进行记录。原始凭证可以理解为证明经济业务发生的原始证据，例如购买商品时由供货单位开出的发票、支付款项时收款单位开出的收据等。

在数字技术条件不发达的情况下，需要人工登记生成记账凭证。随着大数据技术的诞生，财务核算的信息收集与整理使用了更多的先进技术，如云计算平台、大规模并行处理数据库和可扩展的存储系统等，能够实现单据的集中处理以及票据的电子审核，极大地提高了财务工作效率。比如华为采用的 SSE 报销系统能够与财务软件对接直接形成会计凭证，实现了自动化系统代替人工录入。

②按标签整理信息。

以第一个标签"银行存款"为例，对该标签下资金运动变化的情况（包括时间、金额等信息）进行数据归纳，以直观的方式呈现该标签下发生的经济活动，明细结果如图 3-1 所示。

银行存款明细		
月	日	金额（元）
期初		0
6	1	30 000
6	2	−10 000
6	5	−16 800
6	12	20 000
6	25	28 000
期末		51 200

图3-1 使用会计软件对"银行存款"进行记录

实际工作中如果数据技术条件不足，同样也是由人工来完成以上工作。为了减少人工录入带来的准确性不足、效率低等弊端，随着互联网技术的逐步发展，用友、金蝶等财务软件如雨后春笋般不断问世，财务人员可以借助会计软件中的账目查询功能得到同样的结果。

③构建关联关系。

通过在各个单独的标签之间构建关联关系，将反映在标签上的期末余额信息、收入成本信息等进行汇总加工，形成 6 月 30 日财务状况和 6 月份经营情况的画像，这是构建标签体系的主要目标。实际工作中该步骤也可以借助计算机来实现。随着经济全球化，企业规模日益扩大，面临的竞争日趋激烈，需要及时生成报表以便帮助管理者进行战略决策，借此财务共享中心应运而生，通过对财务实现集中管理、协调，使个别的、分散的行动统一起来。例如，华为的财务共享中心实现全球 7×24 小时循环结账机制，在同一数据平台、同一结账规则下，共享中心接力传递结账作业，极大地缩短了生成报表的周期，使管理者能够及时掌握企业状况。

（2）设置会计账户

贴标签的时候要贴什么样的标签呢？这就需要用账户进行分类。学习账户，掌握其分类是关键。账户的设置依据是会计科目，会计科目完成了对会计要素的进一步分类。一般情况下，会计科目的分类主要有两种：

一是按要素进行分类。会计科目分为六大类，分别为资产类、负债类、所有者权益类、收入类、费用类和利润类。

广义的收入是利润表（即损益表）的构成项目，所以收入类账户也属于损益类账户。而广义的费用中，生产成本和制造费用属于成本，所以"生产成本"账户和"制造费用"账户属于成本类账户；而其他广义的费用也是利润表（即损益表）的构成项目，所以其他广义的费用类账户也属于损益类账户。利润属于所有者的权益，所以利润类账户如"本年利润"账户、"利润分配"账户等也属于所有者权益类账户。由此可见，按照会计要素分成的六类账户也可以整合为五类账户：资产类、负债类、所有者权益类、成本类和损益类。我国企业会计科目表中还有一类账户为共同类账户，这类账户既有资产性质，又有负债性质，需要通过期末余额的借贷方向来确定，如衍生工具、套期工具等，本书中不做介绍。

二是按其核算对象的详细程度分类。设置总分类科目和明细分类科目，比如，"原材料"是一级科目，下面可设置"A材料""B材料"等明细科目，类似于前面介绍的一、二级标签的划分。

同理，会计账户也按照同样的方法进行分类，如图3-2所示。

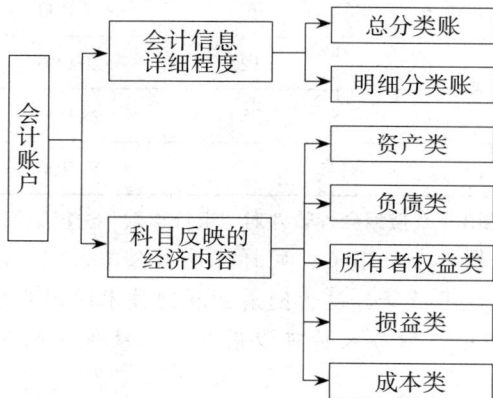

图3-2　账户分类示意图

2.复式记账法

通过梳理，我们发现企业的每一笔交易或事项的发生都会引起至少两个有关项目发生增减变动。比如用现金购买材料，一方面登记现金的减少，另一方面登记材料的增加，保证会计等式始终平衡。我们需要对该项业务贴双重标签，这种方法在会计中称为复式记账法。

在复式记账法下，对于每一项交易或事项都要在相互联系的两个或两个以上的账户中进行平行登记，这样就可以通过账户的对应关系，全面、清晰地反映资金的来龙去脉，从而了解交易或事项的具体内容。

二、会计循环

1.会计循环的含义和步骤

伴随着业务的进行，会计人员需要依据一定的步骤和方法，对业务活动加以记录、分类、汇总。从填制和审核会计凭证开始，到登记账簿，再到财务会计报告的生成。在连续的会计期间内，这些工作周而复始地不断循环进行，我们将这种会计程序称为会计循环（accounting cycle）。

然而随着信息化的不断普及，大数据环境下会计数据处理的技术手段已经有了很大改变，正如本节前文讲到的形成企业画像的过程。虽然其本质与传统的会计循环过程别无二致，但数据处理能力得到了很大程度的提高。此外，现代会计循环也因为会计信息化发生改变，比如传统涉及人工审核以及人工生成报表的环节已经可以通过计算机来自动生成。本书主要介绍结合大数据的会计循环流程，具体流程如图3-3所示。

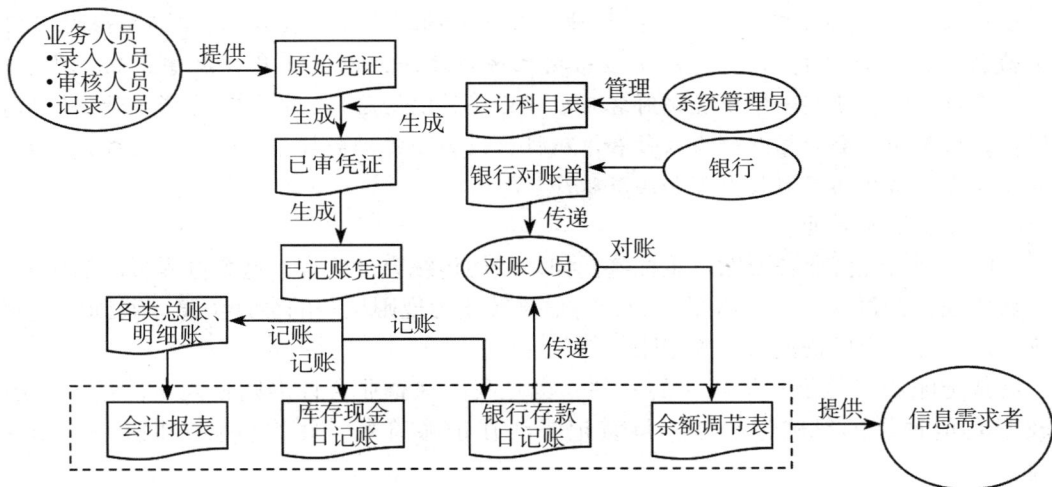

图3-3　会计循环流程图

资料来源：作者根据公开资料整理而成。

会计循环中所涉及的工作主要分为两大类：一是日常会计核算工作，二是期末会计核算工作。

2.日常会计核算工作

现代会计核算工作主要是对提取的数据进行处理，完成记账工作。要从哪里提取有用的数据呢？当然是各种记录经济业务活动的会计凭证，主要包括原始凭证和记账凭证两类。

（1）取得、填制和审核凭证

取得和填制原始凭证是会计核算工作的起点，根据《会计法》的规定，办理经济业务的单位和人员都必须取得或填制原始凭证并及时交给会计机构。

审核凭证这项活动是针对原始凭证而言的,《会计法》中主要强调对票据的真实性和完整性进行核实。真实性是指原始凭证上表述的经济内容确实反映业务本来的面貌,如增值税发票的验票,其流程如图3-4所示。通过国家税务总局全国增值税发票查验平台,能够实现对增值税发票的真伪进行核验,保障会计业务的真实准确。

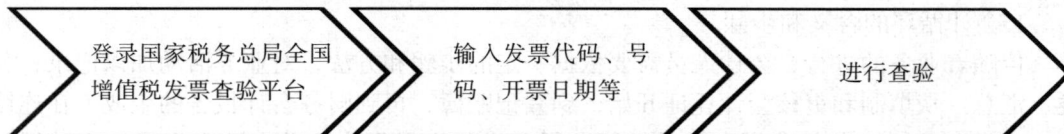

图3-4 增值税发票验票流程

完整性是指原始凭证应具备的各项内容都齐全准确,包括相关的文字说明、公章、数字填写格式等内容。例如,购货发票上没有记载填写日期或购货单位名称,或没有销售单位的盖章,类似这样的原始凭证是不能作为依据填制记账凭证的。

如今原始凭证更多借助财务机器人或电子设备完成自动审核,解决了人工审核效率低下的弊端,缩短了整个会计循环的周期。

【"四个面向"小课堂】

会计人员要具备一定的职业道德精神,正如党的二十大所要求的:"弘扬诚信文化,健全诚信建设长效机制。"会计人员应当树立诚信理念,以诚立身、以信立业,严于律己、心存敬畏。在填制、审核凭证时客观公正,坚持法治思维,严格遵守《会计法》的相关规定,从而保障会计信息的有效性和准确性,致力于推动会计事业高质量发展,提升会计专业能力,维护国家财经纪律和经济秩序。

(2)编制记账凭证

前面讲到对经济业务要贴双重标签,如果使用传统会计语言,这个过程可以描述为登记记账凭证,经过这一步骤将复杂的经济信息转化为规则统一的会计信息。我国的企业、事业单位通常采用借贷记账法来记账。

借贷记账法,是复式记账法的一种,也是我国《企业会计准则》规定的记账方法。相较于其他种类的复式记账法,借贷记账法在记账符号、账户设置方面有一定的特殊性。

①记账符号。

借贷记账法以"借""贷"作为记账符号,表示记账方向。账户的左方称为"借"方,右方称为"贷"方,分别登记增加数和减少数。对任何一项经济业务,都应按照业务内容,同时在两个或两个以上相互联系的账户的借方和贷方中进行登记(即贴双重标签),且记入的金额相等。这就是"有借必有贷,借贷必相等"的记账规则。

②账户设置。

在理论研究和教学过程中,为了便于说明,常常将账户格式简化为"T"形账户表示。

在借贷记账法下,这六大类账户的具体记账方向有所区别:资产类、成本类、费用类账户的借方登记增加数,贷方登记减少数;收入类、负债类和所有者权益类账户的贷方登记增加数,借方登记减少数,账户形式如图3-5所示。

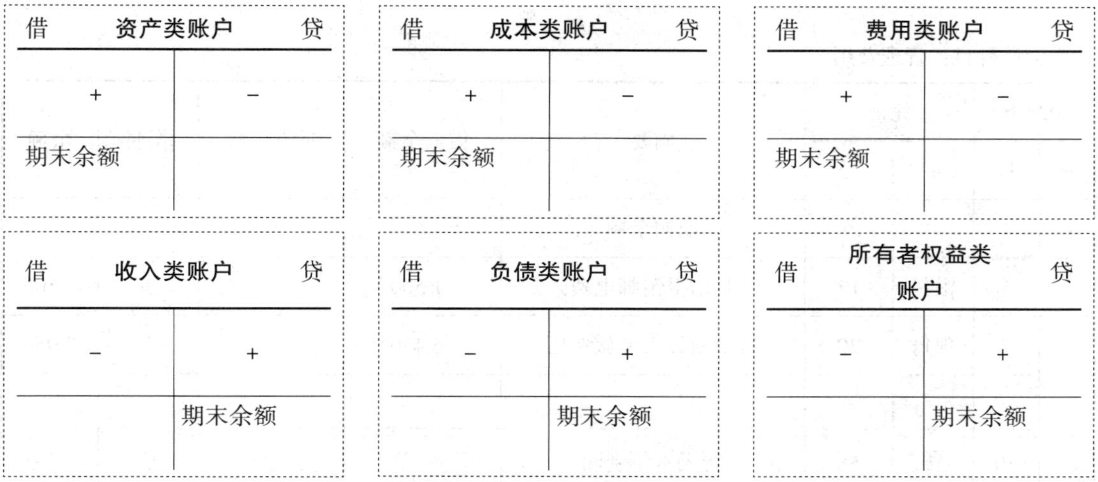

图3-5 各类账户形式

③会计分录。

简化的记账凭证以会计分录形式进行表达，具体表示如下：

借：账户名称 ×××（金额）
　　贷：账户名称 ×××（金额）

【例3-2】长江公司购买一批制作冰箱的原材料镀锌钢板，货款10 000元，尚未支付（不考虑相关税费）。此业务使资产类的"原材料"账户和负债类的"应付账款"账户同时增加10 000元。结合借贷记账法下的记账符号及账户结构，上述业务可以用会计分录的形式表述如下：

借：原材料——镀锌钢板 10 000
　　贷：应付账款 10 000

如果长江公司用银行存款去支付所欠账款10 000元，这项业务会导致银行存款减少10 000元，应付账款减少10 000元。此时相应的会计分录如下：

借：应付账款 10 000
　　贷：银行存款 10 000

按照上述记账原则，在会计信息化的环境下，通过录入或利用财务机器人等工具扫描识别票据中的业务信息，借助财务软件能够自动生成会计记账凭证，完成对经济业务的记录。

（3）生成各类总账、明细账

记账凭证比较分散，数量很多，容易散失且不便于保管，于是需要设置账簿，进一步对会计信息进行整理和分类。而这一过程在会计信息系统中体现为根据凭证自动批量记账，生成对应科目的各类总账、明细账、日记账等（如图3-6和图3-7所示）。

为了更便于掌握账簿的情况，需要对账簿进行一定的管理。会计信息化普及以来，企业更多地将种类繁多的会计信息储存于计算机中。要想了解某一类型账簿中记录的具体信息，可以在财务软件中进行查询。

总　账

会计科目：管理费用

2024 年		凭证		摘要	借方金额	贷方金额	借/贷	余额
月	日	字	号					
6	1			期初余额				0
	5	银付	17	张铭报销邮电费	1 500		借	1 500
	7	现付	20	付李丽等人差旅费用	6 450		借	7 950
	30	转	56	转入本年利润		22 378	平	0
	30			本月合计	22 378	22 378		

图3-6　管理费用总账

管理费用　　　　　　　　　　　　　　　　　　　　　　　　**明细账**

年	凭证	摘　要	办公费									工资及福利									差旅费									折旧费									其他								
月 日	编号		千	百	十	万	千	百	十	元	角	分	千	百	十	万	千	百	十	元	角	分	千	百	十	万	千	百	十	元	角	分	千	百	十	万	千	百	十	元	角	分	千	百	十	万	千	百	十	元	角	分

图3-7　管理费用明细账

通过对总账和明细账进行观察发现，二者反映经济内容的详细程度不一样。总账反映资金增减变化的总括情况，提供总括资料；明细账反映资金变动的详细情况，提供某一方面的详细资料，有些明细账还可以提供实物量指标和劳动量指标。此外，二者的作用也不同。总账提供的经济指标是明细账资料的综合，对所属明细账起着统驭作用；明细账是对有关总账的补充，起着详细说明的作用。

3.期末会计核算工作

企业会计期末的核算工作主要包括试算平衡、账项调整、结账以及编制财务会计报告。

（1）试算平衡

期末把全部账户应记录的经济业务登记入账，并计算出各账户本期借方发生额、贷方发生额和期末余额，进行试算平衡。

（2）账项调整

持续经营和会计分期是会计核算的两个前提条件。基于这两个前提条件，会计核算要求遵循配比原则（即将某一会计期间的成本费用与其有关的收入相互配比）和以权责发生制为基础计算本期的损益。

通常会遇到两种特殊的情况：

一是，本期实际收到的收入或付出的费用，有些作为本期收入或费用入账，有些则因未确定所属期间未能入账；

二是，归属本期但本期未实际收到收入或未实际付出费用尚未入账。

这种由入账出入造成的差异不利于衡量各期的收益。

此时根据配比原则和权责发生制的要求，将应属于本期的收入、费用调整入账，才能正确地确定当期的损益，这便是账项调整。常见的账项调整事项有以下两大类，见表3-7：

表3-7　　　　　　　　　　　　　　　　　账项调整事项

账项调整类型		举例
与收入有关的账项调整	属于本期但尚未收到的收入	企业本期应收取的销售货款
	已收款但不归属于本期的收入	企业本期收到客户预付的购货款
与费用有关的账项调整	归属本期但尚未支付的费用	按季度支付的短期利息
	已支付但不归属于本期的费用	预缴的水电费

（3）结账

如果一个会计期间结束，账簿中应该怎么操作呢？这就需要结账。通过结账，可以在会计期末将各账户余额结清或转至下期，使各账户记录暂告一段落。以"银行存款"这一资产类账户为例，观察表3-8可知，首先根据账户中本月的各项增减汇总计算得到"本月合计"，再将"本月合计"中的余额结转为下月的月初余额，实现结账。

表3-8　　　　　　　　　　　　　　　　　银行存款日记账

2023 年		凭证号数	对方科目	摘要	借方	贷方	借或贷	余额
月	日							
11	1			期初余额			借	10 000.00
	1	银收 1	主营业务收入等	销售商品	15 000.00		借	25 000.00
	1	银收 2	应收账款	收到货款	8 000.00		借	33 000.00
	1	银付 1	管理费用	支付报刊费		400.00	借	32 600.00
	1			本日合计	23 000.00	400.00	借	32 600.00
	2	银付 2	材料采购	采购		5 000.00	借	27 600.00
				…				
	30	银收 9	主营业务收入等	销售商品	20 000.00		借	47 600.00
	30			本日合计	20 000.00	0	借	47 600.00
	30			本月合计	43 000.00	5 400.00	借	47 600.00
	30			结转下月	47 600.00		平	

对于不同类型的账户，期末余额结转方法也不同，对于反映企业总体财务状况的账户（资产、负债、所有者权益），在一个会计期间结束之后，需要按照上述方法计算这些账户的期末余额，并结转到下期。对于这种期末有余额的账户我们称之为实账户。

需要注意的是，对于反映企业当年度经营成果的账户（收入、成本、费用），账户余额在年末需要清零，下一季度从零开始，实现反映核算期间盈亏并结账的目的。对于这种期末没有余额的账户我们称之为虚账户。

（4）编制财务会计报告

会计最主要的作用就是提供决策信息，这些信息既服务于企业内部的管理者，又服务于企业外部与企业利益相关的各个方面。

对企业本身来说财务报表信息有助于帮助企业领导和管理人员分析、检查企业的经营情况，制定下一阶段的战略方向；对投资人、债权人和其他利益相关者来说，财务会计报表信息将帮助投资者判断投资风险和投资报酬，确定投资方向并了解经营成果，从而对企业的偿债能力做出判断；对政府部门来说，借助会计报表能够了解企业资金筹集和运用是否合理，企业税收、利润计划的完成以及法律法规的遵循情况。

因此，为了更好地满足会计信息使用者的要求，每个会计期末，财务人员需要提供财务会计报告，以更加直观的形式反映各单位在一定会计期间内的经济活动。如今，在会计信息系统中，通过对各类总账、明细账进行汇总，构建关联关系，由计算机自动生成财务会计报告。

● 案例思考

财务报表包括资产负债表、利润表、所有者权益变动表和现金流量表，分别反映了公司的财务状况、经营成果、所有者权益变动及现金流量情况。报表的真实性和完整性，关系着国家对国民经济发展状况的了解、审计部门等监管机构的监管以及投资者的决策，对公司的未来发展也起着重要作用。我们以瑞幸咖啡首席运营官财务造假为例，来看看财务报表对公司及报表使用者的重要作用。

瑞幸咖啡官网显示，瑞幸咖啡总部位于厦门，截至2019年年底，直营门店数达到4 507家。公司以"从咖啡开始，让瑞幸成为人们日常生活的一部分"为愿景，通过充分利用移动互联网和大数据技术的新零售模式，与各领域优质供应商深度合作，致力为客户提供高品质、高性价比、高便利性的产品。瑞幸咖啡于2019年5月17日，在美国纳斯达克成功上市，根据2020年1月9日收盘价计算，其市值超过100亿美元。

2020年2月1日，调查机构浑水研究收到了一份来自匿名者的做空报告，报告直指瑞幸咖啡正在捏造公司财务和运营数据。2020年2月3日，瑞幸咖啡对这一做空报告的指控进行了全盘否认，并逐条批驳，坚决否认报告中的所有指控。2020年4月2日，瑞幸咖啡发布公告，称其公司首席运营官（COO）及其部分下属，从2019年度第二季度起就从事某些不当行为。在2019年第二季度到第四季度，参与伪造与交易相关的销售额约22亿元，这几乎是2019年瑞幸咖啡前两个季度的营收总额。美国当地时间4月2日，瑞幸咖啡股价触发多次熔断。截至收盘，瑞幸咖啡重挫75.57%，报6.40美元，其市值降为16亿美元，市值一夜蒸发约50亿美元。

资料来源：作者根据公开资料整理而成。

请讨论并回答下列问题：

（1）该公司首席运营官及其部分下属的行为违背了什么会计原则？

（2）公司有哪些财务报告使用者？

（3）请阅读2019年瑞幸咖啡的年度报告，您认为一份完整的上市公司年报应该具备哪些内容？

（4）首席运营官及其部分下属的行为对公司哪些报告使用者造成损害？

课后习题

一、简答题

1.大数据的特点包括哪些？请从数据体量、数据类型、数据价值密度和数据处理速度四个方面进行详细阐述。

2.传统的会计数据处理过程存在哪些局限性？这些局限性如何影响会计部门为企业提供的决策支持的质量？

3.在大数据背景下，会计部门应如何采集和整合来自企业内部和外部的各种类型的数据？请列举几种常用的数据采集方法和工具。

4.请简述会计循环的主要步骤，并说明每一步骤在大数据环境下的应用有何不同。

5.举例说明在大数据环境中，如何对数据贴标签，并阐述这一步骤对会计信息整理的重要性。

二、思考题

1.在大数据背景下，一家电商企业如何利用大数据技术优化其会计处理和会计循环？请结合具体会计报表，分析大数据如何帮助企业提高会计信息的质量和效率。

2.假设你是一家跨国企业的财务总监，你需要设计一个基于大数据的会计信息系统来支持企业的全球化运营。请阐述你的设计方案，并说明该系统将如何影响企业的会计报表编制和财务分析。

第四章　销售活动和应收款项

第四章　销售活动和应收款项

▶【本章导读】

在日常生活中我们向客户出售商品或提供服务，一般有哪几种收款方式呢？客户买房、购车时可以选择一次付清也可以选择分期按揭。一家公司在销售产品或提供服务时，也可能会出现一次性收款或者分批次收款这两种情况。对于企业来说不同的收款方式看似只是形式上的差异，似乎并不影响实际的收入。那么，企业采用哪一种方式是不是都无所谓呢？

事实却不完全是这样。看似两种收款方式都可行，却在一家上市公司掀起轩然大波，故事的主角——黄河旋风和其子公司上海明匠，因为子公司选择了错误的收入确认方式，导致注册会计师无法按期完成2018年度财务报告的审计工作。这一事件被公告后，黄河旋风公司股价跌停，造成超过10亿元的市值损失。

上述案例不由引起我们对收入的思考，收入在企业经营中发挥了什么作用？企业应当采取哪种收入确认方式？通过这章的学习，我们一起来探究这些问题的答案。

资料来源：作者根据公开资料整理而成。

第一节　企业经营活动概述

▶▶　一、经营活动资金流

企业经营是根据企业的发展方向、愿景、目标，将不确定变得相对确定、将没有变成相对有的过程。为了加强对企业经营的理解，有必要根据企业经营实践与实际进行解构。企业经营必然涉及产品、资金、销售和团队等方面，其中资金是企业的生存之本，其重要性不言而喻。

资金在企业内外部周而复始地进行循环，从而形成资金流。资金流是企业的命脉与血液，企业暂时亏钱（不盈利）不一定会垮，可一旦现金断流（资金断链）则肯定会"死"，企业正不正常关键看现金流正不正常。资金流动起来才有价值、才能创造价值，唯有通过资金的流动和流动的资金才能创造新资金、新价值。资金流动就是让钱生钱，资金流动讲究时间价值、使用效率与回报效益。这一过程，可以理解为资金流。资金流运转速度越快，表明企业经营活动运行越有效。

资金流运转的载体是资金，我们把企业可以用于经营活动的资金称为货币资金（monetary funds）。资金贯穿企业经营过程的始终。那么，怎么对资金进行归类和日常管理呢？企业经营活动中，需要留存一部分资金以供不时之需，剩余的资金则存放在银行，我们把这些可用于支付的资金统称为货币资金。对于一家企业来说，拥有货币资金是进行生产经营活动的前提条件之一。

货币资金的表现形式见表4-1。

表4-1 货币资金的表现形式

资金类型	表现形式
库存现金（cash on hand）	存放在企业财务部门，由出纳保管的人民币和外币
银行存款（bank deposits）	存入银行和其他金融机构的各种款项
其他货币资金（other monetary capital）	外埠存款、银行汇票存款、银行本票存款、信用卡存款、信用证保证金存款、存出投资款等

假设某公司货币资金项目年末余额为230万元，则该公司在年度资产负债表中就以该金额列报在流动资产的货币资金栏，并且在附注中详细披露各明细的金额，见表4-2所示。

表4-2 货币资金构成明细 单位：元

项目	年末余额	年初余额
库存现金	100 000	50 000
银行存款	2 000 000	2 200 000
其他货币资金	50 000	50 000
合计	2 150 000	2 300 000

▶▶ 二、营业周期

从业务经营的角度来看，营业周期实际上就是完成一次货物流转所需要的时间。从资金周转的角度来看，营业周期是收回以前投入的全部经营资金即资金流循环一周所需要的时间。我国企业通常把一个公历年度作为一个营业周期，也有很多国家不是按照公历年度划分营业周期，而是根据企业实际经营情况进行划分。如零售巨头沃尔玛，其营业周期为2月1日至次年1月31日。此外，一些特殊行业，如飞机、船舶制造等企业，因为产品制造周期长，其营业周期会超过一年。可以看出，不同国家、地区和行业对营业周期的划分不尽相同。

根据营业周期的划分，我们把企业的资产划分为流动资产与非流动资产，即将持有期超过一个营业周期的资产划分为非流动资产，如机器设备，土地等，而将持有期不超过一个营业周期的资产划分为流动资产，如持有以备出售的商品、随时准备动用的银行存款等。

一般而言，企业生产经营活动的基本构成是：供应→生产→销售（"物流"）。上述经营活动表现在资金上就形成了资金运动过程：货币资金→储备资金→生产资金→成品资金→货币资金（"资金流"）。对企业而言，物流必然引起资金流，资金流往往伴随着物流的发生而发生。物流是起因，物流的最终结果就是资金流的变化，因此企业生产经营的过程实际上就是上述四种形态的资金合理搭配、保持均衡、循环往复，最终实现增值的过程。

企业经营活动的基本流程是从材料、设备的供应开始，到产品生产、产品销售，表现为货物的流动过程。上述过程引起资金形态的变化，形成了从货币资金开始，到储备资金（材料和设备）、生产资金（在产品或半成品）、成品资金（产成品或商品），再到货币资金的循环过程。

资金的运动过程，称为现金流（cash flow）。如同人体血液一样，企业的正常经营活动离不开现金流的持续畅通运转。然而，企业不可能每时每刻都保证现金流源源不断，因此需要做好销售预测，以保障现金流在企业内部正常流动。

▶▶ 三、销售预测

"我为何始终无法获得准确的销售预测？"企业 CEO、CFO、销售经理经常这么抱怨。销售预测对高效的销售管理和业务资源配置至关重要。降低库存、协调工期、采购备料、评估销售业绩都需要精准的销售预测。通过销售预测来实现集中销售、迅速突围，强大渠道、做响品牌，市场导向、快速反应，最重要的是预测未来现金流并保证未来现金流的持续流通。既然销售预测的作用如此之大，那么应如何精准地进行销售预测？可以通过销售预测（如图4-1所示）、计划、实施等步骤分析成功经验和存在的差距，最终加以改进。

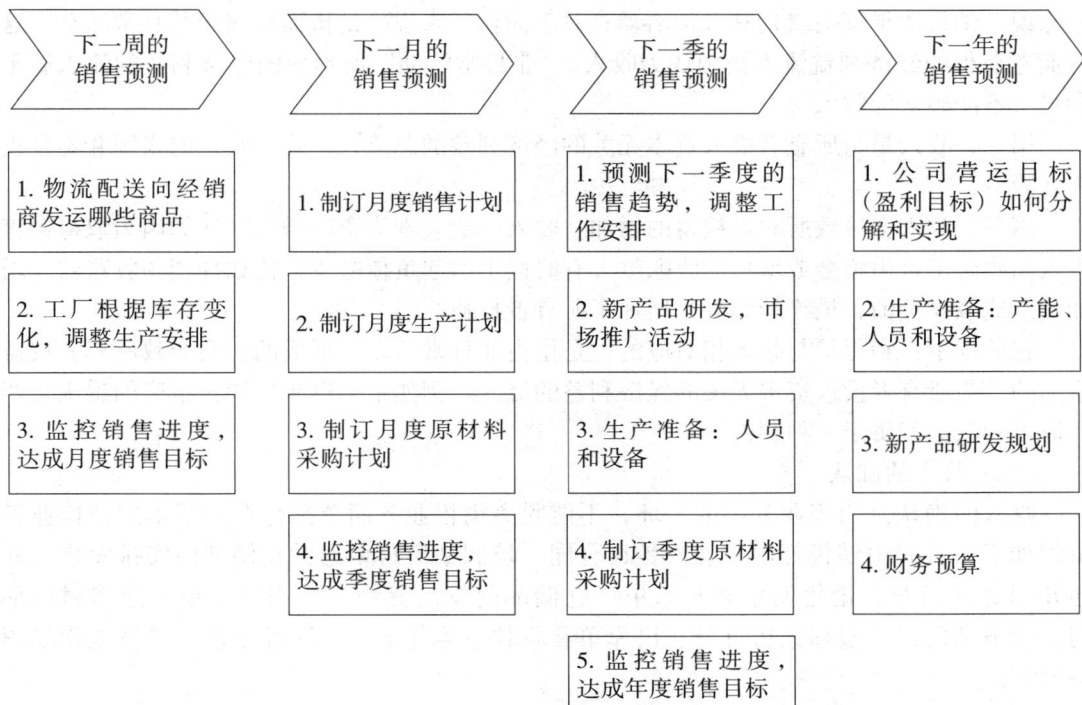

图4-1 销售预测

第二节　收入

▶▶ 一、信息披露与列报

（一）收入的含义和特征

假如你拥有一家企业，经营目的很简单，想通过销售产品从而获得资金，持续生产，完成销售的良性循环，最终获得丰厚利润。对企业而言，收入是企业发展的"生命源泉"。如果企业没有源源不断的收入做支撑，单纯靠外部的投资和借债，短时期可以解决问题，但长此以往，企业将难以为继。

企业销售一批产品并获得一笔收益，对于这笔收益，企业应该怎么样处理呢？这笔收益是来自企业外部（主要是客户）的资源，不是来自债权人，不能作为"负债"；也不是公司股东的投资，所以也不属于"所有者权益"。需要有一个新标签来描述这种新的资源，会计上的做法是另起一类，称之为公司的"收入"，从而也就有了"收入"这个要素。

企业所强调的收入到底是什么呢？会计准则中规定收入（revenue）是指企业在日常活动中形成的、会导致所有者权益增加的、与所有者投入资本无关的经济利益的总流入。会计准则中，收入包括三个特征：

第一，收入是企业在日常活动中形成的。日常活动是指企业为实现其经营目标所从事的经常性活动以及与之相关的活动。通俗来讲就是企业最基本的业务，比如对于水果罐头厂来说，销售水果罐头就是其日常活动；对于面粉厂来说，销售面粉属于其日常活动，这些业务获得的经济利益流入被确认为收入。"非日常活动"所形成的经济利益的流入属于利得，不能确认为收入。

第二，收入是与所有者投入资本无关的经济利益的总流入。强调收入的来源并不是投资者投资。

第三，收入会导致所有者权益的增加。收入一般表现为资产增加，比如因为取得销售收入而收到了货币资金或增加应收账款。有时候也引起负债减少，比如冲销预收账款。增加资产或减少负债，最终的结果是增加了所有者权益。

在此提示：利得是与收入相对应的，是指由非日常活动所形成的、会导致所有者权益增加的、与所有者投入资本无关的经济利益的流入。例如水果罐头厂销售报废的罐头生产机取得的收益就属于一种利得。

（二）收入的确认

收入的确认是销售业务中的一环，不能脱离销售业务而单独存在。基本的销售业务流程如下：首先由销售部门与客户签订合同，填制销售订单通知仓储部门安排发货，并通知财务部门开具销售发票和收款单。仓储部门发出货物，填制出库单后通知财务部门。财务部门最后根据销售订单、出库单和收款单等凭证进行账务处理。具体流程如图4-2所示。

客户	销售部门	信用审核部门	仓储部门	财务部门
开始				
询价 → 报价	客户信用记录			
	报价单			
	草拟销售合同 →	信用审核		
	拒签 ←	否		
销售合同 ←	签订销售合同 ←	是		
	发出销售通知			
			发出货物	开具发票 → 销售发票 → 财务记账
销售发票 ←				
			出库单	核对
客户付款				收款单

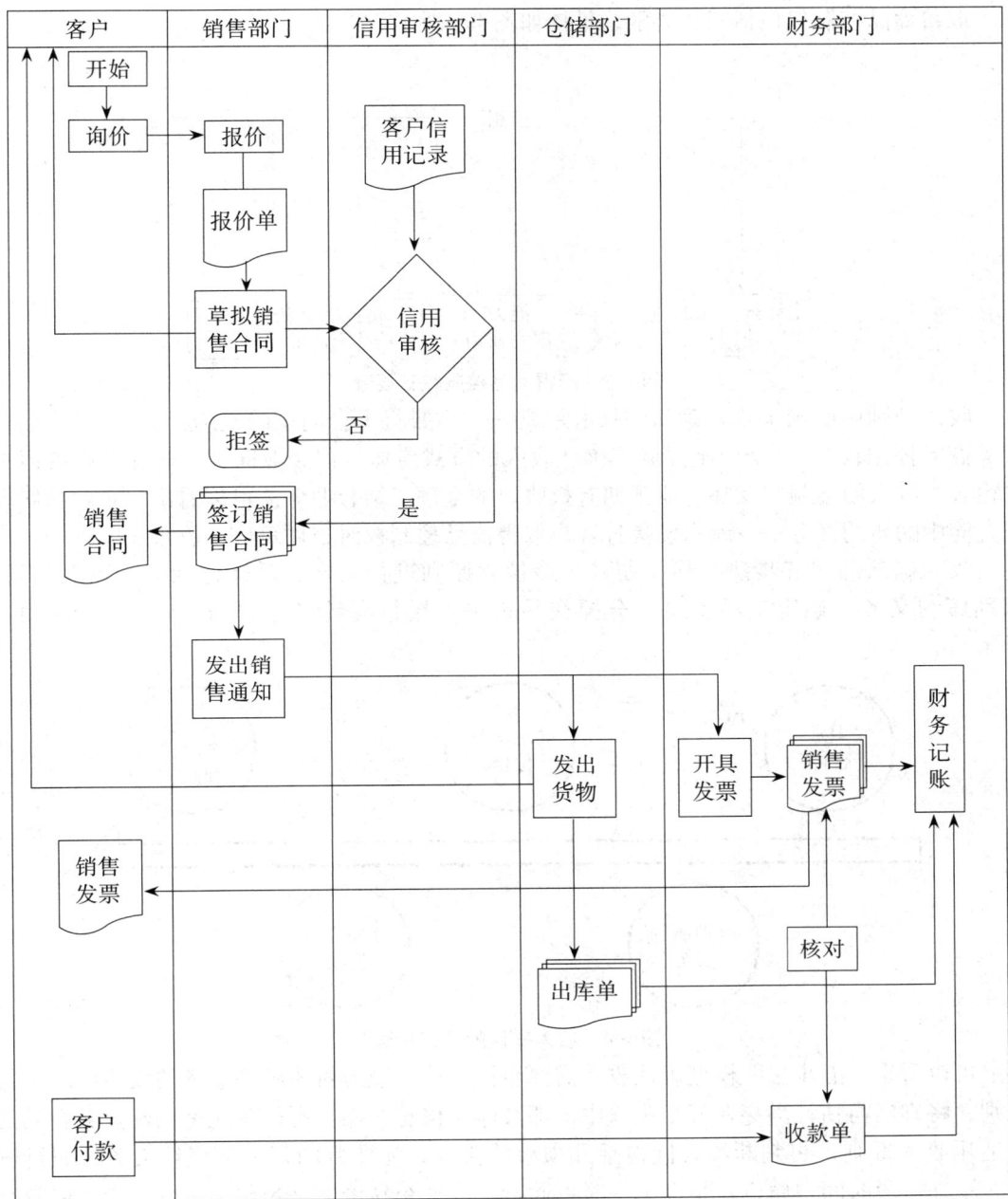

图4-2 销售和收款业务流程图

根据我国2017年修订的《企业会计准则第14号——收入》第四条的规定：企业应当在履行了合同中的履约义务时，即在客户取得相关商品控制权时确认收入。

为了更好地理解确认收入的定义，我们来了解一下什么是取得相关商品控制权。其是指能主导该商品的使用并从中获取几乎全部的经济利益，也包括有能力阻止其他方主导该商品的使用并从中获取经济利益。

取得商品控制权包括三个要素，具体如图4-3所示。

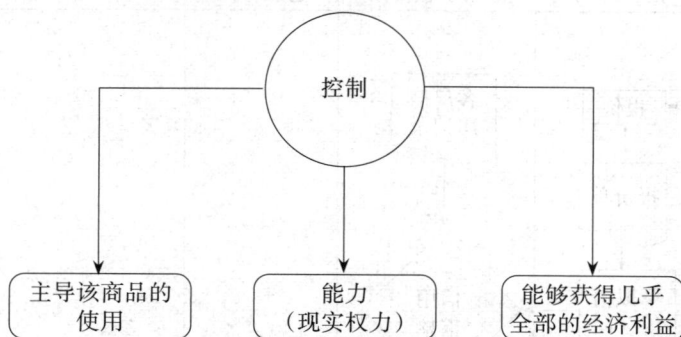

图4-3　取得商品控制权三要素

收入准则中明确了收入确认的核心原则——"履行了合同中的履约义务""客户取得相关商品控制权"，这个原则强调了确认收入的方式应体现出企业向客户转让商品或服务的模式，收入的金额应反映企业预期有权收取的金额。结合业务流可以看出，企业在履行了合同中的履约义务——库房发货且客户取得商品控制权时，便可确认收入。

收入确认的"五步法"模型便基于该核心原则进行设定，具体包括——识别合同、识别履约义务、确定交易价格、分摊交易价格、履行履约义务时确认收入（如图4-4所示）。

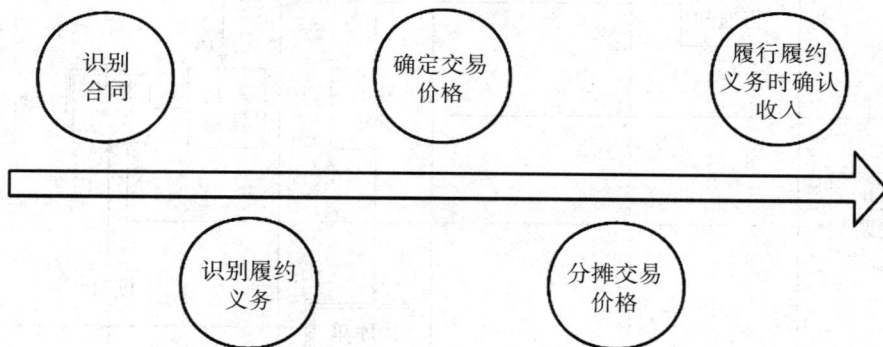

图4-4　收入确认的"五步法"

可以看出"五步法"模型确认收入需要会计人员不断地对该经济业务的发生状况进行识别，将判断与估计贯穿在五个步骤中，那具体应该怎么操作呢？首先是判断业务合同是否适用收入准则，再判断该合同包括几项履约义务，还要判断每一项履约义务的履行方式，是在一段时间内履行还是在某一时点履行，此外交易价格是否包括可变对价，以及交易价格在各项履约义务之间采用何种方法分摊等都要运用到估计与判断。总结一下，第一步、第二步和第五步主要与收入的确认有关，第三步和第四步主要与收入的计量有关。具体的确认细节结合例题讲解。

（三）收入的分类

随着经济的发展，市场竞争日益激烈，固守一个产业、提供一种产品的经营模式已经越来越不能适应发展形势。为了避免单一化经营的风险，开展多元化经营已经成为企业必须走的路，许多优秀的中国企业在追求卓越的过程中，也选择了多元化的发展方向。比如我们所熟知的海尔，制定并实施了正确且适合企业自身发展的多元化战略，发展新的业务板块，从白色家电领域进军黑色家电领域，与此同时进入医药行业，培育新的增长点，显著地提高了企业的经济效益。

与此同时，工业化的生产使得产品同质化严重，消费者在选择产品时越来越重视心灵上的充实和满足，已经超出对价格和质量、形象和品牌的考虑，开始朝着个性化的方向发展。由此企业的经营观念也开始从"以产品为中心"转向"以客户为中心"，同时将消费者的个性化需求作为"开源"导向。不再仅专注于产品质量的提升，而将服务与个性化定制作为新战略目标，不断开辟多元化的业务板块，比如售后服务、技术服务、教育培训、让渡使用权等。

多元化的经营战略和"以客户为中心"的经营观念强调企业经营不只局限于一种产品或一个产业，意味着收入的来源更加丰富，如果全部归为一类，难以评价各种经营对企业的贡献，因此我们要对繁多的收入进行分类。根据企业经营业务的主次不同，可以分为两种——主营业务收入（prime operating revenue）和其他业务收入（other operating revenue）。

主营业务收入是指企业从事某种主要生产和经营活动所取得的营业收入，可以理解为"做正事的收入"。其他业务收入是指各类企业主营业务以外的其他日常活动所取得的收入，可以理解为"搞副业的收入"。在报表上，主营业务收入和其他业务收入统称为营业收入。

不同类型的企业主营业务收入不一样，比如一家制造业企业，主营业务收入即所生产产品的销售收入；一家建筑业企业，主营业务收入即工程完工后的工程结算收入；一家批发零售贸易企业，主营业务收入即商品的销售收入；一家农业企业，主营业务收入即农产品的销售收入。所以，一项收入是否属于主营业务收入，依据企业的主要业务范围进行判断。

副业的收入有哪些？以制造业企业为例，其主要包括材料销售、技术转让、代购代销、固定资产出租、包装物出租、运输等非工业性劳务收入，比如企业把空余的厂房和机器等固定资产对外出租获得的租金收入；用于生产的原材料买多了或者不用了，转卖给其他企业获得的收入；转让生产技术获得的技术转让收入。其他业务收入在公司营业收入中通常只占很小的一部分。

（四）收入的信息披露

1.主要会计科目设置

会计在记账时需要用一种"标签"来记录业务活动，这种"标签"就是科目。实务中，为了核算销售商品、提供劳务等主营业务的收入，企业设置"主营业务收入"科目，并按照主营业务的种类进行明细核算。

"副业"收入也有对应的科目，企业采用"其他业务收入"科目，来记录企业"副业"实现的收入，并按照其他业务收入的种类进行明细核算。

2.收入在利润表中的列示

年末，会计把符合收入定义和收入确认条件的项目，列入利润表。

主营业务收入和其他业务收入都来自企业日常活动，并增加企业的所有者权益。因此，我国企业会计准则规定，将主营业务收入和其他业务收入的金额合计反映在利润表的"营业收入"项目中。

3.上市公司年度财务报告示例

以长江公司2024年年度财务报告为例。

（1）营业收入的列报，表4-3。

表4-3 合并利润表（部分）

编制单位：长江公司　　　　　　　　2024年12月　　　　　　　单位：元　币种：人民币

项目	附注	本期金额	上期金额
一、营业总收入		2 275 560	2 097 233
其中：营业收入	七、47	2 275 560	2 097 233

（2）营业收入在附注中的披露，见表4-4、表4-5。

表4-4 营业收入附注披露 单位：元

项目	本期发生额	上期发生额
主营业务收入	2 265 770	2 085 908
其他业务收入	9 790	11 325
合计	2 275 560	2 097 233

表4-5 按产品类别列示主营业务收入和主营业务成本 单位：元

类别	本期发生额		上期发生额	
	主营业务收入	主营业务成本	主营业务收入	主营业务成本
空调	375 314	270 489	299 988	217 758
电冰箱	715 697	488 358	615 380	415 677
厨电	352 440	237 352	313 613	214 205
水家电	124 705	67 603	98 567	53 490
洗衣机	547 588	363 341	484 524	324 025
装备部品及渠道综合服务	150 026	135 230	273 836	246 108
合计	2 265 770	1 562 373	2 085 908	1 471 263

此外，营业收入作为重要的报表项目，除在报告附注中进行披露外，还在"重要项目说明"部分按不同地区和不同销售模式进行了分析。

▶▶ 二、基本经济事项

（一）主营业务收入

1.收入确认模式

在2017年新修订的收入准则中不再区分业务类型，而是将销售商品、提供劳务、让渡资产使用权以及建造合同取得的收入，采用统一的收入确认方式，进行确认、计量和列报。

收入确认五步法模型的具体步骤如图4-5所示：

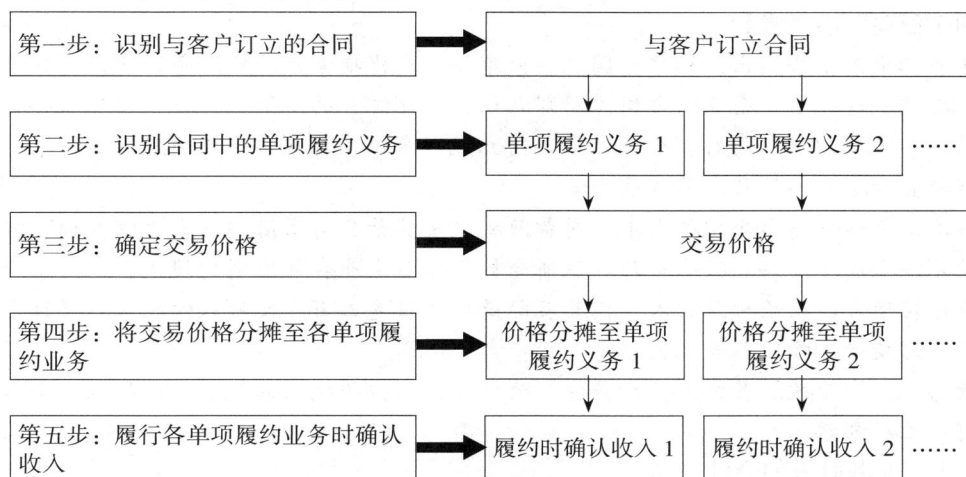

图4-5　收入确认五步法模型的具体步骤

下面通过一个案例介绍收入确认五步法的具体操作：

2024年12月4日，电信公司和一位消费者签订了一份手机销售合同，合同总标价为5 000元，同时附赠24个月的话费服务。市场上该手机的销售价格为3 600元，24个月的话费服务销售价格为2 400元。当日，电信公司将手机交付给了消费者，并收到现金5 000元。此案例中，电信公司确认收入的步骤为：

第一步，识别与客户订立的合同。

与消费者订立合同，该合同满足5个合同要件：

（1）合同各方已经批准。

（2）合同双方有权利与义务。电信公司的权利是收取款项，义务是交付手机和提供后续24个月的话费服务；消费者的权利是取得手机所有权，接受话费服务，义务是支付款项。

（3）该合同具有商业实质。合同双方在自愿的前提下"各取所需"。

（4）合同约定了支付条款。

（5）合同对价很可能收到。

第二步，识别合同中的单项履约义务。

该合同中共有两项履约义务：销售手机和提供话费服务。

第三步，确定交易价格。

合同价格5 000元。

第四步，将交易价格分摊至各单项履约义务。

按两项履约义务单独售价的相对比例进行分摊。其中，手机应分摊的交易价格为3 000元（5 000×3 600÷（2 400+3 600）），话费服务应分摊的交易价格为2 000元（5 000×2 400÷（2 400+3 600），或5 000-3 000）。

第五步，履行各单项履约义务时确认收入。

因为手机的控制权已转移给消费者，交易价格3 000元可以在2024年12月确认为收入。而话费服务尚未履行，应在后续24个月提供话费服务时分期确认收入。

【"四个面向"小课堂】

党的二十大报告指出，构建全国统一大市场，深化要素市场化改革，建设高标准市场体系。在这一过程中，企业需要树立规则意识，遵守统一的规则和标准，以确保企业运营的合规性和可持续性。同时，个人也需要树立规则意识，自觉遵守各项规则和要求，为构建和谐社会和推动高质量发展贡献力量。

在本章导读中简单介绍了上市公司黄河旋风及其子公司上海明匠由于收入确认方式不同导致无法完成年度财务报告审计。注册会计师按照企业会计准则的规定，认为上海明匠公司应该在项目验收后确认收入，但其实际是按项目完工百分比确认的收入。详细资料可查阅"黄河旋风失控门"等相关信息。

请思考，企业的经营方式多种多样，为什么必须按照统一的规则确认收入？个人和企业如何树立规则意识？

2. 主营业务收入的会计处理

明确了收入的确认条件后，下一步应对业务进行记账。按实际已收或应收金额，借记"银行存款""应收账款""应收票据"等账户，按照应确认的销售商品或提供劳务的收入，贷记"主营业务收入"账户，同时还要计算应缴纳的增值税税额，贷记"应交税费——应交增值税（销项税额）"账户。

收款方式不同，可能会用到不同的会计科目。如企业融资租赁产生的应收款项，借记"长期应收款"账户，按合同或协议确定的应收价款的公允价值（或折现值），贷记"主营业务收入"，两者的差额贷记"未实现融资收益"账户。

会计期末，应将"主营业务收入"账户的余额转入"本年利润"账户，结转后本账户应无余额。

【例4-1】长江公司2024年2月24日销售给达理公司一批BCD-535W型冰箱，增值税发票显示冰箱售价100 000元，增值税税额13 000元，货物已发出，尚未收款。达理公司收到货后，发现部分商品存在问题，要求在价格上给予10%的折让，经协商长江公司同意折让，按规定开具红字增值税专用发票。

产品销售资金流如图4-6所示。

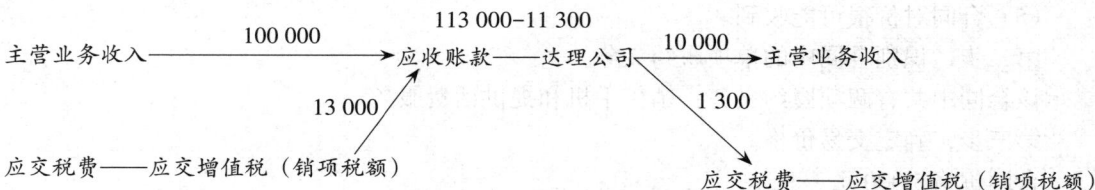

图4-6 产品销售资金流

长江公司应作如下会计分录：

（1）销售实现

借：应收账款——达理公司　　　　　　　　　　　　　　　113 000
　贷：主营业务收入　　　　　　　　　　　　　　　　　　　100 000
　　　应交税费——应交增值税（销项税额）　　　　　　　　　13 000

（2）发生销售折让

借：主营业务收入   10 000

　　　应交税费——应交增值税（销项税额）   1 300

　　贷：应收账款——达理公司   11 300

（二）其他业务收入

"副业"的收入确认方法与主营业务收入的确认方法类似，借记"银行存款""其他应收款"等账户，贷记"其他业务收入"账户；如果涉及增值税，还应进行涉税会计处理。会计期末，应将"其他业务收入"账户余额转入"本年利润"账户，结转后本账户应无余额。

【例 4-2】2024 年 4 月 15 日，长江公司销售多余的原材料一批，增值税专用发票上注明价款 40 000 元，增值税税额 5 200 元，款项已收到。

材料销售资金流如图 4-7 所示。

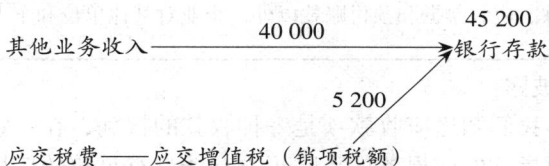

```
                              45 200
其他业务收入 ——————— 40 000 ————————→ 银行存款

                        5 200

应交税费——应交增值税（销项税额）
```

图4-7　材料销售资金流

销售原材料，会计分录编制如下：

借：银行存款   45 200

　　贷：其他业务收入   40 000

　　　应交税费——应交增值税（销项税额）   5 200

第三节　应收款项

▶▶　一、信息披露与列报

在理想情况下，企业销售产品，希望在发货的同时也能收到回款，即一手交钱一手交货。但可能因购货方资金短缺，不能做到钱货两清，那么我们是不是就不卖产品给对方了呢？答案肯定不是！现实商业活动中，很多企业很难做到时时刻刻的钱货两清，而是通过赊购的方式进行物资采购。站在销售企业的角度看，我们销售产品给对方，虽然没有立刻收到现金，但是拥有了收款的权利，会计上把这种收款的权利叫作"应收款项"。

（一）应收款项的分类

企业销售产品或者提供劳务，暂时没有收到应收的资金而形成的收款权利，我们将其分类为应收账款（accounts receivable）。它要求企业销售产品或者提供服务必须是其主要业务活动，比如房地产企业应收取的购房者的购房款为应收账款，而企业应收第三方的赔偿款则不能归为应收账款。

很多情况下，企业收到的是购买方寄来的票据，只需把票据拿去银行或者找购买方进行兑现即可，这种形式的应收款项称为应收票据（notes receivable）。类似的应收款项还有预付账款（accounts prepaid），它的业务模式表现为企业提前支付购买商品的款项，再等待卖家发货。此外，企业在日常经营活动中，应收的各种赔款、各种押金等性质的应收款项，我们用其他应收款（other receivable）记录。应收款项分类见表4-6。

表4-6 应收款项分类

应收款项	含义
应收账款	企业因为销售商品、产品或提供劳务等而形成的债权
应收票据	企业持有的还没有到期或还没有兑现的票据
预付账款	企业按照购货合同或者劳务合同的规定，预先支付给供货方或者劳务方的账款
其他应收款	除应收账款、应收票据和预付账款以外，企业对其他单位和个人的各种应收、暂付款项

（二）应收款项的披露

通过上面的介绍，我们知道应收款项是一种收款的权利，在一定期限内可以无条件收取货款。但是能够收回货款的前提条件是购买方有钱且有足够的信用，不满足以上任意一个条件，企业就很有可能收不回全部或部分货款。此时，如果账簿记录中的应收款项没有随之变化，则不能准确反映应收款项的金额。因此，为了保证信息的准确性与及时性，我们用坏账准备记录预计不能收回的款项。期末时，需要按照一定的方法将坏账准备从应收款项中扣除，仅仅在报表上反映净额。

（三）上市公司年度财务报告示例

1.应收款项的列报（见表4-7）

表4-7 合并资产负债表（部分）

编制单位：长江公司　　　　　　　　2024年12月31日　　　　　　　　单位：元

项目	附注	期末余额	上年年末余额
流动资产：			
货币资金	七、1	458 571	464 677
⋮			
应收票据	七、4	133 547	141 363
应收账款	七、5	146 310	159 300

2.应收款项的披露（见表4-8和表4-9）

应收账款除按账龄披露外，在"重要项目说明"中，还披露了前五位客户的欠款总额和欠款占年度销售总额的比率。

表4-8   **应收票据按明细披露**   单位：元

项目	期末余额	期初余额
银行承兑汇票（bank's acceptance bill）	130 538	30 916
商业承兑汇票（commercial acceptance bill）	3 680	110 560
应收票据余额	134 218	141 476
坏账准备	671	113
应收票据净额	133 547	141 363

表4-9   **应收账款按账龄披露**   单位：元

账龄	期末余额	期初余额
1 年以内	147 828	158 662
1—2 年	3 756	2 296
2—3 年	788	916
3 年以上	1 359	1 841
应收账款余额	153 731	163 715
坏账准备	7 421	4 415
应收账款净额	146 310	159 300

▶▶ 二、基本经济事项

（一）应收账款的日常业务

1.应收账款入账时间和金额的确认

赊销商品时，企业发出货物，待客户验收后，商品控制权已发生转移，企业便可以确认收入了。此时，我们并没有收到现金，而是获得了收款的权利。

以长江公司销售空调为例，公司 2024 年 12 月 24 日和小米公司签订协议，小米购买 BCD-535W 型冰箱 600 台用于办公之需，并于发票日期起 10 天之内支付全部货款。冰箱价目表见表4-10：

表4-10   **冰箱价目表**   单位：元

冰箱型号	单价	购买优惠	备注
BCD-415L	4 600	数量<100 台，无优惠 数量>100 台，优惠 5% 数量>500 台，优惠 10%	自发票日期起： 10 天内付款给予总价款 2% 的折扣； 第 11—20 天付款给予总价款 1% 的折扣； 第 21—30 天付款无折扣
BCD-535W	5 800		
BCD-550L	6 400		

本例中，小米公司享受了两次优惠，但是其内涵却大不相同。一次优惠是由于数量超过500台而获得10%的优惠，另一次则是在10天内支付款项而获得2%的优惠。

第一次优惠我们用商业折扣（commercial discount）来描述。它表示企业根据市场供需情况或者针对不同的顾客，在商品标价上给予的扣除。企业为顾客提供商业折扣的原因有很多，比如为避免经常更改价目表，为不同的顾客或不同的购货数量提供不同的价格，向竞争对手隐瞒真实的发票价格等。在提供商业折扣的情况下，应该按照扣除商业折扣后的实际销售价格（也就是销售发票上的价格）确认应收账款。

第二次优惠发生在发票已经寄出且客户已经成功收货并在优惠期内付款。长江公司为了鼓励小米公司尽早付款，而向小米公司提供债务扣除，会计上叫作现金折扣（cash discount）。现金折扣往往发生在以赊销方式销售商品或提供劳务等交易中。企业为了鼓励债务人提前偿付货款，通常会和债务人达成协议，约定债务人在不同期限内付款就可以享受不同比例的折扣。现金折扣一般用符号"折扣/付款期限"表示。比如买方在10天内付款按照售价给予2%的折扣，用符号"2/10"表示；在20天内付款按照售价给予1%的折扣，用符号"1/20"表示；在30天内付款，则不给予折扣，用符号"n/30"表示。

2.应收账款的会计核算

企业发生的应收账款，在没有商业折扣的情况下，要按照应收的全部价款（发票金额）记账；在有商业折扣的情况下，按照扣除了商业折扣后的金额（发票金额）记账；由于不能预先确定客户是否享受现金折扣，我们将这类合同价格称为可变对价，会计按估计的客户最可能的付款金额记账。如果客户实际付款金额和我们估计的不符，客户实际付款额和估计额之间的差额调整"主营业务收入"账户。

【例4-3】上述长江公司销售空调给小米公司的案例，可以这样进行核算：

赊销商品时，估计小米公司不会在折扣期内付款，按照扣除现金折扣前的全部价款入账。

产品销售资金流如图4-8所示。

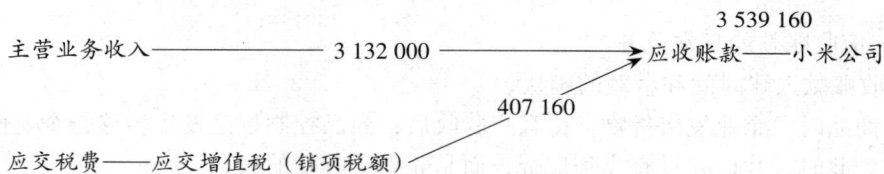

主营业务收入 —————— 3 132 000 ————→ 应收账款——小米公司 3 539 160

应交税费——应交增值税（销项税额） —— 407 160 ——↗

图4-8　产品销售资金流

借：应收账款——小米公司　　　　　　　　　　　　　　3 539 160
　　贷：主营业务收入　　　　　　　　　　　　　　　　　　3 132 000
　　　　应交税费——应交增值税（销项税额）　　　　　　　　407 160

（二）坏账

1.坏账的确认条件

预期不能收回的款项称为坏账（bad debt），由于发生坏账而使企业遭受的损失，称为"坏账损失"，通常又称为"坏账费用"。

2.坏账的会计处理

对于坏账，一种观点认为，当坏账真正发生时，直接将其从应收账款中扣除，这种方法叫作直接转销法（direct write-off method）。可是会计准则不允许这么处理，原因在于，实际发生的坏账与收入的发生并不完全处于同一会计期间。如果收入和与之相关的坏账损失不是在同一期间确认，显然不符合配比原则，会导致各期收益的不实，从而无法如实反映各期的管理责任，背离了财务会计的基本目标。既然不能等到坏账发生时再进行会计处理，那么可以在预计坏账发生的时候，将其作为应收账款的备抵项进行记录。等到某一笔应收账款全部或部分被确认为坏账时，根据其金额冲减坏账准备，同时转销相应的应收账款金额，这种方法叫作备抵法（allowance method）。采用备抵法，企业需设置"坏账准备"科目。预提坏账准备时，借记"信用减值损失"账户，贷记"坏账准备"账户。本期应该提取的坏账准备数额大于账面余额的，应该按照其差额提取；本期应该提取的坏账准备数额小于账面余额的，应该冲销多提的部分，借记"坏账准备"账户，贷记"信用减值损失"账户。

【例 4-4】长江公司 2024 年 11 月 30 日部分账户余额见表 4-11。

表4-11　　　　　　　　　　　应收款项11月30日余额　　　　　　　　　　单位：元

账户名称	借方余额	贷方余额
应收票据	1 062 500	
应收账款	1 562 500	
坏账准备		781.25

应收账款 12 月 31 日余额为 5 203 360 元。假设公司仅对应收账款按余额的 0.5‰ 提取坏账准备，由于应收账款期末余额增加，因此需要相应增加坏账准备金额。

借：信用减值损失　　　　　　　　　　　　　　　　　　　　1 820.43
　贷：坏账准备　　　　　　　　　　　　　　　　　　　　　　1 820.43

坏账准备 12 月 31 日的余额是 2 601.68 元。资产负债表中填列的应收款项，具体项目和数据见表 4-12。

表4-12　　　　　　　　　　应收款项填列项目和金额　　　　　　　　　　单位：元

项目	期末余额
应收票据	1 062 500
应收账款	5 200 758.32

应收账款=应收账款账面余额-坏账准备=5 203 360-2 601.68=5 200 758.32（元）

2024 年 12 月利润表中的营业收入项目和信用减值损失项目列报见表 4-13。

表4-13　　　　　　　　　　2024年12月利润表（部分项目）　　　　　　　　单位：元

项目	本月金额	上期金额
营业收入	3 262 000	略
减：营业成本	略	
…		
信用减值损失	1 820.43	略

其中：营业收入=主营业务收入+其他业务收入

=100 000−10 000+3 132 000+40 000

=3 262 000（元）

【例4-5】2025年1月30日，长江公司收到小米公司支付的冰箱款，存入银行。

借：银行存款　　　　　　　　　　　　　　　　　　　　　3 539 160

　贷：应收账款——小米公司　　　　　　　　　　　　　　　　　3 539 160

▶▶ 三、客户关系管理

客户是企业的一项重要资产，企业的产品价值或者服务价值往往都从它的客户身上才能体现，那么如何与客户建立长期和有效的业务关系？如何在与客户的每一次接触中更加接近客户、了解客户，并且与客户合作共赢？从管理工具的角度来说，不同工具对客户管理的侧重点不同。有些工具只是简单地记录客户的信息资料；有些工具是围绕客户的生命周期对客户进行全方位的营销管理；有些工具是从管理者的角度出发，帮助管理者梳理分析客户的构成以及客户价值。

1.屈臣氏客户管理案例

屈臣氏深度研究目标消费群体心理与消费趋势，纵向截取目标消费群中的一部分优质客户，横向做精、做细、做全目标客户市场，锁定18~35岁的年轻女性消费群体，专注于个人护理产品的经营。屈臣氏认为这个年龄段的女性消费者是最富有挑战精神的，她们喜欢用最好的产品，寻求新奇体验，追求时尚，愿意进行各种新的尝试。而之所以更关注35岁以下的消费者，是因为年龄更长一些的女性大多早已经有了自己固定的品牌和生活方式。

在屈臣氏店内，自有品牌是一个独特的类别，每次推出新品都以消费者的需求为导向和根本出发点，不断带给消费者新鲜的理念。通过自有品牌，屈臣氏时刻都在直接与消费者打交道，能及时、准确地了解消费者对商品的各种需求信息，又能及时分析掌握各类商品的适销状况。屈臣氏可以将终端消费市场的信息第一时间反馈给上游生产企业，进而不断调整商品。从商品的原料到包装、容量直至定价，每个环节都从消费者的需求出发，因而所提供的货品就像是为目标顾客量身定制一般。在实施自有品牌策略的过程中，产品项目开发周期短、产销不易脱节，在降低风险的同时也降低了产品开发成本，创造了价格优势。

"买贵退差价"是屈臣氏的一大价格策略，但屈臣氏也通过差异化和个性化来提升品牌价值，并不是完全走低价路线。屈臣氏推出了贵宾卡，加强了对顾客的价值管理。凭贵宾卡可以购物积分并用积分换购店内任意商品，使顾客体验换购更高价值商品的乐趣。[①]

2.如何进行有效的客户关系管理

客户关系管理的核心是客户。从某种意义上说，对企业而言，客户的重要性要远远超过产品，没有客户，产品便没有市场。所以，为了保证客户关系管理的高效运行，在观念上，企业应该做到关心客户甚过关心产品，重视客户的变化要甚过重视库存的变化。在具体工作中，企业应注意做到以下两点：

---

① 炜亮. 屈臣氏的客户关系管理［EB/OL］.［2023-09-22］. https://www.pincai.com/article/367601.htm.

（1）对不同的客户提供有针对性的服务。要将重视客户的观念落到实处，企业首先应明确客户标准，即谁是一般客户，谁是合适客户，谁是关键客户，并依此分类，有针对性地为客户提供合适的服务。只有这样才能使企业价值目标与客户价值目标相协调，使客户真正感到受重视。

（2）塑造以客户满意为目标的企业文化。客户关系管理的价值导向与企业管理价值导向是密切相关的，有什么样的企业管理价值导向就会有什么样的客户关系管理价值导向。而以客户满意为目标的价值导向，必须得到全体员工的认同，这种认同的获得离不开企业文化的建设。因此，为保证客户关系管理的有效运行，真正做到重视客户，通常需要企业内部的所有成员和各部门的参与，这就要求企业必须形成以客户满意为目标的企业文化。

在组织结构上构建支持体系。企业不仅仅要从观念上正确对待客户关系管理，更要从组织结构的高度对待它。客户关系管理强调以"客户满意"为中心的管理原则，要求每位员工都能依据客户需求的变化提供令客户满意的产品和服务，这是传统企业组织结构难以实现的，必须将传统的金字塔式组织结构改建为一个全新的扁平式组织结构。新型的组织结构应该满足以下三个要求：

（1）体现客户至上的理念。在扁平式组织结构中，客户应该处于最高位置，充分体现出客户至上的理念，只有体现出这一理念，组织结构的重建才有意义。

（2）转移部分管理职能。客户管理工作大部分都是由一线员工来完成的，因此管理职能也应部分地从管理者转移到一线员工层面，只有这样员工才能有创造性工作的自由和权利，由执行者变为工作岗位的管理者。

（3）转变领导方式。在新型的组织结构中，部分决策权已转移到一线员工的层面，因此，管理者的领导方式也应随之改变。一方面管理者放权给员工，组建恰当的工作小组，对员工进行引导、激励和绩效评价；另一方面管理者应扮演好领导者的角色，从领导者的角度帮助员工获得正确的信息，并为他们提供各方面的支持。

为保证和客户的有效沟通，企业应建立客户管理信息平台。它主要包括数据库系统和呼叫中心。前者是客户管理系统的核心组成部分，后者是客户管理系统的"出入口"，二者缺一不可。

（1）数据库系统。功能强大的数据库系统不仅是客户关系管理系统，而且是整个供应链一体化协同运作的发动机和调度室。同时，详尽完善的数据库系统，能够使企业准确掌握客户的需求意向，为实现客户价值最大化创造条件。

（2）呼叫中心。呼叫中心也称客户信息中心，它是客户与企业沟通联系的主要接触点。一般来说，呼叫中心配有电话交换设备和客户应答、服务设备，并由专业客户服务人员值守，服务人员接受客户的服务要求，并在系统的指导下为客户提供解答。如果有必要还应对客户进行跟踪服务。

作为企业客户关系管理系统的两个核心部分，数据库系统和呼叫中心对于客户信息的收集和反馈起着不可替代的作用。它们不仅使企业有效掌握客户的需求并对客户的投诉做出及时补救，而且还能帮助企业利用客户信息和反馈做出正确的经营决策，并改善和发展企业与客户的协作关系，培养客户的忠诚度。另外，通过建立共享信息平台系统，还能使企业与合作伙伴在客户服务、市场竞争、销售及支持方面形成彼此协调的全新的关系，为企业带来长久的竞争优势，提高客户价值。

▶▶ 四、延伸业务活动的处理

（一）应收票据

前文介绍，企业销售商品给客户，如果客户无法立刻支付货款，就会形成应收账款。客户还可以通过商业汇票等方式进行货款支付。在客户确认收货后，企业可以依据票据前往银行提取货款或者向客户索取货款。会计在"应收票据"（notes receivable）科目对这种商业汇票进行记录，反映企业持有的还没有到期、尚未兑现的票据。

1. 不带息应收票据的会计处理

不带息票据的到期价值等于应收票据的面值。企业销售商品或提供劳务收到商业汇票时，应借记"应收票据"账户，贷记"主营业务收入""应交税费——应交增值税（销项税额）"等账户。应收票据到期收回时，应按照票面金额，借记"银行存款"账户，贷记"应收票据"账户。

商业承兑汇票到期时，如果承兑人违约拒付或无力支付票款，企业收到银行退回的商业承兑汇票、委托收款凭证、未付票款通知书或拒绝付款证明等，应该将到期票据的票面金额转入"应收账款"账户。

2. 带息应收票据的账务处理

企业收到的带息应收票据，除按照上述原则进行核算外，还应该于会计中期和年度终了，按照规定计提票据利息，并增加应收票据的账面价值，同时冲减"财务费用"。

票据期限按日表示时，应该从出票日起按照实际经历天数计算利息。通常来讲，出票日和到期日，只能计算其中的一天，即"算头不算尾"或"算尾不算头"。例如，4月15日签发的90天票据，其到期日应该为7月14日（90天–4月份剩余天数–5月份实有天数–6月份实有天数=90–（30–15）–31–30=14）。同时，计算利息使用的利率，要换算成日利率（年利率÷360）。

带息的应收票据到期收回款项时，应该按照收到的本息，借记"银行存款"账户，按照账面价值，贷记"应收票据"账户，按照其差额，贷记"财务费用"账户。

【例4-6】长江公司于2024年9月30日销售产品一批，价款2 000 000元，增值税260 000元。收到客户开具的商业汇票，期限为5个月（该年10月至次年2月末）。表4-14分别列示了票据带息和不带息的账务处理。假设带息票据年利率为6%（月利率=6%÷12=0.5%）。

表4-14   应收票据账务处理

不带息应收票据的账务处理	带息应收票据的账务处理
（1）销售商品，收到票据时的账务处理： 借：应收票据　　　　　　2 260 000 　贷：主营业务收入　　　　　　　　2 000 000 　　　应交税费——应交增值税（销项税额） 　　　　　　　　　　　　　　　260 000	（1）销售商品，收到票据时的账务处理： 借：应收票据　　　　　　2 260 000 　贷：主营业务收入　　　　　　　　2 000 000 　　　应交税费——应交增值税（销项税额） 　　　　　　　　　　　　　　　260 000

续表

不带息应收票据的账务处理	带息应收票据的账务处理
	（2）2024年12月31日计算应收票据利息： 2 260 000×6%÷12×3=33 900（元） 其中，"3"代表10月、11月、12月3个月。 借：应收票据　　　　　　　　33 900 　　贷：财务费用——利息收入　　　　33 900
（2）票据到期（2025年2月28日）收回款项： 借：银行存款　　　　　　2 260 000 　　贷：应收票据　　　　　　　2 260 000	（3）票据到期（2025年2月28日）收回款项： 实际收款金额： 2 260 000+2 260 000×6%÷12×5=2 316 500（元） 2025年度票据利息： 2 260 000×6%÷12×2=22 600（元） 借：银行存款　　　　　　2 316 500 　　贷：应收票据　　　　　　　2 293 900 　　　　财务费用——利息收入　　22 600

3.应收款项资金融通

应收款项使企业无法在第一时间收到货款，但如果企业自身的资金也很紧张，那怎么办呢？应收款项资金融通正是解决方法之一。

从图4-9的业务流程可以得知，企业的应收账款或者应收票据，在双方约定的时间，最终可以收到货款。如果企业需要提前将应收账款或者应收票据变现，可以将这种收取货款的权利贴现给银行等金融机构。具体来说，企业将应收账款或者应收票据转让给银行等金融机构，银行等金融机构将应收金额的绝大部分款项付给企业，企业不再找客户收款而将收款权转让给银行。

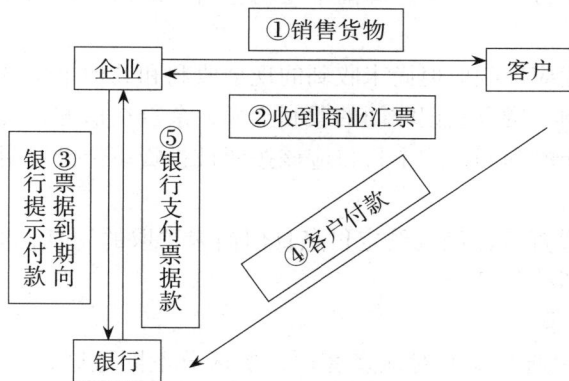

图4-9　应收票据业务流程

如果企业换出的是应收账款，称之为应收账款转让（account receivable assigned），如果换出的是应收票据，称之为票据贴现（discounting of bills）。一般来说，企业将应收款项交换给银行等金融机构提前获得资金时，往往不会获得应收款项的全部资金，因为银行会扣除一部分作为收款费用。对于企业来说，这部分费用是一种损失，相当于企业从银行获得贷款负担的利息费用，称之为贴现利息，银行计算贴现利息的利率称为贴现率，企业从银行获得款项到期价值扣除贴现利息后的货币收入，称为贴现所得。应收票据贴现流程如图4-10所示。

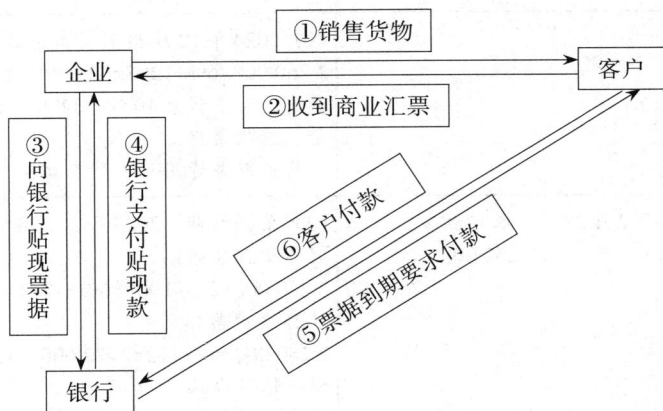

图4-10 应收票据贴现流程

（二）其他应收项目

1.其他应收款

企业在日常经营活动中，还会发生一些其他的资金运动，比如应收的各种赔款、罚款，应收的出租包装物租金，应该向职工收取的各种垫付款项以及其他各种应收、暂付款项，这类应收款项不同于应收账款或者应收票据，它们金额较小且应收对象包括企业内部和外部，我们把这类应收款项称之为其他应收款。

2.预付账款

预付账款是企业购买商品或接受劳务、服务所产生的债权。例如企业预先支付给供应商一定的款项以购买原材料，但供应商尚未发出材料，因而企业拥有对供应商的债权。

3.应收股利

应收股利就是企业应该收取但尚未收到的现金股利和其他单位分配的利润。它的借方登记应该收的股利金额，贷方登记收回的股利金额，余额在借方，表示企业尚未收到的现金股利及其他单位分配的利润，这个科目应该按照被投资单位设置明细账。

4.应收利息

应收利息是债券投资等已经到约定付息日但尚未领取的利息，即在会计期末计算的、应该在本会计期间收到的利息。

（三）应收账款管理

企业在经营活动中通常要面对众多客户，要区分不同地区、不同行业、不同信用情况。为了保证足额、及时收回应收账款，降低和避免信用风险，企业需要利用科学的手段进行应收账款管理（accounts receivable management）。

在科学技术发达的今天，我们可以借助计算机等技术进行可视化管理，其优点在于可以将应收账款分为客户、地区、账龄等维度进行管理。如图4-11所示，通过应收账款可视化管理，可以清晰地了解不同地区应收账款的余额，不同客户应收账款余额以及同一客户对应的不同应收账款的账龄，同时自动监测超出信用期限和超出信用额度的应收账款。

应收账款账龄分析表

销售区域	应收余额	到期款	账期内	超期1个月内	超期1~3个月	超期3~6个月	超期6~12个月	超期1~2年	超期2~3年	超期3年以上
东北	620	300	620							
华北	300	70		50	140	50	20	10	30	
华东	600	400	400	200						
华南	920	460	230	330	360					
华中	930	300	240	300	70	250	70			
西北	750	500	50	50		450	100	50		50
西南	600	350		100	400	100				
总计	4720	2380	1540	1030	970	850	190	60	30	50

行标签	应收余额
东北	620
华北	300
华东	600
华南	920
华中	930
西北	750
西南	600
总计	4720

图4-11 可视化应收账款分析

资料来源：作者根据公开资料整理而成。

案例思考

（1）根据本章导读中提到的黄河旋风案例，请查找相关年报信息，分析收入确认方式对企业财务报告和股价的影响，并思考：为什么收入确认方式对公司很重要？

（2）黄河旋风公司的子公司上海明匠由于选择了错误的收入确认方式，导致注册会计师无法按期完成财务报告的审计工作。请思考如果黄河旋风公司变更了其收入确认政策，将如何影响其财务报告的表现？这种变更可能会对投资者和其他利益相关者的理解及决策产生哪些影响？

（3）分析这一事件对公司现金流和信用风险管理是否有影响。

课后习题

一、单项选择题

1.某企业年末应收账款余额为500 000元，"坏账准备"账户贷方余额为1 000元，按4‰提取坏账准备，则应补提坏账准备（   ）。

A.1 000元　　　　　B.2 000元　　　　　C.3 000元　　　　　D.4 000元

2.在按应收账款余额计提坏账准备的情况下，已核销的坏账又重新收回时，应借记（   ）账户。

A.营业外收入　　　B.应收账款　　　　C.坏账准备　　　　D.管理费用

3.一般情况下，企业销售商品、提供劳务等应按买卖双方在成交时的（　　　）确认应收账款。

A.预计销售额　　　　　B.实际发生额　　　　　C.预计发生额　　　　　D.实际销售额

4.某企业2024年5月10日签发了一张期限为3个月的商业承兑汇票，其到期日为（　　　）。

A.8月8日　　　　　B.8月9日　　　　　C.8月10日　　　　　D.8月11日

5.企业采用备抵法核算时，确认坏账损失的会计分录为（　　　）。

A.借：信用减值损失；贷：应收账款　　　　B.借：营业外支出；贷：应收账款

C.借：销售费用；贷：应收账款　　　　D.借：坏账准备；贷：应收账款

二、多项选择题

1.按现行制度的规定，可以作为应收账款入账金额的项目有（　　　）。

A.销项税额　　　　　　　　　　B.商业折扣

C.现金折扣　　　　　　　　　　D.代购货单位垫支的运杂费

E.预付账款

2.应记入"坏账准备"账户贷方的有（　　　）。

A.已发生的坏账损失　　　　　　B.坏账收回

C.冲回多提取的坏账准备　　　　D.提取坏账准备

3.我国会计上作为应收票据处理的票据有（　　　）。

A.银行汇票　　　　　　　　　　B.银行本票

C.商业承兑汇票　　　　　　　　D.支票

E.银行承兑汇票

4.下列各项中，属于其他应收款核算范围的项目有（　　　）。

A.保险公司赔款　　　　　　　　B.代购货单位垫支的运杂费

C.备用金　　　　　　　　　　　D.应收职工欠款

E.存出保证金

5.下列各项中，应通过"应收账款"科目核算的有（　　　）。

A.销售商品代购货单位垫付的运杂费

B.租入包装物支付的押金

C.销售商品应收的增值税销项税额

D.代职工垫付应由其个人负担的医疗费

三、综合题

1.20×4年发生下列经济业务：

（1）1月2日，销售产品一批，价值35 000元，增值税税率13%，以银行存款代购货方垫付运费840元，已办妥委托银行收款手续。

（2）2月5日，收到当地某企业银行承兑汇票一张，面值27 300元，用以抵付前欠的货款。

（3）2月6日，销售产品一批，价目表标明价格为100 000元，适用的增值税税率为13%，产品已发出，货款未收到。

（4）2月15日，收回于2月6日销售的货款，存入银行。

（5）3月10日，经批准将超过3年仍未收回的应收账款20 000元作坏账损失处理。

（6）6月20日，本年度3月份已作坏账损失处理的一笔应收账款8 000元，今天收回入账。

（7）12月31日，"应收账款"账户余额为2 800 000元，调整前"坏账准备"账户贷方余额为5 500元，按千分之五的比例计提坏账准备。

要求：根据上述经济业务编制会计分录。

2.20×4年发生下列经济业务：

（1）1月5日，销售产品一批给A公司，价款30 000元，增值税税款3 900元，货已发出，收到期限为4个月、签发日为1月5日、面值为33 900元的不带息银行承兑汇票一张。

（2）6月1日，企业销售产品一批给D公司，产品售价为25 000元，增值税税款3 250元，收到D公司承兑的期限为3个月，面值为28 250元的商业汇票一张。

（3）8月17日，企业向F公司购进材料一批，价值35 000元，增值税税款4 550元，由于资金不足，用所持有的D公司承兑的商业承兑汇票抵付，不足部分用银行存款支付。

要求：根据上述经济业务编制会计分录。

四、思考题

（1）描述资金流在企业运营中的作用，并解释为什么资金流的运转速度可以反映企业经营活动的效率。

（2）讨论销售预测对于企业资源配置和库存管理的重要性，并提出一些提高销售预测准确性的策略。

第五章　生产活动和存货

第五章　生产活动和存货

【本章导读】

　　据统计，我国企业的物流成本占产品全部成本的30%左右，其中库存费用约占35%，对于大多数企业来说，不断增长的存货库存量已成为沉重的负担。企业管理者希望实现存货"零库存"，在保证生产物料供应和产品分配顺畅的基础上，实现利润最大化。

　　那么，企业的生产活动与存货之间有什么关系？企业怎样才能做到存货"零库存"？这就是本章要讲述的内容。

　　资料来源：作者根据公开资料整理而成。

第一节　生产活动

一、生产活动中的资金流动

　　制造业企业的生产活动是指从购入原材料并将其投入生产，直到产品完成加工并验收入库这一完整的过程。常见的生产模式包括以产定销、订单供货以及以销定产。企业发展的初始阶段，订单式生产模式能够在生产效率和质量方面为企业发展提供较大优势。但随着企业规模的扩大、客户层次的提升，供需关系逐渐发生变化，对企业来说，其产品交付的及时性面临着更大的挑战。因此，当企业经营逐步稳定之后，应主动优化生产模式，此时最优的选择是"以销定产"，也就是提前备货来引导计划、采购和生产等活动，以便于缩短产品周期，提高履约率。

　　伴随生产活动的开展，材料原有的实物形态会被消耗或改变，价值全部转移到产品当中；厂房、机器设备等固定资产的价值，生产工人的人工费用和生产部门为组织管理生产而发生的各项费用也构成了产品价值的一部分。

　　企业一旦进行生产经营活动，就会不可避免地产生成本，形成一个资金耗用以及流转的过程。在生产活动中，会消耗资源，产生材料费用、人工费用以及其他各种费用，紧接着，会根据消耗资源的动因将费用分配到各个成本中心，成本中心对费用进行归集和控制，最后再由成本中心追踪到产品，最终得出产品的成本。

　　成本流是个抽象的概念，始于原材料、外购件的采购，终于产品销售，是指随着企业资金流进行相应产品的成本归集、分配，最终计算出产品成本的过程。以一家生产印刷包装材料的企业为例，其产品包括各种包装盒、标签和宣传册等。生产这些产品通常需要经过以下几个主要加工步骤：

　　设计：产品的设计阶段，包括创意构思、图形设计和版面布局。

封样：根据设计制作出样品，用于客户确认或内部审核。

印刷：将设计好的图案通过印刷机印制在纸张或其他材料上。

养生：印刷后的材料可能需要一定的时间来干燥或稳定，以确保印刷质量。

复合：将不同的材料层压在一起，形成具有特定功能的复合材料。

裁切：将复合好的材料按照设计要求裁剪成最终产品的形状。

这些步骤在不同的车间或部门进行，如制一科可能负责设计和封样，制二科负责印刷和养生，制三科则负责复合和裁切。每个步骤都需要投入相应的成本要素，包括原材料、直接人工和制造费用等。其成本流示意图如图5-1和图5-2所示。

图5-1　成本流示意图一

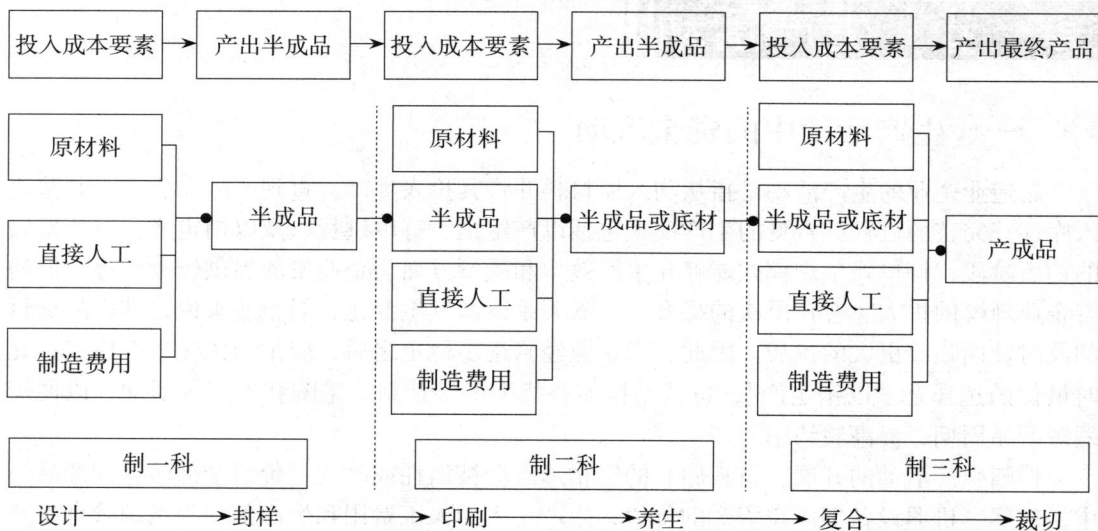

图5-2　成本流示意图二

▶▶ 二、归集产品成本

（一）成本核算方法

市场竞争实际上是产品的竞争，进一步说就是产品成本的竞争，这正是实施制造成本法的起点。

制造成本法（manufacturing costing）是一种以产品为中心的成本计算方法，该方法只对一些与生产经营关系最直接、最密切的费用进行分配和归集，例如直接材料、直接工资等，而像管理费用和财务费用这类和生产经营没有直接关系的费用，通常直接从当期损益中扣除。

作业成本法（activity-based costing）则是以作业为中心的成本计算方法。企业的经营包含了一系列作业，完成作业需要消耗资源。通过追溯作业所需要的资源确定成本动因以后，能够更为准确地分配成本，服务于个别顾客的成本也更容易甄别。作业成本法将产品成本和顾客成本分开考虑，方便计算具体顾客的具体利润率，从而对产品和服务进行更合理的定位。

（二）确定成本计算期

成本计算期是对在生产经营过程中发生的计入成本计算对象的费用所规定的时间范围。企业的生产类型不同，产品生产的情况和特点不同，成本计算对象和成本项目也存在差异。

大量、大批生产特点下，企业生产的产品品种单一、生产过程较为连续。生产线统一加工过程中，会存在产品部分加工完成、部分未完成的情况。大量、大批生产的产品往往是标准化的，没有必要区分产品批次，统一按照时间维度划分更为方便，此时企业通常按月计算成本，以便及时计算完工产品成本。

单件、小批产品的定制性强于大量、大批生产，每个产品订单的合同价格以及生产成本可能存在差异，因此通常是按照批次进行成本核算。生产时，材料全部一次投入，完工后整体对外出售，每一批产品的完工周期长短不等，每批产品完工后再核算其成本，这种情况下成本计算期和生产周期一致，通常不固定。

（三）要素费用归集与分配

企业应采用一定的方法对经营产生的各种要素费用进行归集，编制要素费用分配表，按相应用途计入有关生产成本明细账，将其科学合理地分配计入各受益对象的生产费用当中。

对于直接材料、直接人工，应按成本计算对象，如产品的品种、批别、生产加工步骤进行归集；对于制造费用、废品损失等，应按发生地点或用途进行归集，然后再计入各产品成本。成本归集之后，再分别计算各个成本对象的成本总额，然后进一步计算各完工产品的成本。

（四）生产费用的分配

月末时，企业生产线上的产品不可能都处于完工状态，为了保持成本核算的准确性，需要将生产费用在完工产品和在产品之间进行合理分配。产品成本计算示意图如图5-3所示。

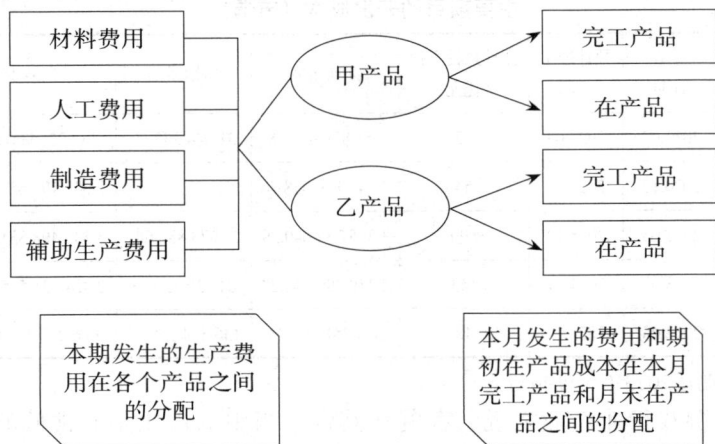

图5-3　产品成本计算示意图

第二节　存货

▶▶ 一、信息披露与列报

　　企业生产产品所需的原材料、在产品以及准备销售的产成品等，都叫存货。企业存货的构成和占比，与其所属行业的性质密切相关。以鲁商集团旗下集中于房地产和生物医药行业的上市公司福瑞达（股票代码600223）（2023年更名为福瑞达）为例，企业在报表附注中将存货划分为原材料、在产品等七类（见表5-1），并对各类存货进行细化（见表5-2）。作为一家以房地产为主的企业，福瑞达的存货中，开发成本和开发产品所占比例较大。

表5-1　　　　　　　　　　　福瑞达2023年年报存货分类情况　　　　　　　　　　　单位：元

项目	期末余额			期初余额		
	账面余额	存货跌价准备/合同履约成本减值准备	账面价值	账面余额	存货跌价准备/合同履约成本减值准备	账面价值
原材料	152 726 627.53	858 288.83	151 868 338.70	271 934 223.26	1 632 287.05	270 301 936.21
在产品	50 656 893.01	98 960.00	50 557 933.01	75 684 761.87	37 652.49	75 647 109.38
库存商品	302 919 311.29	3 649 148.59	299 270 162.70	312 844 469.06	3 493 654.86	309 350 814.20
开发成本				28 690 668 428.52	252 755 919.66	28 437 912 508.86
开发产品				17 115 820 808.67	191 380 107.16	16 924 440 701.51
发出商品	21 964 000.74		21 964 000.74	28 020 795.31		28 020 795.31
委托加工物资	1 779 950.04		1 779 950.04	1 338 359.38		1 338 359.38
合计	530 046 782.6	4 606 397.42	525 440 385.19	46 496 311 846.07	449 299 621.22	46 047 012 224.85

表5-2　　　　　　　　　　　　主要项目的开发成本（节选）　　　　　　　　　　　　单位：元

项目名称	开工日期	预计竣工时间	预计总投资额（亿元）	期初余额	本期增加	本期减少	期末余额
临沂鲁商中心项目	2013.07	2024.04	32	151 879 666.68	31 044 233.69	182 923 900.37	
青岛鲁商中心1C项目	2020.12	2025.06	54	2 647 199 058.76		2 647 199 058.76	
哈尔滨松江新城项目	2011.05	2025.12	190	3 325 734 649.29	7 673 882.68	3 333 408 531.97	
青岛蓝岸丽舍项目	2013.05	2024.07	143	2 339 299 246.20	84 732 339.13	2 424 031 585.33	
临沂知春湖项目	2013.05	2025.12	48	549 751 164.23	136 514 958.63	686 266 122.86	

　　资料来源：福瑞达2023年年度报告。

　　相反，对于游戏行业企业来说，存货在其资产当中的占比是非常低的，以迅游科技（300467）为例，其存货占流动资产的比例几乎为零（见表5-3）。

表5-3　　　　　　　　　　　　**迅游科技2023年度资产构成**　　　　　　　　金额单位：元

项目	2023 年年末		2023 年年初		比重增减	重大变动说明
	金额	占总资产比例	金额	占总资产比例		
货币资金	505 321 351.92	53.09%	397 730 570.14	42.62%	10.47%	
应收账款	12 840 891.64	1.35%	8 615 064.51	0.92%	0.43%	
存货	4 458.97	0.00%	4 161 186.55	0.45%	−0.45%	
长期股权投资	27 577 425.89	2.90%	49 350 809.16	5.29%	−2.39%	
固定资产	61 807 310.92	6.49%	21 867 354.86	2.34%	4.15%	
使用权资产	11 808 435.24	1.24%	4 468 367.33	0.48%	0.76%	
短期借款			10 000 000.00	1.07%	−1.07%	
合同负债	79 324 563.38	8.33%	92 571 775.57	9.92%	−1.59%	
租赁负债	4 976 598.52	0.52%	2 088 045.26	0.22%	0.30%	
交易性金融资产	294 178 781.01	30.91%	346 321 750.03	37.11%	−6.20%	

资料来源：迅游科技2023年年度报告。

在制造业企业的生产过程中，由于每位客户的需求是不确定的，企业需要准备一定量的存货以备不时之需。货物存放在仓库中，面临着降价或滞销的风险。一件新款羽绒服冬季定价2 000元，次年促销可能只值800元。大部分存货都是存放时间越久越不值钱，因此需要对其计提跌价准备。

食品存在保质期，一旦过期就会被丢弃，这属于完完全全的损失；酒类产品中的白酒和红酒是非常特殊的，由于其自身的特点，其储存时间越久越值钱。

如果企业供货能力很强，生产周期非常短，此时是否还需要储备存货？以长江公司为例，长江公司特有的"零库存"经营管理模式在我国处于行业领先水平，该模式下，长江公司以客户订单需求为起点开展生产，实现研发的即需即变，制造即需即制，营销现款现货，物流配送即需即送。运营模式创新助力其经营效率的提高，库存资金占用天数由之前的20天降低至5天，是目前中国工业企业平均水平的十分之一。这种模式是否存在风险？又是否可被学习并复制呢？存货周转过程如图5-4所示。

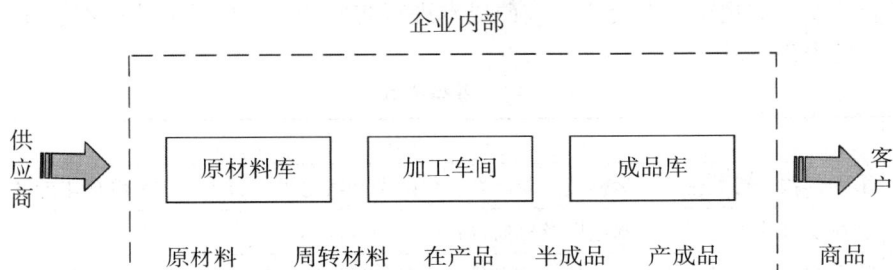

图5-4　存货周转过程

企业出售的商品是通过购买材料、加工材料生产出来的。在企业生产过程中，商品不可能一瞬间就生产出来，需要涉及多流程、多部门、多步骤。企业购进的各种材料、正在生产的以及完成生产的产品和其他物资，都叫作企业的存货（inventory）。其定义为：企业在日常活动中持有以备出售的产成品或商品、处在生产过程中的在产品、在生产过程或提供劳务过程中耗用的材料和物料等。

（一）存货的分类

在企业不同生产阶段，存货的形式不尽相同，具体见表5-4。

表5-4 存货分类

存货分类	含义
原材料 （raw materials）	在生产过程中经过加工改变其形态或性质并构成产品主要实体的各种原料及主要材料、辅助材料、外购半成品、修理用备件、燃料、包装材料等
在产品 （work in process）	正在制造但尚未完工的产品，包括正在各个生产工序加工的产品，也包括已加工完毕但尚未检验或已检验但尚未办理入库手续的产品
半成品 （semi-finished goods）	经过了一定生产过程并已检验合格交付半成品仓库保管，但尚未完工还需进一步加工的中间产品。但不包括从一个生产车间转到另一个生产车间继续加工的自制半成品以及不能单独核算成本的自制半成品，自制半成品可以对外销售
产成品 （finished goods）	已经完成全部生产过程并验收入库、可以按照合同规定的条件送交订货单位，或者可以作为商品对外销售的产品
商品 （merchandise）	商品流通企业通过外购或委托加工方式形成并完成验收入库用于销售的各种产品。企业委托其他单位代销的商品也属于商品
周转材料 （turnover materials）	能够多次使用但不确定为固定资产的材料，如包装物（桶、瓶、袋、箱等）和低值易耗品（工具、玻璃器皿、管理用具、劳动保护用品等）

（二）披露的信息内容

会计期末，企业需要对拥有的物资进行盘点，了解不同形态存货的数量和价值，同时需要以报表形式进行披露。

存货在资产负债表上作为流动资产列示，反映企业期末库存、在运输中以及在加工中的各种存货的可变现净值。存货按照其明细项目的名称，在报表附注中披露。

▶▶ 二、基本经济事项

（一）存货的取得

1.存货取得成本的确定

依照会计准则的规定，存货应当按照成本进行初始计量，包括采购成本、加工成本和其他成本，见表5-5。

表5-5 存货取得成本

项目	内容
采购成本	采购价款、相关税费、运输费、装卸费、保险费和其他可归属于存货采购成本的其他支出
加工成本	企业投入的生产工人、水电以及机器设备的磨损等成本。
其他成本	除采购成本、加工成本以外的，使存货达到目前场所和状态所发生的其他合理和必要的支出

2.存货取得业务的会计处理

企业在以销定产、以产定材的趋势下，按照"销—产—供"的逻辑，根据客户需求与供应商沟通，进行原材料的采购，帮助企业节约成本、提高生产效率。商品购买过程如图5-5所示。

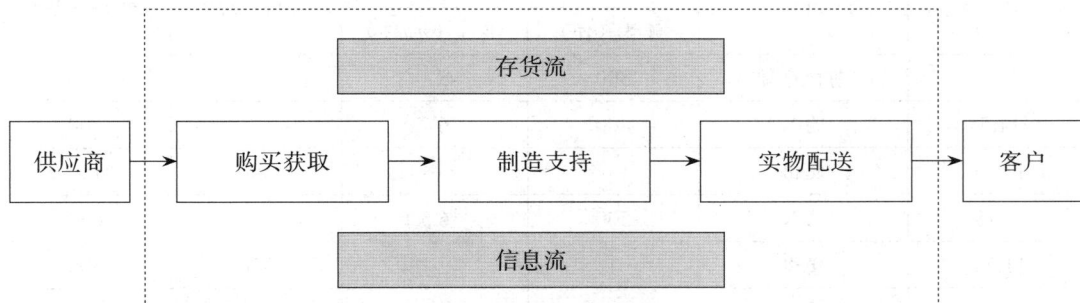

图5-5　商品购买过程

图5-5反映的是从购买材料开始到最后生产出商品的整个信息过程，企业采购的尚未验收入库物资的实际成本用"在途物资"账户记录，包括购买价格、运输费、保险费、装卸费、合理损耗、入库前仓储费等。已入库材料的实际成本用"原材料"账户记录。企业在生产活动中投入原材料并进行加工，最终生产出商品并对外出售，企业购买或者加工完成的可供出售商品的实际成本用"库存商品"账户记录。

（二）存货的发出

企业的生产活动和销售活动并非完全隔离，而是紧密相连的。企业按照销售计划不断购进材料进行生产，生产完成后，商品对外销售，由此进行"供产销"的循环。

企业购买原材料时，每一批材料的成本都可能存在差异，进而每个生产步骤的成本都不一样，最终导致对外出售的商品的成本出现不一致的情况。因此，企业需要利用科学的方法对存货的发出成本进行计量和记录，做到准确计算成本。

1.发出存货的计价方法（见表5-6）

表5-6　　　　　　　　　　　　　发出存货计价方法

计价方法	要点
个别计价法（specific identification method）	假定存货的成本流动与实物流动完全一致，按照各种存货的类别，逐一辨认各批发出存货和期末存货所属的购进批别或生产批别，分别按其购入或生产时所确定的单位成本计算各批发出存货和期末存货的成本。实际工作中，越来越多的企业采用计算机信息系统进行会计处理，个别计价法可被广泛应用于发出存货的计价，并且该方法确定的存货成本最为准确
先进先出法（first-in first-out method）	以先购入的存货先发出（销售或耗用）这一存货实物流转假设为前提，按先购入的存货成本在后购入的存货成本之前转出对发出存货的成本进行计价的一种方法
加权平均法（weighted average cost method）	以本月全部进货数量和月初存货数量的总和为权数，去除本月全部进货成本加上月初存货成本，计算出存货的加权平均单位成本，并据此确定存货的发出和库存成本

【例 5-1】长江公司 2023 年 11 月有关 A 材料的收发情况，见表 5-7。

表 5-7

A材料收发情况表

2023 年 11 月 30 日

日期	内容	购进		发出（件）	结存（件）
		数量（件）	单价（元/件）		
11.1	期初存货	300	5		300
11.5	购入	400	6		700
11.15	发出			550	150
11.18	购入	500	6.5		650
11.20	发出			350	300
11.25	购入	100	7		400

分别用个别计价法、先进先出法和加权平均法核算存货的发出成本。

（1）个别计价法：

假设发出存货中含期初存货150件、11月5日购入存货400件、11月18日购入存货350件。

11月份发出A材料总成本=150×5+400×6+350×6.5=5 425（元）

11月份月末结存A材料总成本=150×5+150×6.5+100×7=2 425（元）

（2）先进先出法：

11月份发出A材料总成本=300×5+250×6+150×6+200×6.5=5 200（元）

11月份月末结存A材料总成本=300×6.5+100×7=2 650（元）

（3）加权平均法：

其计算公式如下：

$$存货单位成本 = \frac{月初存货实际成本 + \sum(本月某批进货的实际单位成本 \times 本月某批进货数量)}{月初库存存货数量 + 本月各批进货数量之和}$$

月末库存存货成本=月末库存存货数量×存货单位成本

$$\begin{matrix}本月发出\\存货成本\end{matrix} = \begin{matrix}月初存货\\实际成本\end{matrix} + \sum(\begin{matrix}本月某批进货的\\实际单位成本\end{matrix} \times \begin{matrix}本月某批\\进货数量\end{matrix}) - \begin{matrix}月末库存\\存货成本\end{matrix}$$

则：

A存货平均单位成本=（1 500+2 400+3 250+700）÷（300+400+500+100）=6.04（元）

月末库存存货成本=400×6.04=2 416（元）

本月发出存货成本=（1 500+2 400+3 250+700）−2 416=5 434（元）

（4）不同计价方法的对比（见表 5-8）

表 5-8

不同计价方法对比

单位：元

发出存货的计价方法	月末库存存货成本	本月发出存货成本
个别计价法	2 425	5 425
先进先出法	2 650	5 200
加权平均法	2 416	5 434

从表5-8可以看出，发出存货采用不同的计价方法，其发出存货成本也会不同，进而对本期的损益产生影响，对期末存货资产的金额也会产生影响。企业可以结合实际情况选择某一计价方法，但为保持会计数据的一致性与可比性，一旦确定就不得随意变更。

2.存货发出业务的会计处理

企业如果发生存货发出业务，按照发出存货的用途，应该借记"生产成本""制造费用""主营业务成本""其他业务成本""销售费用""管理费用"等有关会计账户，贷记"原材料""库存商品"等会计账户。

▶▶　三、延伸业务活动的处理

（一）材料成本差异

企业在进行生产计划时，会根据产销情况编制材料的需求计划，涉及数量和价格两方面。为了更好地反映采购部门的预算控制能力，企业常用计划价格对原材料进行记录和处理，结转成本时，该计划价格与实际价格的差额，需要合理分配给各项产品（也就是生产对象）。具体情况见表5-9。

此种情况下，企业对于购进的在途材料用"材料采购"账户核算，反映此项采购的实际成本，包括货款以及采购费用等；材料入库之后，用"原材料"账户核算，反映入库材料的计划成本；实际成本和计划成本的差异，记入"材料成本差异"账户。

购进的原材料经过加工生产，最终转变为产成品。在此过程中，要将"材料成本差异"分摊给各项发出的原材料，把发出材料的成本从计划成本调整为实际成本。

表5-9　　　　　　　　　　　**实际成本大于或小于计划成本的账务处理**

实际成本大于计划成本	按照发出材料的用途，借记"生产成本""制造费用""销售费用""管理费用"等相关账户，贷记"材料成本差异"账户
实际成本小于计划成本	编制相反分录

（二）存货盘点

为避免存货账实产生差异，企业需要定期对存货数量进行盘点，常用方法主要有实地盘存制和永续盘存制两种（见表5-10）。

表5-10　　　　　　　　　　　　　　　　**存货盘点**

存货盘点方法	实地盘存制（physical inventory system）	日常生产经营时，只登记财产物资的收入数，不登记发出数，月末对财产物资进行实地盘点，依据盘点数推算本期发出数
	永续盘存制（perpetual inventory system）	企业平时要根据会计凭证对各项财产物资的收入发出逐笔连续登记有关账簿，并随时结出账面结存数
存货盘点结果	以"存货盘点报告表"作为原始凭证，用盘点记录的实存数与存货账面记录进行比对	账面存货小于实际存货，属于存货盘盈；反之，则为盘亏。盘盈、盘亏通过"待处理财产损溢"账户完成核算

【"四个面向"小课堂】

党的二十大报告明确提出，"完善产权保护、市场准入、公平竞争、社会信用等市场经济基础制度，优化营商环境"。存货作为企业资产的重要组成部分，其真实性和准确性不仅关乎企业的财务状况，更体现了企业的诚信经营和法治精神。存货是企业经营活动的核心要素之一，特别是在制造业、商业等行业，存货的采购、生产和销售直接影响着企业的经济效益和市场竞争力。通常情况下，相较于其他资产项目，存货更能反映企业的经营特点。对于制造业、商业等行业的企业而言，存货采购、生产和销售通常对其财务状况、经营成果和现金流量具有重大影响，不难发现资本市场上存在着大量涉及虚假记录存货的舞弊案例。因此会计人员在进行存货盘点工作时，应当保持诚实守信、客观公正，坚持依照法律法规和会计制度的要求开展会计核算和监督工作。

（三）存货的期末计价

在会计信息质量要求中，谨慎性是非常重要的，它要求企业在处理经济业务时应保持应有的谨慎，避免高估资产或者收益、低估负债或者费用。出于以上考虑，《企业会计准则第1号——存货》做出如下规定：期末存货应当按照成本与可变现净值孰低计量。

1.成本与可变现净值孰低的含义

成本是指存货的历史成本，也就是以历史成本为基础计算确定期末存货的成本。可变现净值（net realizable value）是指存货预计的未来净现金流入量，即在正常生产经营过程中，存货的估计售价减去至完工时估计将要发生的成本、估计的销售费用及相关税费之后的金额（如图5-6所示）。

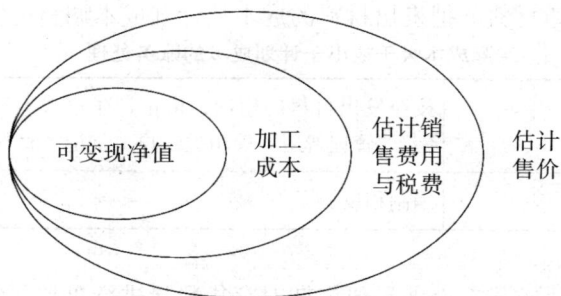

图5-6 可变现净值的含义

"成本与可变现净值孰低"（lower of cost or net realizable value）的意思是，期末存货要按照成本与可变现净值两者之中较低者进行计价。

采用该方法计量，主要是为了使存货符合资产的定义。如果存货的可变现净值下跌到低于成本，这意味着这项存货给企业带来的未来经济利益已经低于其账面金额，企业的这部分损失应从资产价值中扣除，计入当期损益；如若仍然以其历史成本计量，将会导致资产虚增。

2.可变现净值的确定

为执行销售合同或者劳务合同而持有的存货，其可变现净值的确定应以合同价格为基础计算，较为特殊。持有存货的数量大于销售合同订购数量时，超出部分存货的可变现净值应以一般销售价格为基础计算。

3.成本与可变现净值孰低的账务处理

资产负债表日，存货实际价值与上年相比难免会发生变化，企业需要重新确认存货的可变现净值，根据成本与可变现净值的数额，计算出"存货跌价准备"科目的应有余额，并与科目已有余额进行比较。成本与可变现净值孰低的账务处理见表5-11。

表5-11　　　　　　　　　　　成本与可变现净值孰低的账务处理

应提取的数额大于已提取数	予以补提，借记"资产减值损失"账户，贷记"存货跌价准备"账户
应提取的数额小于已提取数	予以冲销，借记"存货跌价准备"账户，贷记"资产减值损失"账户
发出存货结转计提的存货跌价准备	借记"存货跌价准备"账户，贷记"主营业务成本"等账户

【例5-2】长江公司2022年12月31日库存A商品10台，单位成本38万元，账面价值380万元，12月31日市场售价每台36万元，估计每台的销售费用为1万元。假定12月曾与客户签订合同，销售A商品8台，售价每台37万元。计算A商品的可变现净值并编制会计分录。

12月31日A商品的可变现净值 = 8 × 37 + 2 ×(36 − 1) = 366(万元)

应计提的资产减值损失=380−366=12（万元）

存货跌价资金流向图如图5-7所示。

存货跌价准备————120 000————➤资产减值损失

图5-7　存货跌价资金流向图

借：资产减值损失　　　　　　　　　　　　　　　　　　　120 000
　　贷：存货跌价准备　　　　　　　　　　　　　　　　　　　　120 000

（四）存货管理

存货的管理主要包括信息管理、分析决策以及有效控制，主要目的在于帮助企业仓库管理人员全面控制库存商品，确保提供正确的库存报表以及相关数据并进行分析，以此减少资金占用。同时，存货的合理摆放，能够节省库房空间，方便查找；空间及资源的合理利用，能够促进企业经济效益的提高。

存货的存在会增加企业的成本，企业该如何管好存货呢？答案是——零库存管理法。存货占用的是企业的资金，而零库存占用的则是供应商的资金，双方之间存在利益的博弈。需要注意的是，"零库存"不是无库存，而是通过管理使存货保持在非常低的水准。

在此介绍两种减少库存的管理模式（见表5-12）：物料需求计划（material requirement planning，MRP）和准时制生产方式（just in time，JIT）。

表5-12　　　　　　　　　　　库存的管理模式

MRP	根据市场需求预测和顾客订单制订产品的生产计划，然后基于产品生产计划、组成产品的材料结构表和库存状况，利用计算机算出物料的需求量和需求时间，从而确定材料的加工进度和订货日程
JIT	根据客户需求订单来下达产品生产指标，将必要的零件以必要的数量在必要的时间送到生产线。该方法的目标在于不断消除浪费、减少库存，进行持续的、循环式的改进

【"四个面向"小课堂】

在党的二十大精神指引下，我们深刻认识到诚信经营对于企业持续健康发展的重要性。以制造业企业为例，企业虚计利润，资产不实，在"存货"项目上最常见。存货，作为生产与存货循环中的重要一环，作为成本费用核算链条上的重要一节，对资产、负债、所有者权益、收入、成本、利润等会计要素的影响举足轻重。因此，企业应当坚持诚信经营的原则，加强存货管理。会计人员应正确认识存货管理需要考虑的因素以及如何有效进行存货管理，依照法律法规和会计制度进行存货核算与管理。

● 案例思考

康得新复合材料集团股份有限公司（以下简称康得新），于2001年成立、2010年正式上市，企业主要生产印刷包装材料与光学膜类产品，发展势头迅猛。企业主营产品市场广、产品更新速度快。上市之后，公司股价增长速度飞快，至2017年股价涨幅高达27倍。

出人意料的是，2019年1月，康得新突然爆出债务危机。公司手里有巨额现金却无力偿付10亿元的债务，这使广大投资者开始质疑康得新经营业绩的真实性。证监会等机构调查显示，康得新的信息披露涉嫌违法违规。2019年7月5日，康得新收到市场禁入告知书，并被处以行政处罚。

康得新的年报当中存在大量虚假记载和重大遗漏。2015—2018年，康得新通过虚构货币资金、操纵资产减值以及利用关联方虚构业务等财务造假手段虚增利润。2021年4月，深交所决定对康得新股票实施重大违法强制退市，公司股票终止上市。

正常情况下，随着公司规模和营业收入的逐渐增长，其存货量也应当呈增长趋势。然而康得新的存货金额反而未见增长，各年营业收入与存货的比例关系也较为异常。在2015—2018年这些营业收入极高的年份，企业存货金额的真实性的确存疑。康得新公司2014—2020年营业收入与存货情况如图5-8所示。

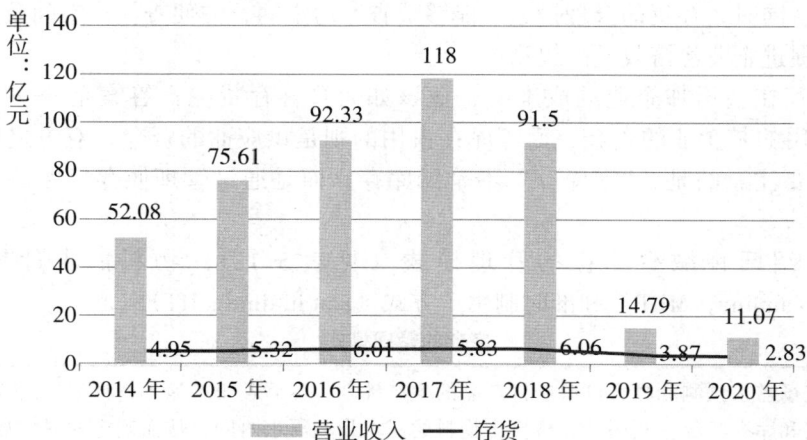

图5-8 康得新公司2014—2020年营业收入与存货情况

资料来源：作者根据公开资料整理而成。

阅读材料并思考下列问题：

（1）结合表5-13，查阅相关资料，分析康得新进行财务舞弊的动机和手段。

表5-13　　　　　　　　　　　　康得新公司2014—2020年资产减值　　　　　　　　　单位：万元

项目	2014 年	2015 年	2016 年	2017 年	2018 年	2019 年	2020 年
坏账准备	7 539.73	6 766.56	15 382.51	-954.24	93 827.02	0	0
存货跌价准备	351.60	376.43	757.76	1 008.56	47 151.24	6 926.54	4 593.10
可供出售金融资产减值准备（2019 年以前，2019 年以后该项目取消）	0	0	308.54	1 721.05	40.06	0	0
商誉减值准备	0	0	0	1 220.27	4 155.58	532.74	0

（2）康得新公司在其年报中披露了虚假的财务信息，这导致了其股票最终被终止上市。请查找康得新公司2015—2018年的年报，分析其存货水平与营业收入之间的关系，并探讨这种关系如何反映出公司可能存在的财务舞弊行为。

（3）康得新公司在其年报中是如何披露其存货分类和存货取得成本的？这些信息如何与本章讨论的存货成本核算方法相联系？

（4）针对屡见不鲜的上市公司财务舞弊现象，请分别从企业内部管理、从业人员素质以及外部监督等方面提出你的建议。

课后习题

一、单项选择题

1.存货属于（　　）。

A.流动资产　　　　　　B.固定资产　　　　　　C.长期资产　　　　　　D.自有资产

2.使用先进先出法进行存货计价时，是按（　　）计算存货成本的。

A.买价高低　　　　　　B.发出次序　　　　　　C.入库的先后次序　　D.售价高低

3.使用加权平均法核算存货的单位成本，计算加权平均成本的时间是（　　）。

A.每月月末　　　　　　B.每年年末　　　　　　C.每周周末　　　　　　D.每次购入存货时

4.对于单到货未到的购货，待企业收到材料并验收入库时，应编制的会计分录为（　　）。

A.借：原材料　贷：应付账款　　　　　　B.借：在途物资　贷：原材料

C.借：原材料　贷：在途物资　　　　　　D.借：库存商品　贷：在途物资

5.企业购入的原材料按计划成本计价核算时，（　　）科目用来核算企业库存材料的计划成本。

A.材料　　　　　　　　B.材料采购　　　　　　C.原材料　　　　　　D.材料成本差异

二、多项选择题

1.下列选项中，属于企业存货确认条件的有（　　）。

A.与该存货有关的经济利益很可能流入企业

B.该存货的成本能够可靠计量

C.存货未来的经济利益可以预计

D.存货必须存放在企业内部

2.下列各种物资中,应当作为企业存货核算的有 ( )。

A.委托代销商品

B.发出商品

C.受托代销商品

D.工程物资

3.下列项目中,不应当计入存货成本的有 ( )。

A.增值税一般纳税人购买物资所发生的增值税进项税额

B.非正常消耗的直接材料、直接人工和制造费用

C.不能归属于使存货达到目前场所和状态的其他支出

D.在生产过程中为达到下一个生产阶段所必需的仓储费用

4.下列关于发出存货的计价方法的描述中,正确的有 ( )。

A.采用个别计价法计算发出存货成本的前提是假定存货具体项目的实物流转与成本流转相一致

B.采用先进先出法,在物价持续上升时,期末存货成本接近于市价,而发出成本偏低,会高估企业当期利润和库存存货价值

C.月末一次加权平均法只需计算月末一次加权平均单价,比较简单,有利于简化成本计算工作,但由于平时无法从账上提供发出和结存存货的单价及金额,因而不利于存货成本的日常管理与控制

D.移动加权平均法能够使企业管理层及时了解存货的结存情况,计算的平均单位成本以及发出和结存的存货成本比较客观,所以为所有企业所采用

5.下列关于存货减值的说法中,正确的有 ( )。

A.资产负债表日,存货应当按照成本与可变现净值孰低计量

B.当存货成本高于可变现净值时,企业应当计提存货跌价准备

C.存货跌价准备科目的期末余额一般在借方,反映企业已计提但尚未转销的存货跌价准备

D.企业计提的存货跌价准备在持有期间不可以进行转回

三、综合题

1.20×4年1月1日某公司存货账面余额为100万元,1月31日存货账面余额为120万元。若1月31日的存货可变现净值为110万元,计算该公司1月31日应计提的存货跌价准备。

2.某公司采用先进先出法计算存货成本。20×4年1月1日存货余额为10万元,1月份购入存货成本为20万元,1月份销售存货的总收入为25万元,销售的存货数量等于期初存货数量加上购入存货数量的一半。请计算1月份发出存货的成本和1月末存货账面余额。

第六章　供应活动和应付款项

第六章　供应活动和应付款项

【本章导读】

　　沃尔玛公司是全球最大的零售商，以快速传递商品、精确掌控市场和满足客户需求而著称。沃尔玛良好的经营业绩离不开其采购环节的支撑。早在2002年，沃尔玛全球采购办公室总裁崔仁辅，就曾负责在世界各地创建采购分公司，以支撑沃尔玛巨额的销售业绩，并进一步带动全世界采购小组的同步运营，从而实现沃尔玛采购业务的快速增长。

　　沃尔玛也在深圳建立起了全球采购中心。这一采购中心涵盖近20个采购点，负责沃尔玛超过2 000亿美元的全球采购任务。采购中心直接与沃尔玛的连锁店相连接，尽可能提供质优价廉并具有较强竞争力的产品。采购中心还会不断搜寻新的产品与合适的供应商，并同时聚集不同区域的买家进行采买。沃尔玛与其供应商结成了战略伙伴关系，缩减了大量中间商，最大程度降低采购成本以攫取最大利润。

　　供应商战略管理是沃尔玛成功的重要因素之一，这一章我们将围绕供应活动与应付款项，思考供应活动在企业经营中到底起到怎样的作用？我们还需要探讨在供应活动中，企业的资金又是如何运动的？供应商关系管理在供应活动中扮演着怎样的角色？企业在生产经营中还有哪些需要支付的款项？下面让我们一起来探寻这些问题的答案。

　　资料来源：作者根据公开资料整理而成。

第一节　供应活动

一、供应商关系管理

　　一般而言，企业的供应活动是将企业所拥有的货币资金转变为生产储备资金的过程，它是再生产三个环节（供应、生产、销售）中的第一个环节。上一章我们介绍了原材料采购过程，这是传统的供应活动，一般按照"询价—协商—订购—付款—收货"的流程进行。

　　20世纪末期社会分工不断细化，"外包"这一概念逐渐流行。诸多企业选择把经营重心放在核心业务上，并剥离非核心业务。企业之间的业务联系更加密切，上下游企业之间的关系也变得越来越重要。作为采购环节中的关键事项，供应商关系是影响材料成本策略的重要因素之一。学术界重新对其进行定义，创新性地提出了合作伙伴供应商的概念。这一概念将企业和供应商之间的关系从利益冲突方转变为合作信任方，把简单的买卖关系上升到合作伙伴关系。究其定义，合作伙伴供应商就是在特定时间内，双方就一定类别的产品和服务达成承诺或协议，共享由伙伴关系所带来的利益以及分担由此带来的风险，简言之，就是通过相互合作创造市场价值。供应商关系管理的核心在于转变并缓和与供应链内上游企业之间的关系，改革传统的利益博弈关系，并将新型管理机制作用于采购活动的相关领域，从而建立起上下游企业间紧密的业务联系，进一步地降低采购成本，最终实现利益最大化。

如今会计正面临着行业的数字化转型，数字化技术在企业供应环节也得到了较为广泛的使用。诸多企业运用信息技术，以大智移云技术为媒介，打破以往采购方式在时间与空间上的桎梏，使采购活动更加便利。采购信息化系统的建立可以降低管理费用、提高存货运营效率、缩短采购周期、简化采购流程。在采购管理系统中，订单管理和合同管理变得轻松快捷，采购环节变得井井有条，极大地提高了采购效率。

▶▶　二、原材料取得成本的确定

企业生产所需的原材料等物资一般采用外购，也就是从供应商处购买原材料等物资。那么，企业在购买原材料的过程中，除了原材料本身的价格，采购过程中所发生的各种其他支出也需要计入原材料的采购成本吗？购进原材料后，在生产商品过程中发生的人工工资、水电费等成本又是否需要计入生产出的商品的成本呢？对于原材料成本和商品成本的确定问题，本节将一一解答。

企业生产的最终商品也属于企业的存货，那么在原材料的购买、产品生产等活动中所发生的必要成本都应该计入存货成本之中。按照企业会计准则的规定，存货按成本进行初始计量，可分为采购成本、加工成本及其他成本，见表6-1。

表6-1　　　　　　　　　　　　　　　**初始计量的存货成本**

项目	内容
采购成本	是指为采购原材料等物资所发生的相关费用，主要包括采购价款、相关税费、运输费、装卸费、保险费和可归属于存货采购成本的其他支出
加工成本	是指在产品加工过程中企业所投入的生产工人、水电以及机器设备的磨损等成本，主要包括生产工人工资、职工福利费、机器设备的燃料及动力费等。产品在加工过程中造成的损失，如废品损失、原料毁损或超量使用等，也属于加工成本
其他成本	是指除了采购成本、加工成本之外，为使存货达到特定状态所发生的其他合理和必要的支出。 例如，企业为设计产品所发生的设计费用应计入当期损益，但为满足特定客户的需求设计产品所发生的可直接确定的设计费用应计入存货成本

▶▶　三、存货取得业务的会计处理

企业采购业务流程图（如图6-1所示）中，不仅反映了物资的流动，同样反映了资金的流动。随着采购业务的发生，企业的资金也发生了流动，依据会计核算工作的要求，需要对资金的流动进行会计核算和记录。首先，在企业取得存货时，可选择采用实际成本法进行会计处理。需要设置的会计账户主要包括"在途物资"、"原材料"和"库存商品"。

这三个账户都属于资产类账户，用于记录采购和生产过程中不同类型、不同状态的存货成本。

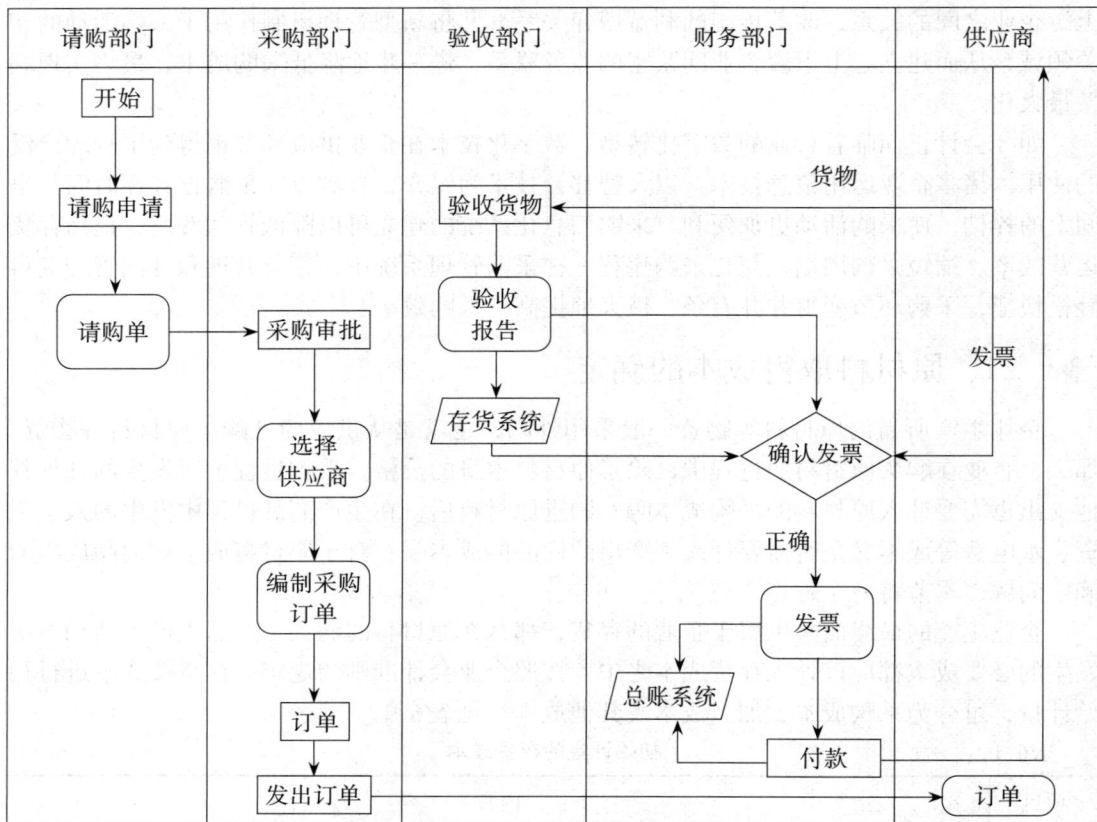

图6-1　企业采购业务流程图

实际成本主要包含材料的购买价格、运输费用、保险费用、装卸费用、发生的合理损耗、原材料的挑选整理费、相关税费等实际采购成本。可以使用"在途物资"科目，对企业已经采购但尚未验收入库的物资按照实际成本进行计量。

当企业购买的物资经过验收并进入仓库后，我们就需要用"原材料"科目记录企业已验收入库材料所发生的实际成本。当企业开始生产活动后，通过原材料的投入与加工，最终生产出商品并对外出售。已经完工入库的商品要通过"库存商品"科目进行记录。

【例 6-1】长江公司是增值税一般纳税人，存货适用的增值税税率为13%。2022 年 8 月 8 日，从同城通达公司购入彩钢板 2 000 件，单价 4.4 元，价款合计 8 800 元，增值税 1 144 元。与此同时，这笔采购业务还发生了 1 000 元的运输费和 500 元的装卸费（不考虑相关税费）。原材料在当日已经运抵企业并验收入库，企业出纳已开出转账支票支付了原材料的货款、运费、装卸费以及增值税，并取得了通达公司开具的增值税专用发票。（运杂费、装卸费是物流服务费用，属于现代服务业范畴，应当缴纳增值税，为简化起见，本书中的运杂费等不考虑增值税问题）

原材料采购业务资金流向如图 6-2 所示。

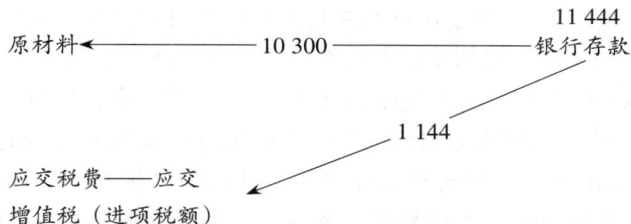

原材料 ◄─── 10 300 ─── 银行存款 11 444

1 144

应交税费——应交
增值税（进项税额）

图6-2　原材料采购业务资金流向图

长江公司的相关会计处理如下：

借：原材料——彩钢板 10 300
　　应交税费——应交增值税（进项税额） 1 144
　　贷：银行存款 11 444

▶▶ 四、计划成本法

企业采购部门在计划期间内（可以是年度、季度或月度）需要编制材料采购用款计划。不同类型的企业，采购计划的编制依据也不同。

对于大多数企业而言，销售计划是年度营业计划的起点，生产计划是按照销售计划制定的，也就是以销定产。而采购部门为了配合企业的销售和生产需要，对维持生产活动所必需的原料、零部件等的数量、成本就要做出翔实的计划安排。相应的，采购部门可以依据采购预算控制采购用款支出，财务部门根据预算来筹措所需资金，协调部门之间的关系。对于制造业企业，其采购计划就是根据生产计划编制的。而对于商品流通企业，其采购计划则是依据销售计划编制的。

表6-2列举的是长江公司采购部门所制定的一季度钢管采购计划表。

表6-2　　　　　　　　　　　　　　　　**采购计划表**

物资名称	规格	单位	期初结存	一季度需求量				期末储备	一季度采购量				供货商	备注
				合计	生产	基建	修理		合计	一月	二月	三月		
钢管	12*5	吨	20	590	150	400	40	30	600	200	200	200	包钢	

在企业材料采购过程中可能涉及多家供应商，因而原材料价格可能存在差异。为了更好地进行会计核算，以及对采购经理进行业绩考评，需要引入计划成本法——另一种原材料的成本核算方法。

在使用计划成本法对存货的购入、发出和结存进行核算时，通常会设置"原材料""周转材料"等科目来反映按照计划成本计价的各种存货的增减变动。对于购进存货的实际成本与计划成本之间存在的差异，还应该设置"材料成本差异"科目。

企业采用计划成本法核算原材料采购成本时，首先按原材料的实际成本购入原材料，然后采用计划价格入账，并且按照计划成本发出。如果企业购入的原材料品种较多，便可以彰显计划成本核算的优势，因为该方法有利于进行可比性分析。一般而言，企业在制订生产计划时，生产经理会根据产销情况编制原材料需求计划，包括数量和价格计划。为了更好地反映采购部门的能力，企业在对原材料进行核算时通常按计划价格对原材料进行记录，最后将计划价格与实际价格的差额在成本对象中进行合理分配。

与实际成本法类似，如果企业购进的原材料还在运输途中，可以用"材料采购"科目进行核算，它主要反映企业购入原材料的实际采购成本，购入原材料的货款和在采购过程中产生的费用都包含在内。在原材料入库之后，我们用"原材料"科目进行核算，此时"原材料"科目反映的是结转入库材料的计划成本。对于实际成本与计划成本之间所存在的差异，我们用"材料成本差异"科目进行核算。

购进的原材料经过加工，最终转变为能够售卖的商品，这个过程同样需要进行核算，可以对发出原材料的成本差异进行分摊，将发出原材料的成本由计划成本调整为实际成本。当实际成本大于计划成本的时候，借记"生产成本"等有关账户，贷记"材料成本差异"账户；而当实际成本小于计划成本的时候，则需要编制相反的会计分录。

第二节　应付款项

在企业的商业结算中，应付款项和预收款项是较为常见的负债，这部分负债也被认为是因企业的经营性筹资活动产生的。在主营业务之外，有时企业还会开展其他的经济活动，由于筹措资金的需要，不能马上付款，同样也会产生应付款项。

应付款项是指企业在经营活动中应当支付而尚未支付的各种款项。企业在生产经营活动过程中，由于采购商品物资、原材料、接受劳务供应等活动，尚未支付给供货单位的款项，包括应付账款、应付票据和其他应付款等。

企业的应付款项往往是由于商业信用的存在，由供应商提供的一种"优惠"。企业由于应付款项的存在而延迟支付款项，供应商则需要承担延迟收款的损失。曾有企业依仗其行业龙头地位，对供应商施加压力，在采购合同中设置高达三个月到半年的付款期限，将供应商作为"经营性筹资"的主要来源。在如今寻求合作共赢的商业环境下，把供应商当作"鱼肉"的时代已经渐行渐远。畅通供应链的实物流和信息流，降低供应渠道总成本，以最为高效的方式实现价值创造，才是商业的王道。

▶▶　一、信息披露与列报

依据《财政部关于修订印发 2019 年度一般企业财务报表格式的通知》（财会〔2019〕6 号），以执行新金融准则和新收入准则的非金融企业为例，经营性负债在资产负债表中的列示项目具体如下：

流动负债中的应付票据（不带息票据部分）、应付账款、预收账款、应付职工薪酬、应交税费、其他应付款（不包括应付利息及应付股利）、持有待售负债、一年内到期的非流动负债（由经营活动形成的部分）、其他流动负债；非流动负债中的长期应付款（由经营活动形成的部分+专项应付款）、预计负债、递延收益、递延所得税负债（由经营性资产形成的部分）、其他非流动负债。

此外，公司还应当在会计报表附注中披露有关经营性负债的详细信息。

经营性负债属于负债。负债是企业在未来偿付的债务，从理论上讲，由于资金具有时间价值，它的入账价值应按未来应付现金流量的现值进行计量。

流动负债（current liabilities）的偿付时间一般不能超过1年，并且未来应付的金额与折现值相差不大，按照重要性原则，其差额往往忽略不计。因而流动负债入账价值一般按照业务发生时确认的未来应偿付金额计量。

非流动负债（non-current liabilities）的偿还期较长、数额较大，未来现金流出数额（将来到期应付的本金和利息）与其现值的差额较大。因此在确认非流动负债时，一般按照业务发生时确认的未来应偿付金额的现值入账。

由此可知，不同经营性负债入账价值的计量主要取决于偿还期限的长短。此外，根据财政部2017年《企业会计准则第22号——金融工具确认和计量》，企业在进行金融负债初始确认时，应当按照公允价值计量。本章节涉及的经营性负债如果基于会计角度，初始确认为金融负债的，应当按照公允价值计量。

▶▶　二、基本经济事项

（一）应付及预收账款

1. 应付票据（notes payable）

如果对企业的信用状况不是特别了解，或者相关业务涉及金额较大时，供应商为了防范资金回款的风险，往往要求企业开具一种具有法律约束力的商业票据，承诺在将来的某一个特定时间，支付票据上所载明的固定货款。对于企业而言，这种票据就形成了自身的应付票据，它是企业在购买原材料、购置商品或接受劳务供应等过程中开出、承兑的商业汇票，可以分为商业承兑汇票和银行承兑汇票。按照相关规定，我国商业汇票付款期限最长不得超过6个月。在进行会计处理时，"应付票据"科目应根据不同债权人分别核算。

按照是否带息这个标准，可将商业汇票分为带息票据和不带息票据两种。应付票据的账务处理主要包括发生、偿还或转销。带息的票据属于金融性负债，为了保证知识点的连贯性，在此和不带息的票据一并解释。

（1）不带息应付票据的账务处理

①发生经济业务，开出应付票据。

从理论上说，在进行会计处理时，需要对应付票据进行折现，按其现值反映，但由于应付票据的出票日和到期日相距时间不长，其折现值和到期值相差不大，在实务上为简化核算，通常采用面值对应付票据进行计价。

企业对因购买原材料、商品和接受劳务供应而开具的商业汇票进行如下会计处理：

借：材料采购/库存商品/原材料等
　　应交税费——应交增值税（进项税额）
　　贷：应付票据

对于企业支付的银行承兑汇票手续费，应在当期财务费用中列支：

借：财务费用
　　贷：银行存款

②票据到期，企业偿还应付票据。

借：应付票据

　　贷：银行存款

③票据到期，企业无力支付票款。

如果商业承兑汇票到期，企业不能履行承诺支付票款，这时候就可以直接把它转为应付账款进行处理，从"应付票据"科目转入"应付账款"科目，等到双方协商后再行处理。如果双方为清偿转为应付账款的应付票据而重新出具新的应付票据，则从"应付账款"科目转入"应付票据"科目。

对银行承兑汇票而言，到期不能按期支付票款的，承兑银行必须无条件向持票人支付票款，再将出票人尚未支付的汇票款项转作逾期贷款。

（2）带息应付票据的账务处理

我国商业汇票规定的期限较短，因此承兑的带息商业汇票同样按照面值入账。

与不带息应付票据的账务处理不同的是，期末时，还要计算尚未支付的应付利息，一般使用"面值×票面利率×期限"公式进行计算，同时把计算出来的利息数计入当期的财务费用。

应付票据的业务与资金流程如图6-3所示。

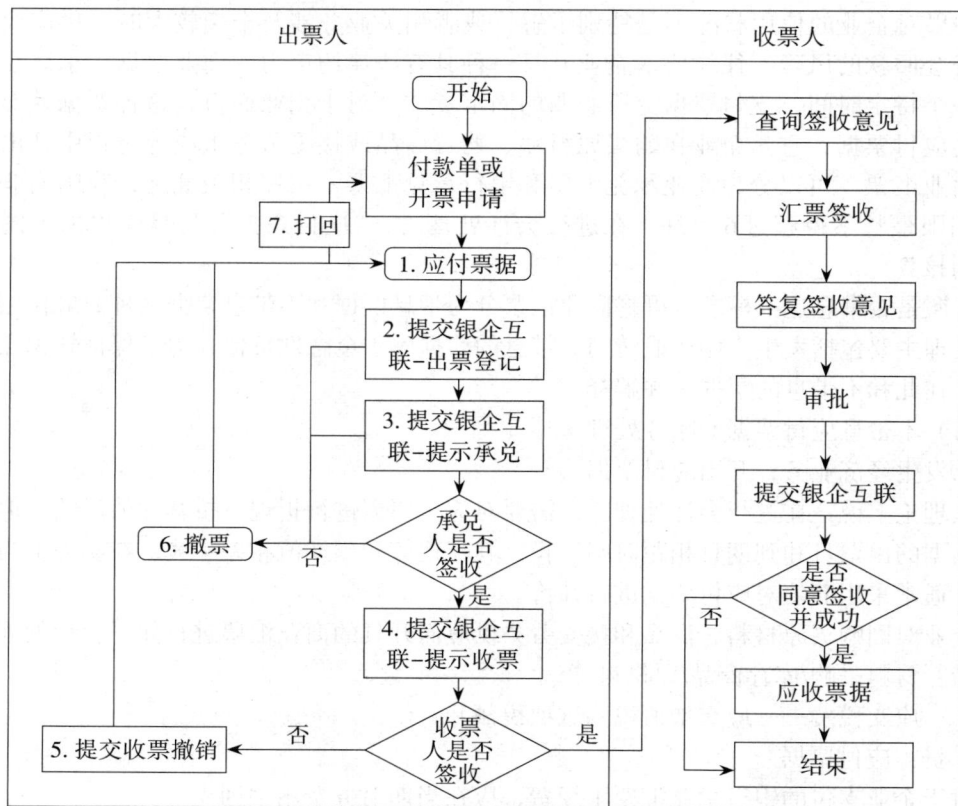

图6-3　应付票据的业务与资金流程图

带息应付票据，应于每个会计期末确认各期利息费用，编制会计分录如下：

借：财务费用
　　贷：应付票据

带息应付票据，在票据到期时，按照到期值（面值+应付利息）偿付，编制会计分录如下：

借：应付票据
　　贷：银行存款（票据到期值）

【例6-2】长江公司为增值税一般纳税人。2023年3月1日购进一批原材料，购进价格10 000元，增值税1 300元，共计11 300元，原材料已验收入库，签发自行承兑的商业汇票一张，付款期限为3个月。当年6月1日用银行存款支付票据款1.13万元。

原材料购进业务资金流如图6-4所示。

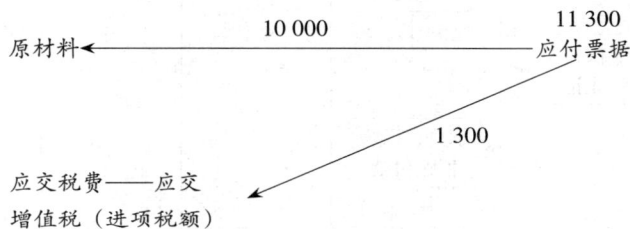

图6-4　原材料购进业务资金流

编制会计分录如下：

①3月1日签发票据：

借：原材料　　　　　　　　　　　　　　　　　　　　　　　10 000
　　应交税费——应交增值税（进项税额）　　　　　　　　　1 300
　　贷：应付票据　　　　　　　　　　　　　　　　　　　　　　　11 300

②6月1日偿付票据：

借：应付票据　　　　　　　　　　　　　　　　　　　　　　11 300
　　贷：银行存款　　　　　　　　　　　　　　　　　　　　　　　11 300

③假定6月1日到期时无力支付票据款：

借：应付票据　　　　　　　　　　　　　　　　　　　　　　11 300
　　贷：应付账款　　　　　　　　　　　　　　　　　　　　　　　11 300

2.应付账款（accounts payable）

一般设置"应付账款"账户，用来核算企业在购买原材料、商品和接受劳务等经营活动时所应支付的款项。"应付账款"账户可以按照债权人归类，进行明细核算。

（1）如果所购物资材料和发票账单同时到达，那么等到所购物资验收入库之后，企业应根据发票账单中所记载的数额登记入账，由此确认应付账款。

（2）如果所购物资材料先到达企业并验收入库，但是发票账单没能同时到达，这就给企业带来了一项债务。为大致反映企业负债情况，需对相关物资的应付账款进行暂估入账，待次月初再做冲减。

应付账款的账务处理主要包括账务的发生、账款偿还或转销。基本的业务和资金流程如图6-5所示。

出纳	财务经理	会计	部门经理	相关职能部门	相关规程/表单

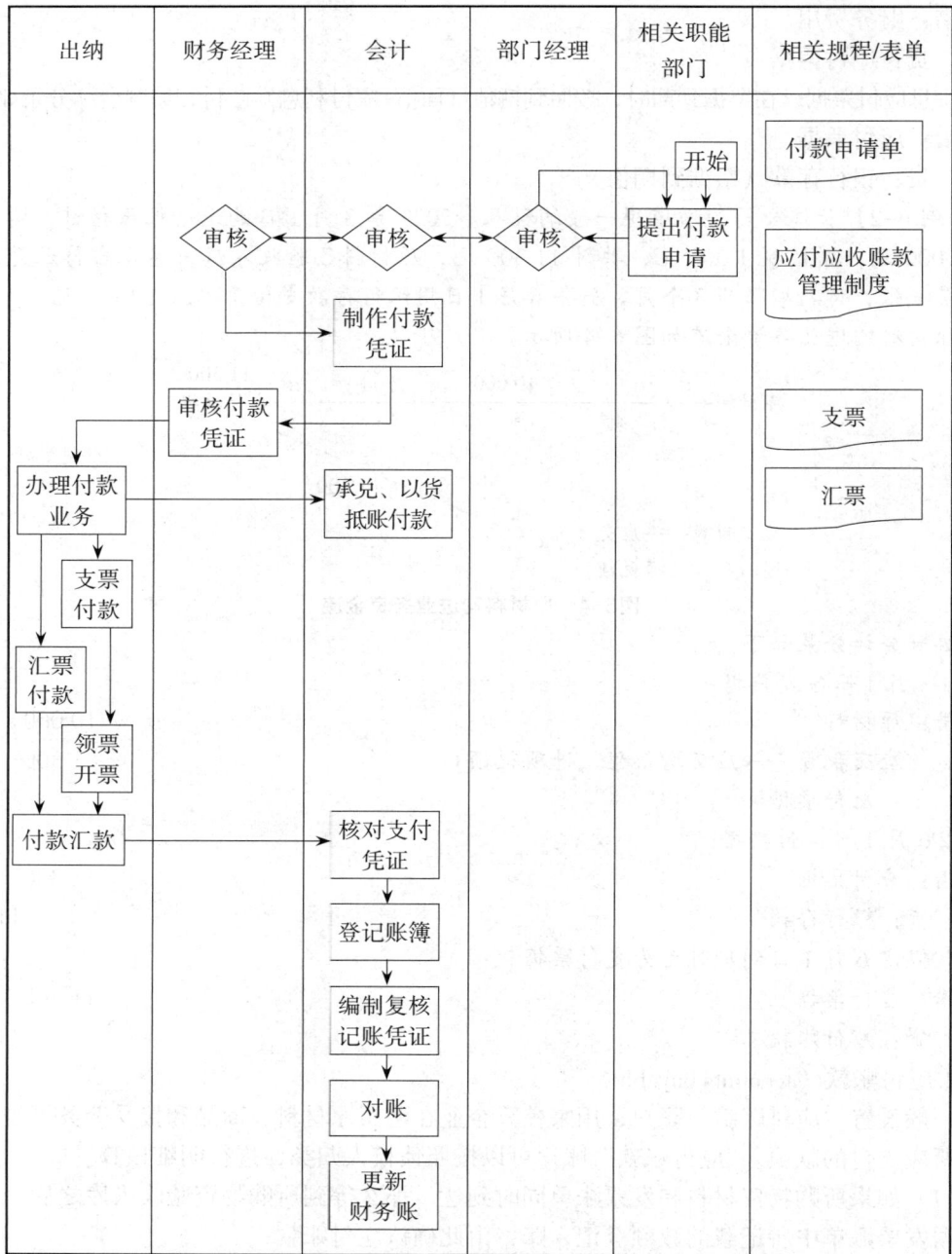

图6-5 应付账款的业务和资金流程图

第一，企业根据采购合同达成交易并取得相应的采购发票，将发票上的有关信息输入ERP系统，就可以对发票上物资的入库情况进行查验，查询发票上相关支票的付出情况和指定供应商的调整情况；

第二，利用特定的网络系统处理供应商信息和交易信息，并对其进行审核；

第三，与银行联系，核对开出的支票与银行账户金额，核对关联银行开出的支票，对

一些有误或不需要的支票进行废除;

第四,计算账龄,对应付账款进行账龄分析。

【例 6-3】长江公司 2023 年 4 月 1 日,从 A 公司购入一批成型塑料,货款 100 000 元,增值税 13 000 元,对方代垫运杂费 2 000 元,物资已验收入库(企业物资按实际成本核算),款项尚未支付。

原材料赊购业务资金流如图 6-6 所示。

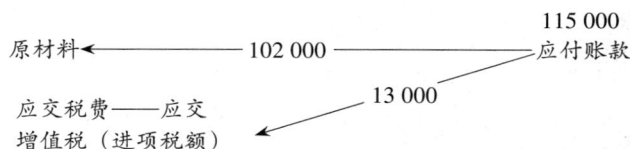

图6-6　原材料赊购业务资金流

编制会计分录如下:

4 月 1 日购入材料:

借:原材料	102 000
应交税费——应交增值税(进项税额)	13 000
贷:应付账款——A 公司	115 000

3.预收账款(deposit received)

按照企业销售合同的条款,有些企业在销售商品时,会向购货单位预先收取一定的款项,这就是预收账款。应付账款形成的负债,一般采用货币方式清偿;而预收账款形成的负债一般以物抵偿,即将企业销售的货物发送至购货单位。企业设置"预收账款"科目,核算预收账款的取得和清偿情况。"预收账款"应当按不同的债权人设置明细账户进行核算。有些企业发生预收账款的情况不多,也可以选择不设置"预收账款"科目,而直接将预收账款记入"应收账款"科目的贷方。

预收账款的业务和资金流程如图 6-7 所示。

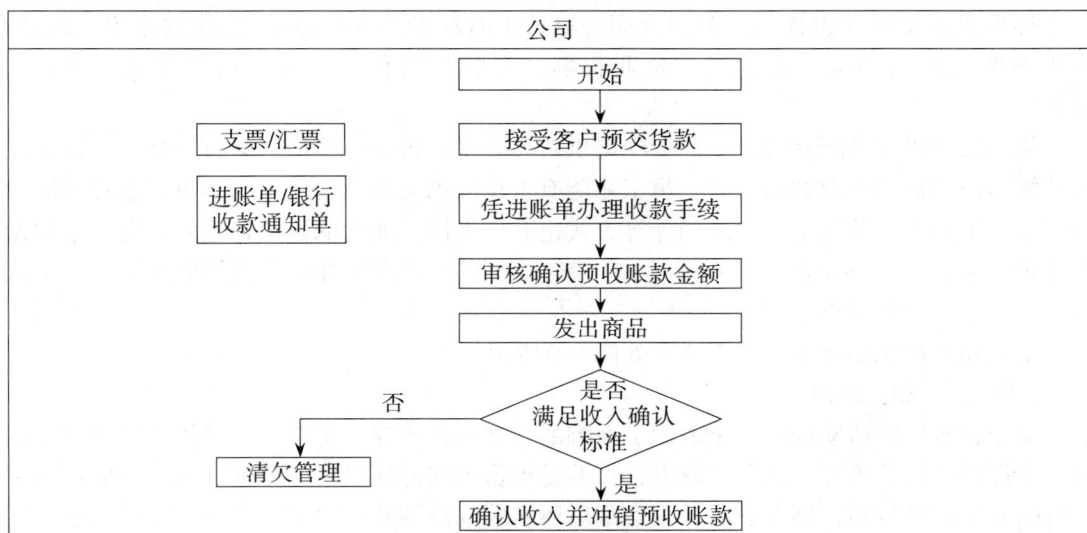

图6-7　预收账款的业务和资金流程图

【例 6-4】长江公司 2023 年 3 月 1 日收到乙企业预付的货款 5 000 元，3 月 19 日向乙发货，货款 10 000 元，增值税销项税额为 1 300 元，剩余款项月末付清，不考虑其他因素。

编制会计分录如下：

①3 月 1 日收到预付款：

借：银行存款　　　　　　　　　　　　　　　　　　　　5 000
　　贷：预收账款　　　　　　　　　　　　　　　　　　　　　　5 000

②3 月 19 日发货：

借：预收账款　　　　　　　　　　　　　　　　　　　　11 300
　　贷：主营业务收入　　　　　　　　　　　　　　　　　　　　10 000
　　　　应交税费——应交增值税（销项税额）　　　　　　　　　1 300

预收账款业务资金流如图 6-8 所示。

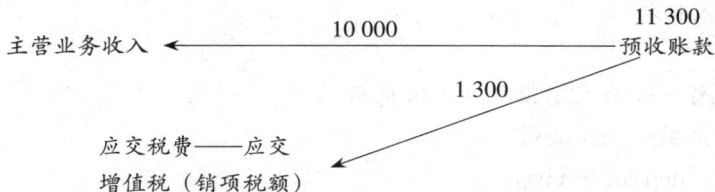

图6-8　预收账款业务资金流

③3 月末收到余款：

借：银行存款　　　　　　　　　　　　　　　　　　　　6 300
　　贷：预收账款　　　　　　　　　　　　　　　　　　　　　　6 300

（二）应付职工薪酬（employee benefits payable）

1. 职工薪酬的内容

企业的经营运作离不开职工的劳动。为了获得职工提供的劳动服务，企业往往会给予各种形式的工资（包括基于劳动合同辞退员工时给予的离职补偿），这就是职工薪酬。职工薪酬主要由四项内容构成：短期薪酬、离职后福利、辞退福利和其他长期职工福利。

从本质上说，薪酬是对员工的劳动提供对等公平的报酬或奖励。只有当员工所付出的劳动能够得到让其满意的报酬时，员工才能有工作的动力以及对未来的希冀，发挥其能动性。处于不同层级的员工，薪酬的计算方式也有所不同。通常的做法是建立一套科学的岗位评价方法，评价各个岗位的重要性或"相对价值"，并将所有的岗位都纳入到一个工资级档系统中，以形成企业的工资级别。

企业职工薪酬的业务和资金流程如图6-9所示。

2. 职工薪酬的会计核算

对于日常经营活动中所发生的职工薪酬的计提和发放等，企业应当设置"应付职工薪酬"会计科目进行核算。该科目贷方核算的是根据不同性质，所应分配计入不同成本费用项目的职工薪酬数额，借方表示计提薪酬后所实际发放的职工薪酬的数额，包括扣还的款项等。

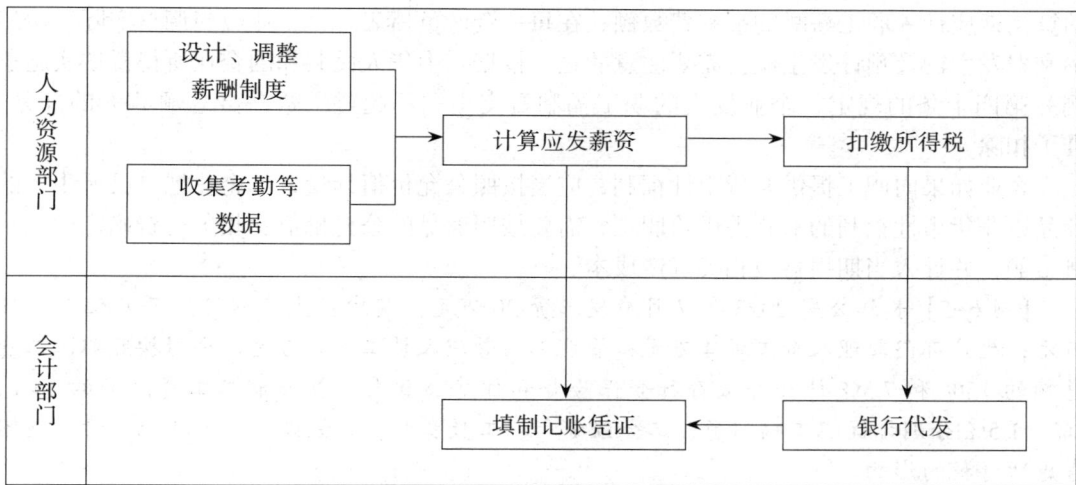

图6-9　企业职工薪酬的业务和资金流程图

企业可以在"应付职工薪酬"下设短期薪酬、离职后福利、辞退福利、其他长期职工福利四个一级明细科目，再在短期薪酬下设工资、职工福利费、医疗保险费、住房公积金、工会经费、职工教育经费、非货币性福利等二级明细科目进行会计核算。

职工薪酬的会计核算通常包括两个步骤：

第一步，确认应付职工薪酬；

第二步，实际发放应付职工薪酬。

在职工为企业提供服务的期间内，应将实际发生的短期薪酬记录到负债项目，同时归入当期损益，需要按照其他相关会计准则的要求计入资产成本的除外。

短期薪酬的确认和计量是薪酬核算的主要内容。对于提取的职工工资、津贴和奖金等短期薪酬，可以按照职工所提供的服务情况和特定的工资标准对工资总额进行计算，依据不同的受益对象或者部门，计入当期损益或者相关资产成本中，具体会计分录如下：

借：生产成本/制造费用/管理费用等（按照受益对象计入当期损益或相关资产成本）

　　贷：应付职工薪酬

发放时：

借：应付职工薪酬

　　贷：银行存款等

企业为职工缴纳的社会保险费（如医疗保险费、工伤保险费、生育保险费等）、住房公积金，以及按规定提取的工会经费、职工教育经费等，在职工提供服务的会计期间内，企业应按规定的提取基数和提取比例确定相应的数额，由此计入相关负债之中，具体会计分录如下：

借：生产成本/制造费用/管理费用等（按照受益对象计入当期损益或相关资产成本）

　　贷：应付职工薪酬

企业有时候会以货币形式或是非货币形式给职工发放福利，应当在相关业务实际发生时，根据实际发生额计入当期损益或相关资产成本。

具体操作办法是：对于职工福利费，企业应根据历史经验数据，结合当期效益计划，估算当期应计入职工薪酬的福利费数额；在每一资产负债表日，企业应当调整实际发生的福利费发生额及预计发生额。需要注意的是，根据《中华人民共和国企业所得税法实施条例》第四十条的规定，企业发生的职工福利费支出，不超过工资薪金总额14%的部分，准予扣除。

企业如果向职工提供非货币性福利，应当按照公允价值计量，如企业把自己所生产的商品以非货币性福利的形式提供给职工，需要按照商品的公允价值和相关税费确定职工薪酬金额，并计入当期损益或相关资产成本。

【例6-5】长江公司2023年7月应发工资20万元，其中：生产部门生产工人工资10万元；生产部门管理人员工资4万元；管理部门管理人员工资6万元。公司按照职工工资总额的15%和7.5%计提并缴存社会保险费和住房公积金，按照职工工资总额的14%、2%、1.5%分别计提职工福利费、工会经费和职工教育经费。假设不考虑其他因素，也不考虑所得税的影响。

根据上述资料，长江公司计算其2023年7月份的职工薪酬金额如下：

应当计入生产成本的职工薪酬金额= 10+10×（15%+7.5%+14%+2%+1.5%）= 14（万元）

应当计入制造费用的职工薪酬金额= 4+4×（15%+7.5%+14%+2%+1.5%）= 5.6（万元）

应当计入管理费用的职工薪酬金额= 6+6×（15%+7.5%+14%+2%+1.5%）= 8.4（万元）

长江公司有关账务处理如下：

借：生产成本　　　　　　　　　　　　　　　　　140 000

　　制造费用　　　　　　　　　　　　　　　　　 56 000

　　管理费用　　　　　　　　　　　　　　　　　 84 000

　　贷：应付职工薪酬——工资　　　　　　　　　　　　　 200 000

　　　　　　　　　　——职工福利费　　　　　　　　　　　28 000

　　　　　　　　　　——社会保险费　　　　　　　　　　　30 000

　　　　　　　　　　——住房公积金　　　　　　　　　　　15 000

　　　　　　　　　　——工会经费　　　　　　　　　　　　 4 000

　　　　　　　　　　——职工教育经费　　　　　　　　　　 3 000

（三）其他应付款

企业除了在经营活动中所发生的应付账款以外，还存在与经营业务没有直接关系的其他应付款。比如企业在购买原材料过程中尚未支付的相应货款属于应付账款，而对于一些非商品交易业务中所未付的律师费、厂房的装修款等则是其他应付款的范畴。

"其他应付款"同样也是负债类科目，应当按照不同的项目或者是对方单位（或个人）进行明细核算。其他各类应付、暂收款项发生时，借记"管理费用"等账户，贷记"其他应付款"；对支付的其他各类应付、暂收款项，借记"其他应付款"账户，贷记"银行存款"等账户。

▶▶ 三、延伸业务活动的处理

（一）应交税费（taxs payable）

根据相关法律的规定，企业在经营过程中需要依法缴纳各种税费。一般而言，这些税费按照权责发生制原则进行确认和计提，对于应该上缴国家而暂时留在企业的未交税费，就会形成企业的一项负债，成为应交税费。

1.增值税及其相关会计科目设置

增值税可以理解为国家对于产品增值的部分征收的一种税。公司在加工、运送、销售产品的过程中，为了实现盈利也耗费了公共资源，因此需要对产品增值的部分征收增值税。

在增值税征收的过程中，可能会存在重复征税的情况，为此国家采取抵扣进项税额的办法，即企业购入原材料时所支付的增值税可以抵扣企业销售产品时需要缴纳的增值税。当然，企业要想抵扣进项税额，必须是增值税一般纳税人；如果企业是小规模纳税人，则不能抵扣进项税额。

增值税一般纳税人业务流程如图6-10所示。

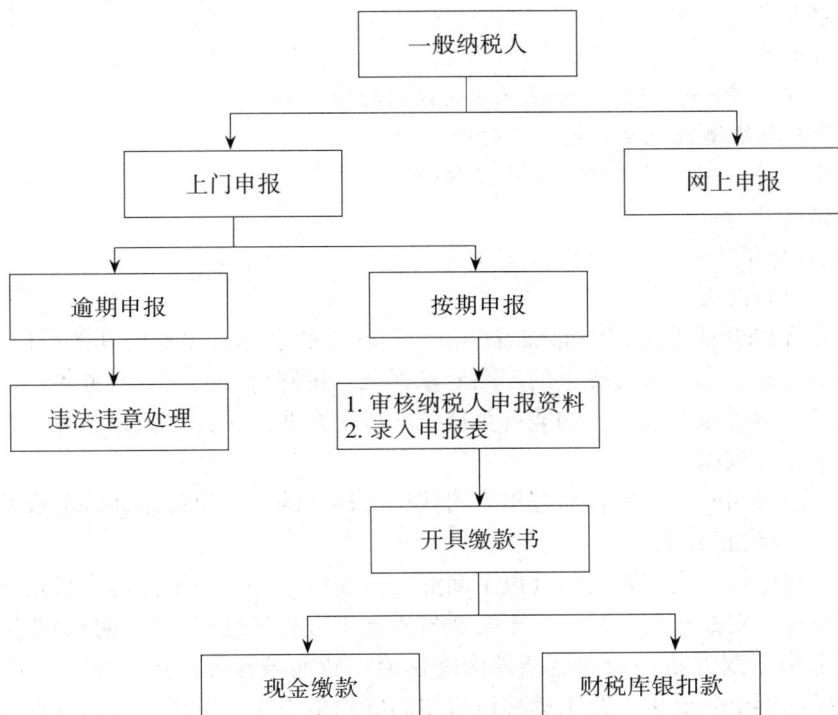

图6-10　增值税一般纳税人业务流程图

我国税法规定增值税纳税人可分为两种，按照经营规模进行划分，销售额较大、会计核算制度较为健全的可以成为一般纳税人；而未达到一定的销售额，未能建立起完善的会计核算体系的则是小规模纳税人。我们主要介绍一般纳税人的计税方法及会计科目设置。

增值税税率是指增值税的适用税率，即法定税率，现行增值税税率有13%、9%、6%、零税率共四档税率，用于增值税一般计税方法的计算，适用于一般纳税人。

一般纳税人销售货物、劳务、服务、无形资产和不动产（统称应税销售行为），应缴纳的税款为其当期销项税额扣除其当期进项税额后的余额。应纳税额计算公式如下：

应纳税额=当期销项税额-当期进项税额

销项税额=不含税销售额×税率

2.增值税一般纳税人涉税账务处理

【例6-6】长江公司为一般纳税人，2023年增值税部分经济业务及账务处理如下：

（1）5月购入A材料20万元，增值税进项税额2.6万元，发票当月已认证，款项当月支付。

借：原材料——A   200 000

  应交税费——应交增值税（进项税额） 26 000

   贷：银行存款   226 000

（2）5月对公司职工健身房进行改扩建，领用生产用原材料10 000元，该材料购入时适用的增值税税率为13%。

借：在建工程   11 300

   贷：原材料   10 000

    应交税费——应交增值税（进项税额转出） 1 300

（3）5月末缴纳增值税9万元，已转账支付。

借：应交税费——应交增值税（已交税金） 90 000

   贷：银行存款   90 000

（二）预计负债

1.预计负债的构成

由于企业在经营活动过程中面临着一系列不确定的事件，比如向其他单位提供担保、有尚未裁决的诉讼、向购买方提供的产品质量保证、特殊行业的弃置义务等，这些发生的可能性较大且金额可以合理估计的或有负债就构成了企业的预计负债，往往会在公司的财务报表附注中进行披露。

下面以上市公司永辉超市在财务报表附注中所标注的"未决诉讼仲裁形成的或有负债及其财务影响"项目为例。

六安世纪房地产开发有限公司（以下简称"六安世纪"）与子公司安徽永辉超市有限公司（以下简称"安徽永辉"）就位于安徽省六安市金安区红街二期部分物业签署了租赁合同，该物业由于双方就物业变更条件未能达成一致而被暂停改造工作。2017年，六安世纪向法院提起诉讼，要求安徽永辉赔偿房屋闲置租金损失、重新设计费用和改建费用共计人民币2 750万元，法院于2020年判决安徽永辉向六安世纪赔偿各项损失并承担相关诉讼费用共计人民币700万元。安徽永辉向地方高级人民法院申请再审并由地方高级人民法院立案通过，目前案件仍在审理中。永辉超市管理层认为尚无法对该案件的结果以及由该案件产生的损失或收益的可能性及金额进行可靠估计。鉴于目前诉讼涉及的标的额，集团认为，相关事项的最终解决，不会对本集团的经营成果、财务状况及现金流量造成重大不利影响。

（1）或有事项

或有事项，是指由于以前发生的交易或者事项形成的，须由未来事项的发生或不发生才能确定最终结果的不确定事项。商品的售后服务条款便是典型的或有事项，下面列举的是"三包"服务体系，即自售出之日起七天包退、一个月包换、三年包修的"三包"服务承诺：

七天包退：从售出之日起七日内，用户在正常使用的情况下，如果出现质量问题，用户可以选择退货、换货或者维修。

一个月包换：自售出之日起一个月内，用户在正常使用的情况下，如果出现质量问题，用户可选择换货或者修理。

三年包修：自售出之日起三年内，用户在正常使用的情况下，如果出现质量问题，并属于正常保修范围内，可以进行修理。

（2）或有资产与或有负债

或有资产和或有负债是或有事项的两种表现形式（见表6-3）。

表6-3　　　　　　　　　　　　　　　　或有资产与或有负债的划分

项目	含义	确认条件
或有资产	过去的交易或事项形成的潜在资产，其存在须通过未来不确定事项的发生或不发生来确认	作为一种潜在资产，具有较大的不确定性，只有随着经济形势的变化，通过一定的未来不确定事项的发生或不发生，才能确认它会不会形成真正意义上的企业资产
或有负债	过去的交易或事项形成的潜在义务，其存在须通过未来不确定事项的发生或不发生予以证实	过去的交易或事项形成的现时义务，履行该义务不是很可能导致经济利益流出企业或该义务的金额不能可靠地计量

（3）预计负债的认定

与或有事项有关的义务同时符合下列条件的，应当认定为预计负债：

①该义务是企业承担的现时义务。与或有事项相关的义务是企业目前承担的义务；企业在现时状态下没有其他的选择，只能履行该现时义务，比如说法律要求企业必须履行、有关各方合理预期企业应当履行等。

②履行该义务很可能导致经济利益流出企业。企业在负担与该或有事项相关的现时义务时，发生相关赔偿的可能性超过50%，但尚未达到基本确定的程度，概率小于或等于95%。

企业通常可以结合具体情况判断经济利益流出的可能性，见表6-4。

表6-4　　　　　　　　　　　　　　或有事项结果的可能性与对应概率

结果的可能性	对应的概率区间
基本确定	大于95%但小于100%
很可能	大于50%但小于或等于95%
可能	大于5%但小于或等于50%
极小可能	大于0但小于或等于5%

③该义务的金额能够可靠地计量。由于或有事项具有不确定性，与之相关的金额计量也具有不确定性。如果将或有事项确认为一项预计负债，该义务发生的金额就必须能够通

过合理的方法进行可靠的计量，这也是在确认负债时所需要达到的要求。

2.预计负债的会计核算

"预计负债"是用来核算企业确认的未决诉讼、对外提供担保、产品质量保证、亏损性合同、固定资产和矿区权益弃置义务、重组义务等事项，并按照形成预计负债的交易或事项进行明细核算。本科目贷方登记本期企业确认的预计负债金额，借方登记本期实际清偿或冲减的预计负债。对已确认的预计负债，根据确凿证据需要进行调整的，调整增加的预计负债，借记相关账户，贷记本账户；对调减的预计负债进行相反的会计核算。

【例6-7】2023年12月1日，长江公司因合同违约而被起诉。2023年12月31日，长江公司没有收到人民法院的裁定书。长江公司预计，将要支付的赔偿金额为200 000元～600 000元的某一金额，而且这一范围内各种结果发生的可能性大致相同，且包含10 000元诉讼费用。

则长江公司确定的预计负债金额为：

（200 000+600 000）÷2 = 400 000（元）

本期确认预计负债，编制会计分录如下：

借：营业外支出 390 000

 管理费用——诉讼费 10 000

 贷：预计负债 400 000

预计负债业务资金流向如图6-11所示。

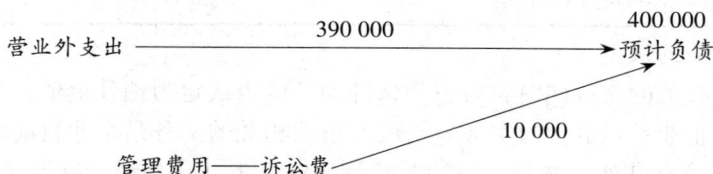

图6-11　预计负债业务资金流向图

【"四个面向"小课堂】

党的二十大强调"高质量发展是全面建设社会主义现代化国家的首要任务"。企业在这一过程中，通过建立健全内部控制制度，利用信息化技术优化库存管理，不仅能够提高资金的安全性和经营的稳定性，还能有效防范应付账款风险，促进企业与社会的和谐发展。在本章，我们学习到了企业在生产经营活动中所涉及的各种应付款项，它们也是企业在购买商品、材料、劳务交易中所形成的商业信用。企业正常的应付账款能够使企业拥有更多的自主权，这是有利无害的，然而，不正常的应付账款将会给企业和社会信用造成很大的负面影响，这就对企业的诚信经营与风险管理提出了更高的要求。

为了控制企业经营的稳定性与资金的安全性，就必须建立健全企业的内部控制制度、利用信息化管理技术加强库存管理、对企业风险进行转移等，这些措施对应付账款风险也具有很好的防范作用，促使诚信经营的良好社会风气持续蔓延。

●案例思考

于2001年开办在福建省的永辉超市，经过二十余年的迅速成长，实力雄厚，创下了令人瞩目的业绩，在行业内取得领先地位，并建立起良好的品牌形象。究其成功的原因，离不开供应活动中优秀的资金管理经验与其独创的业务模式。接下来我们一一进行探析：

1.供应商类型

永辉超市的供应商主要包括四个细分领域：生鲜及农产品、食品用品、服装、加工制品。对于生鲜及农产品、加工制品模块，供应商并不稳定，市场议价能力强，而且鲜活产品保质期短，对采购环节也提出了较高的要求；服装模块是永辉超市2007年新增的业务品种，知名度较低；食品用品模块的供应商是永辉超市优质、稳定的供应商，销售渠道稳定、经营风险小，资金的周期性需求尤其突出，然而资金融通较为困难。

2.供应商服务系统

随着行业数字化的转型，永辉超市独创了超市"供应商服务系统"，为了更好地与供应商建立联系，它面向数量庞大的供应商群体，提供订单需求发布、网上远程对账、退换货售后服务管理、产品结算管理等一系列功能。通过该网络系统，实时接收永辉超市的订单信息变得十分简单。另外，供货商按订单要求配货，对永辉超市提供的交易信息按月进行网上对账，办理结算，一目了然。

3.采购模式

永辉超市会根据商品特征，对不同的商品采取不同的采购策略，一般而言主要有统一采购与当地采购两种方式。

对于需求量较大、供应商不稳定的食品用品采用的是统一采购方式，充分发挥规模效应，降低单位产品采购成本。就福建省而言，省内部分门店由福建闽侯永辉商业有限公司负责统一采购，它是永辉超市的全资子公司，而其他地区则根据集团统一配送与当地采购成本孰低原则决定采购模式。

生鲜及农产品等周转速度快，保鲜要求高的产品，由门店直接在当地采购。

资料来源：作者根据公开资料整理而成。

阅读上述材料，查找有关资料，解答下列问题：

（1）在供应链管理中，企业如何通过优化供应商关系来提升供应链的效率和降低成本？请收集一家知名企业的供应链管理案例，分析其供应商关系管理策略，并探讨这些策略如何影响企业的整体绩效。

（2）在数字化转型的背景下，企业如何利用信息技术改进采购流程和应付款项管理？请收集一家成功实施数字化采购和应付款项管理的企业案例，分析其采用的技术和策略，以及这些变革如何提升企业的运营效率和财务透明度。

课后习题

一、单项选择题

1.企业对有确凿证据表明已不符合预付账款性质的预付账款，应将其金额转入（　　）科目，并计提坏账准备。

A.应收账款　　　　B.应收票据　　　　C.其他应收款　　　　D.应付账款

2.下列项目中，属于应收账款范围的是（　　）。

A.应向接受劳务单位收取的款项　　　　B.应收外单位的赔偿款

C.应收存出保证金　　　　　　　　　　D.应向职工收取的各种垫付款项

3.如果企业预收款项情况不多，可以将预收款项直接记入（　　）账户。

A.应付账款　　　　　B.应收账款　　　　　C.应付票据　　　　　D.应收票据

4.企业某项应收账款为 50 000 元，现金折扣条件为"2/10，1/20，n/30"，客户在第 20 天付款，应给予客户的现金折扣为（　　）。

A.1 000 元　　　　　B.750 元　　　　　C.500 元　　　　　D.0

5.企业某项应收账款为 100 000 元，现金折扣条件为"2/10，1/20，n/30"，客户在 10 天内付款，该企业实际收到的款项金额为（　　）元。

A.98 000　　　　　B.98 500　　　　　C.99 000　　　　　D.100 000

二、计算分析题

蓝天公司为电信服务运营企业，2024 年度发生的有关交易或事项如下：

（1）2024 年 11 月 1 日，蓝天公司与 A 公司签订合同，合同约定：从合同签订的次月 1 日起，蓝天公司为 A 公司提供网络接入和运营服务；A 公司每月向蓝天公司支付服务费 200 万元并同意在其游戏平台的页面上呈现蓝天公司的品牌标识。A 公司在其运营的游戏平台的页面上提供类似品牌广告的收费为每月 50 万元。

（2）2024 年 11 月 30 日，蓝天公司董事会批准了管理层提出的客户忠诚度计划，具体内容为：客户在蓝天公司每消费价值 100 元的通话服务，蓝天公司将在下月向其免费提供价值 10 元的通话服务。2024 年 12 月，客户消费了价值 10 000 万元的通话服务（假定均符合下月享受免费通话服务的条件），蓝天公司已收到全部款项。

（3）2024 年 12 月 10 日，蓝天公司推出预缴话费送手机活动，客户只需预缴话费 3 000 元，即可免费获得市价为 1 600 元、成本为 1 200 元的手机一部，并从参加活动的下月起未来 24 个月内每月享受价值 100 元、成本为 80 元的通话服务。当月共有 5 万名客户参与了此项活动。本题不考虑货币时间价值、相关税费及其他因素。

要求：根据资料（1）至（3），分别计算蓝天公司 2024 年 12 月应确认的收入金额，说明理由，并编制与收入确认相关的会计分录（无须编制与成本结转相关的会计分录）。

第七章　经营活动决策

第七章 经营活动决策

▶【本章导读】

　　市场经济体制下，企业自负盈亏，企业管理层将盈利作为企业管理的重中之重。会计人员的职责也从单纯的记账、核算提升到为管理层提供决策数据上来，参与企业的成本控制与销售定价。本量利分析从原材料的耗用水平和采购价格、产成品的销售价格等诸多方面进行研究、对比和分析，了解各个环节发生变化对利润的影响，判断企业的保本业务量，为企业完成利润指标提供数据支撑。

　　卓越公司是一家经营螺纹钢的企业，2024年螺纹钢销售单价为4 200元/吨，运费为40元/吨，仓储费为40元/吨，装卸费为30元/吨，进货单价为4 000元/吨。公司每年固定发生的费用有管理费用6 000元、销售费12 000元。公司总经理想弄清楚的是，需要销售多少吨产品才能既不盈利也不亏损？总经理将这一问题通过内部邮件系统发送至销售部全体员工，要求大家讨论。

　　销售部员工小王认为，公司发生的运费、装卸费等是在企业实际销售产品的过程中发生的，如果没有产品销售活动，则这些费用可以完全不发生。同时，有一些费用是固定不变的，即使没有销售活动也会发生。如果公司没有销售任何产品，收入为0，与销售产品相关的成本和费用也为0，因固定费用而亏损18 000元，即亏损来自固定发生的管理费用和销售费用。如果公司今年销售了100吨产品，则该部分产品实现的收入为420 000元，与此相关的成本和费用为411 000元，此时的利润为9 000元，而公司发生的固定费用为18 000元，最终亏损9 000元。由此，小王发现只有公司销售产品带来的利润能抵补固定费用18 000元时，才能达到既不盈利也不亏损的状态。

　　小王经过计算发现，在不考虑固定费用的情况下，每吨产品的销售可以为公司带来90元（4 200-4 000-40-40-30）的利润。当销售200吨产品时，扣除固定费用后的利润为0（90×200-18 000）。因此，公司至少需要完成200吨的产品销售目标。总经理最终采纳了这一观点，并提拔小王为销售部经理。小王的销量计算过程，就是在对企业成本进行分类的基础上，使用本量利分析方法制定销售目标。

　　资料来源：作者根据公开资料整理而成。

第一节　本量利分析概述

▶▶ 一、成本习性

成本习性的性态有三种，即固定成本、变动成本、混合成本。大多数企业的成本都可分为这三种成本性态。每一种成本性态在一个企业中所占比例构成该企业的成本结构。企业的成本结构对其决策有着重要影响。

1.固定成本（fixed cost）

固定成本，是指其总额在一定时期和一定业务量范围内不随业务量发生任何变动的那部分成本。固定成本主要有按直线法计提的折旧费、保险费、管理人员工资、办公费等。单位固定成本将随产量的增加而逐渐变小。

固定成本还可进一步区分为约束性固定成本和酌量性固定成本两类：

（1）约束性固定成本，属于企业经营能力成本，是企业为维持一定的业务量必须负担的最低成本，如厂房和机器设备的折旧费、长期租赁费等。企业的经营能力一经形成，在短期内很难有重大改变，因而这部分成本具有很大的约束性。

（2）酌量性固定成本，属于企业经营方针成本，是企业根据经营方针确定的一定时期（通常为一年）的成本，如广告费、开发费、职工培训费等。

应当指出的是，固定成本总额只是在一定时期和一定业务量范围（通常称为相关范围）内保持不变。

2.变动成本

变动成本（variable cost）是指在一定条件下，总额随业务量的变动而呈正比例变动的成本。制造业企业常见的变动成本一般包括产品成本中的直接材料成本和直接人工成本，制造费用中随业务量成正比例变动的物料用品费、燃料费、动力费，按销售量支付的销售佣金、包装费等。

（1）变动成本的特点

①成本总额随业务量的增减变动呈正比例变动，如图7-1所示。

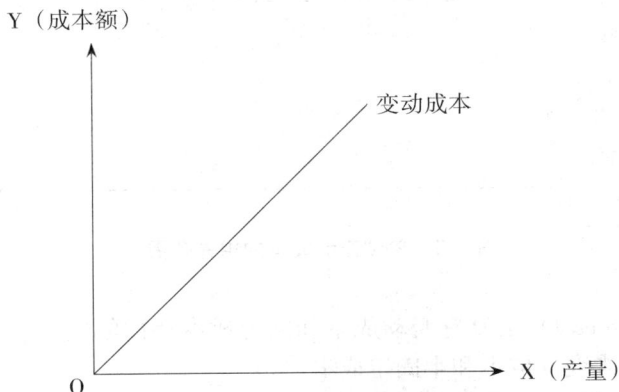

图7-1　成本总额随业务量增减变动图

②单位业务量的变动成本（即单位变动成本）不受业务量增减变动的影响而保持不变，如图7-2所示。

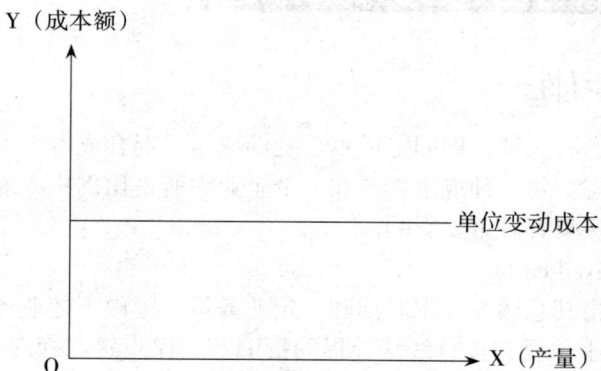

图7-2 单位变动成本随业务量增减变动图

（2）变动成本的分类

变动成本又可进一步分为约束性变动成本和酌量性变动成本。

①约束性变动成本是由产品的工艺设计所确定的，只要工艺技术及产品设计不改变，成本就不会变动。

②酌量性变动成本通常受管理层决策影响，有很大的选择性，例如，在不影响质量和单耗不变的前提下，企业可以在不同地区或不同供货单位采购到不同价格的某种原材料，其成本消耗就属于酌量性变动成本。

（3）变动成本的相关范围

变动成本与固定成本一样，变动成本与业务量之间的线性依存关系也是有条件的，即有一定的适用区间，如图7-3中的"相关范围"。

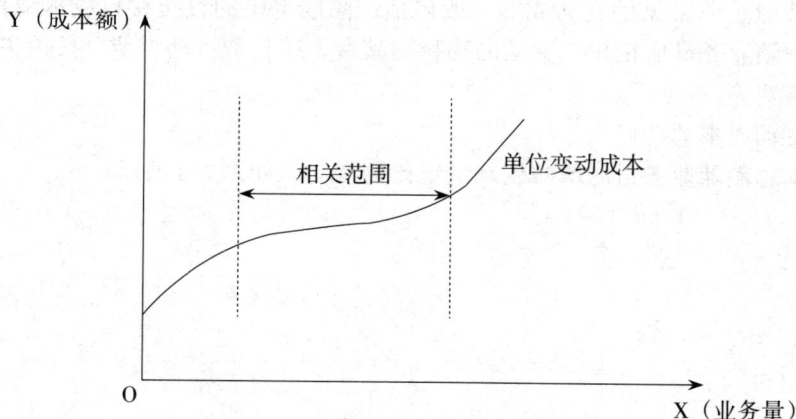

图7-3 单位变动成本的相关范围

3.混合成本

混合成本（mixed cost）是兼有变动成本和固定成本特性的成本。混合成本按其与业务量的关系又可分为半变动成本和半固定成本。

混合成本模型如图7-4所示。

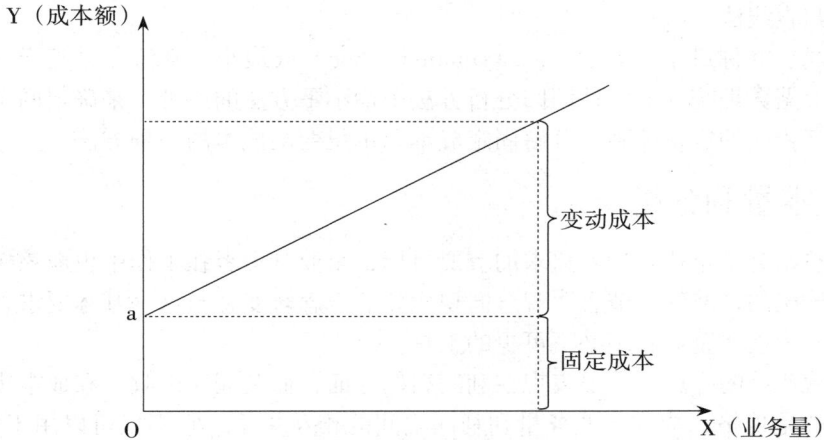

图7-4　混合成本模型

图7-4中，混合成本线是一条直线，混合成本与业务量之间的关系如下：

$y=a+bx$

式中：

y——混合成本；

a——固定成本总量（直线的截距）；

b——单位业务量的变动成本（直线的斜率）；

x——业务量。

在日常生活中，混合成本的例子几乎随处可见。例如，医院里为病人提供X射线诊断的成本就是混合成本。设备的折旧与人员的工资属于固定成本，但是X射线胶片和电力等都属于变动成本。航空公司的维护成本也是一种混合成本。其中，租用维修设备的费用、技术人员的工资，均属于固定成本，但是购买零配件、润滑油等材料的成本，就要随着飞机起降的次数和飞行里程而变化了。

混合成本中的固定部分代表着提供一项服务所需的最基本的成本，而混合成本中的变动成本则代表着此项服务的实际消耗量。可变部分在混合成本中所占的比例随着服务量的多少而变化。

管理人员通过分析以往各种业务活动水平上混合成本的变化规律，估算并分解混合成本中的固定成本与变动成本。混合成本分解的方法通常有散点图法和线性回归法等。

（1）散点图法

散点图法（dot graph method）是根据历史成本资料，绘制各期成本的散点图，按目测的成本变动趋势画出成本直线，确定出的截距即固定成本，然后据以计算单位变动成本的一种成本分解方法。散点图法将所有的成本数据考虑在内，而不仅仅是最高最低的两点，是一种较为精确的混合成本分析方法。

散点图法的缺点是比较主观，用同样的数据、同样的方法，两位分析师不可能绘制出两条完全一致的回归线。企业管理者希望能有一种方法可以给出准确的答案，无论谁使用这种方法进行分析，都会得出相同的结果。

（2）回归直线法

回归直线法亦称最小平方法（least square method）或最小二乘法，是基于一系列历史成本资料，根据数理统计的线性回归分析方法中最小平方法的原理，来确定两个或两个以上变量间相互依赖的定量关系，分解固定成本和单位变动成本的一种方法。

▶▶　二、本量利分析

经济效益始终是企业管理者追求的首要目标，企业管理者在工作中也应该树立成本效益观念，由传统的"节约、节省"观念向现代效益观念转变。与这一基本要求相适应，本量利分析就成为现代企业管理必不可少的工具。

企业经营业绩的好坏，主要表现在利润高低方面，而利润又由收入和成本决定。本量利分析研究的是价格、成本、业务量和利润之间的相互关系，它不仅可以用于保本预测、确保目标利润实现的业务量预测等，也可以用于生产决策、定价决策和投资不确定性分析等。

一家餐饮企业可以通过本量利分析，为餐厅的经营决策提供建议。当企业的利润率不符合预期时，管理层想要调整经营策略，是调高菜品价格还是打折促销？是减少服务人员数量，还是调整管理人员薪资？调整后企业利润是否得到改善？可以通过本、量、利之间的关系，得到新销售额、新成本情况下的盈亏平衡信息或目标利润实现信息，继而判断经营策略调整的有效性。本量利分析的作用可以归纳为以下几点：

1.有助于企业做出科学的经营决策

在企业的短期经营决策和长期投资决策中，多会涉及产销量、价格、成本和利润问题，运用本量利分析可以反映出它们之间关联性，为管理层提供科学的决策依据，从而做出正确的决策。

2.合理制定企业目标规划

企业目标规划是企业经营管理的重要环节，是企业发展的风向标。成本、销售量（额）和利润作为企业经营管理中的重要指标，通过分析成本、销售量（额）等相关因素变动对利润的影响，有利于为企业制订产销计划、成本计划、利润计划提供合理的依据，有效地为企业明确任务方向，促进企业持续、稳健发展。

3.有利于科学地考核和评价经营成果和效果

对于利润目标完成情况，本量利分析方法能够科学地找出利润变动的影响因素及影响数额，促使企业根据影响因素的不同特性采取不同的控制措施，挖掘降成本增效益的潜力。同时，正确分析成本和利润，可以为企业划清内部单位之间的经济责任，为正确考核经营成果提供可靠的依据，并对内部责任单位的经营成果和效果进行科学的评价。

▶▶　三、基本公式和相关假设

1.基本公式

利润是销售收入与总成本之间的差，销售收入=单价×销量，总成本=变动成本+固定成本=单位变动成本×产量+固定成本。假设销量与产量相等，利润、销量、单价、单位变动成本以及固定成本五个变量可以用公式进行描述，见表7-1。

表7-1　　　　　　　　　　　　　　　　　变量计算公式表

公式	备注
px−（a+bx）= P 即：销售收入总额−（固定成本总额 + 变动成本总额） = 营业利润总额	p——销售单价； x——销售数量； a——固定成本总额； b——单位变动成本； P——利润总额

　　通过对公式中的五个变量进行计算和分析，可以得到一系列指标，如盈亏平衡点、保利点等。

　　2.相关范围和线性关系假设

　　（1）成本性态假设

　　本量利分析是建立在成本按性态划分的基础上的一种分析方法，所以成本按性态划分也是本量利分析的基本假设。

　　在相关范围内，固定成本总额保持不变，用函数表示为y=a，而变动成本总额与业务量成正比例关系，用函数表示为y=bx，因此成本总额用函数表示为y=a+bx，成本总额与业务量呈线性关系。当业务量发生变动时，固定成本总额、单位变动成本以及销售价格并不会发生变化，也就是在这种假设下，当处于特定的范围内时，成本总额和销售额呈线性关系。

　　（2）品种结构稳定假设

　　品种结构稳定是指企业同时生产和销售多种产品时，每种产品的销售收入占总销售收入的比重保持稳定。由于各产品对利润的影响不一样，如果产品销售结构发生变化，就会导致预期利润与实际利润产生变化，进而对本量利分析产生影响。所以，在进行本量利分析时，要假设产品品种结构稳定。

　　（3）产销平衡假设

　　产销平衡是指产品的生产量等于销售量。在该假设下，企业的生产量就是销售量，生产成本等于销售成本，不考虑存货变动对利润的影响。由于供求关系会对价格产生影响，当供过于求时，价格会下降，当供不应求时，价格会上涨，进而影响收入与成本的配比关系，不利于本量利分析。

　　本量利分析法的优势明显，但也存在一些局限性，必须合理利用，发挥这一分析方法的最大效果。

　　3.贡献毛益

　　贡献毛益（contribution margin）的概念在企业经营中非常重要。它告诉管理者，一定要了解公司固定成本的金额，这个数字是关键、是底线。把握该数字后，可以测算出来必须卖出去多少产品才能使产生的贡献毛益额大于固定成本。弥补了企业发生的所有固定成本后，如有多余，才能构成企业的利润。

　　贡献毛益又称边际贡献，是指产品销售收入超过其变动成本以后的余额，实质就是产品为盈利做出的贡献，是企业利润的源泉。其计算公式如下：

　　贡献毛益=销售收入（销售额）−变动成本

贡献毛益有贡献毛益总额、单位贡献毛益和贡献毛益率三种表现形式，与之相关的又有变动成本率这一指标，具体计算见表7-2。

表7-2　　　　　　　　　　　　贡献毛益及相关指标计算表

指标	计算公式	含义
贡献毛益总额（total contribution margin）	$Tcm=px-bx=(p-b)x$	产品的销售收入总额与变动成本总额之间的差额
单位贡献毛益（unit contribution margin）	$cm=p-b$ 或 $cm=Tcm/x$	产品的单价与单位变动成本之间的差额
贡献毛益率（contribution margin ratio）	$cmR = Tcm\div px \times100\%$	贡献毛益总额占销售收入总额或单位贡献毛益占单价的百分比。它是一个相对数指标，反映了产品创造利润的能力，表示每百元销售收入所能提供的贡献毛益额，该指标是判断产品盈利能力大小的主要依据
变动成本率（variable cost ratio）	$bR=bx\div px\times100\%$	变动成本总额占销售收入总额或单位变动成本占单价的百分比。它是与贡献毛益率存在互补关系的指标。变动成本率越高，贡献毛益率就越低；反之，变动成本率越低，贡献毛益率就越高

资料来源：作者根据公开资料整理而成。

第二节　本量利分析的决策运用

一、盈亏平衡决策

任何企业都是为了谋取利润的经济组织，其出发点和归宿都是盈利。在企业的生产经营中，必须完成多少业务量才能使企业获得的收入弥补并超过付出的成本，是每一个企业的决策者都十分关心的问题，也是盈亏平衡分析研究的内容。

盈亏平衡点既是通向盈利的门户，也是坠入亏损的入口。盈亏平衡分析（break-even analysis）是本量利分析方法的重要组成部分，它是一种通过分析产品成本、销售量和销售利润这三个变量之间的关系，掌握盈亏变化的临界点（保本点）而进行选择的方法。它研究的核心问题是，当公司的销售额低于何种水平时公司将发生亏损。

盈亏平衡分析能够预测企业的"保本点"，顾名思义，保本就是不挣钱也不亏钱。保本点就是指总销售收入和总成本相等，既无盈利，也不亏损，正好保本的销售量（额）。

保本点又称"盈亏平衡点"。当企业销售量（额）正好处于盈亏平衡点时，利润为零；当销售量（额）低于盈亏平衡点时，将发生亏损；当销售量（额）高于盈亏平衡点时，则会获得利润。盈亏平衡点越低，说明项目盈利的可能性越大，亏损的可能性越小，因而项目有较大的抗经营风险能力。

由盈亏平衡点的定义即可引出盈亏平衡分析的两种方法——方程法和贡献毛益法。

1.方程法

将利润表的计算程序用方程表示：

销售额−（变动成本+固定成本）=利润

销售额=变动成本+固定成本+利润

在盈亏平衡点上，利润为零，即销售额等于变动成本与固定成本之和。

【例7-1】长江公司生产B产品400件，2023年8月产品信息见表7-3。

表7-3　　　　　　　　　　　　　长江公司B产品信息　　　　　　　　　　　　单位：元

项目	合计	单位产品
销售价格	100 000	250
变动成本	60 000	150
固定成本	35 000	

本月B产品盈亏平衡的销量为：

$250x=150x+35\ 000+0$

$x=350$（件）

这时B产品销售额为87 500元（350×250）。

有时单位变动成本与单位产品销售价格的具体数额是未知的，但单位变动成本在单位产品销售价格中所占比重已知（例如：单位变动成本/单位产品销售价格=0.60），在这种情况下，盈亏平衡点计算如下：

销售额=变动成本+固定成本+利润

$x=0.60x+$固定成本+利润

即　$x=0.60x+35\ 000+0$

$x=87\ 500$（元）

在实际的预测分析中，有些公司常常只能得知变动成本在产品销售额中所占的比重，而难以知道确切的绝对数，因此上述方法对推算盈亏平衡点非常有用。但要注意的是，用这种方法计算出的盈亏平衡点是达到盈亏相等时的销售额水平，而不是销售量，就是说上述例子中的"x"是销售额。要用这种方法求得盈亏平衡时的销售量，就要知道确切的产品售价，如上例中单位产品售价为250元，那么盈亏平衡销售量为350件（87 500÷250）。

【"四个面向"小课堂】

党的二十大报告指出，"教育是国之大计、党之大计。培养什么人、怎样培养人、为谁培养人是教育的根本问题"。我们可以将大学期间获得的知识、经验和能力视为一种"收入"。为了实现个人发展的盈亏平衡甚至"盈利"，大学生应该积极参与学术研究、社会实践和创新活动，不断提升自身的综合素质和专业能力。同时，要注重个人品德的修养，培养社会主义核心价值观，以实现全面发展。通过这样的方式，不仅可以在大学期间积累宝贵的"收入"，还能为未来的职业生涯打下坚实的基础。

读书能获得知识、经验，培养能力，树立价值观，同时也需要付出成本代价。以上大学为例，请问付出的代价中哪些是固定成本，哪些是变动成本？如果将获得的知识、经验和能力视作收入，该如何度过大学生涯才能达到或超过盈亏平衡呢？

2.贡献毛益法

贡献毛益法是上述方程法的变形。这种方法的原理前面已经提到，即每销售一件产品，就应当得到一定量的贡献毛益以补偿固定成本。盈亏平衡点的计算公式如下：

盈亏平衡点（销售量）=固定成本/单位贡献毛益

【例 7-2】承【例 7-1】，长江公司 B 产品的单位贡献毛益为 100 元（产品售价 250 元减去单位变动成本 150 元），固定成本总额为 35 000 元。

盈亏平衡点销售量=35 000÷100=350（件）

B 产品的贡献毛益率=（10 000-6 000）÷10 000=0.4

这意味着，B 产品的销售额每增加 1 元，其贡献毛益额将增加 0.4 元，若固定成本保持不变，利润也将增加 0.4 元。

贡献毛益法在公司生产多种产品，希望将所有产品作为一个整体计算单一的盈亏平衡点时比较简便。

▶▶　二、目标利润决策

目标利润是指企业在一定时期内争取达到的利润目标，将目标利润引进本量利分析的基本模型，在单价和成本水平既定、确定目标利润实现的前提下，可以确定达到目标利润对应的产品业务量（销售量）。

1.保利点及其计算

保利点分析是盈亏平衡点分析的延伸和拓展，具体可用保利量和保利额两个指标表示。

根据本量利分析的基本公式得到：

目标利润=销售单价×保利量-单位变动成本×保利量-固定成本

保利量=（固定成本+目标利润）/（销售单价-单位变动成本）

　　　=（固定成本+目标利润）/单位贡献毛益

保利额=销售单价×保利量

　　　=（固定成本+目标利润）/贡献毛益率

　　　=（固定成本+目标利润）/（1-变动成本率）

这里的目标利润是指尚未扣除所得税的利润。

【例 7-3】在做过市场研究后，长江公司本年度决定生产销售一种新产品。根据估计，这种新产品能以目标售价 200 元/件售出，根据产品的工艺设计测算，单位变动成本为 50 元；为保证新产品正常上线生产，购置专用设备及相关支出发生的专属固定成本预计为每年 20 万元，公司年目标利润总额为 280 万元。

本例中已知单位变动成本和固定成本，目标销售价格、目标利润也已确定，根据上述资料预计年目标销售量。

设目标销售量为 Q 件，根据本量利公式计算如下：

目标利润总额=（单价-单位变动成本）×销售量-专属固定成本

则 2 800 000 =（200-50）Q -200 000

Q =（2 800 000 + 200 000）÷（200-50）= 20 000（件）

可知，为实现公司预计年目标利润总额，年目标销售量为 2 万件。

　　如果企业在经营活动开始之前，根据有关收支状况确定了目标利润，就可以计算为实现目标利润而必须达到的销售数量和销售金额（保利点）。通常情况下企业要实现目标利润，在其他因素不变时，销售数量或销售价格应提高，而固定成本或单位变动成本则应降低。

　　2.保净利点及其计算

　　由于税后利润（即净利润）是影响企业生产经营现金流量的真正因素，所以，进行税后利润的规划和分析更符合企业生产经营的需要。因此，应该进行保净利点的计算。保净利点是指实现目标净利润的业务量。其中，目标净利润就是目标利润扣除所得税后的利润。

　　目标净利润=目标利润×（1-所得税税率）

　　相应的，保净利点公式可以写成：

　　保净利量=［固定成本＋目标净利润/（1-所得税税率）］/（销售单价-单位变动成本）

　　保净利额=［固定成本＋目标净利润/（1-所得税税率）］/贡献毛益率

　　【例7-4】承【例7-3】，假定长江公司所得税税率为25%，本年将新产品的年目标净利润确定为280万元。

　　新产品贡献毛益率=（200-50）÷200×100%=75%

　　保净利量=［200 000+2 800 000/（1-25%）］÷（200-50）≈26 223（件）

　　保净利额=［200 000+2 800 000/（1-25%）］÷75%≈5 244 444.44（元）

● 案例思考

　　星巴克作为连锁巨头，其门店在中国的扩张速度不可谓不快，其将咖啡与服务完美地结合在一起。星巴克的咖啡价格与同行的咖啡价格相比较高，以星巴克的一杯中杯（星巴克的规格有中杯、大杯和超大杯）美式咖啡进行成本核算。一杯中杯美式咖啡售价为27元，需要耗费20克咖啡豆和一个一次性纸杯。根据市场价，1千克较高品质的熟咖啡豆的价格一般在100元左右，20克熟咖啡豆的成本为2元，一个一次性纸杯的成本一般为0.6元。因此，一杯中杯美式咖啡的原料成本为2.6元（2+0.6）。仅仅从原料成本来看，一杯中杯美式咖啡的利润空间为13.4~23.4元。很多人会根据原料成本分析得出星巴克的销售价格属于"暴利"，这种看法是否正确？咖啡的成本不仅仅包括原料成本，还应计算运营成本，分别包括——人工（约5.5%）、水电广告（约20%）、房租（约14.3%）、设备折旧（约4%）、其他成本（约5%）、行政开支（约4.4%）。根据各项成本比重，一杯中杯美式咖啡的运营成本约为14.4元（27×（5.5%+20%+14.3%+4%+5%+4.4%））。因此，一杯中杯美式咖啡的总成本为17元（2.6+14.4）（不含税金），按照这样计算，一杯中杯美式咖啡的利润为10元（27-17）。星巴克的定价如此之高还因为星巴克服务的增值效果，其将门店氛围营造得很温馨，让客人从进入门店的那一刻起就开始消费，排队、饮用……整个过程都蕴藏着一种隐形的增值服务。正是因为星巴克对成本和利润的把控，才使其逐渐走上连锁咖啡业霸主的地位。

　　资料来源：作者根据公开资料整理而成。

　　阅读上述材料，查找有关资料，解答下列问题：

（1）星巴克对咖啡的定价采用了成本核算的哪些知识点？

（2）你认为星巴克在中国的定价是否合理？

（3）企业的盈亏平衡分析是管理决策中的重要工具。请搜集一家上市公司的年报，并结合其财务数据，使用本量利分析方法计算该公司的盈亏平衡点。分析该公司的经营策略如何影响其盈亏平衡点，并探讨在不同市场环境下，公司应如何调整策略以优化其盈利能力。

（4）在企业经营活动中，成本习性对决策有着重要影响。请搜集一家企业的年报，分析其固定成本和变动成本的结构，并讨论在不同市场条件下，这种成本结构如何影响企业的利润规划和经营策略。同时，结合本章内容，探讨企业如何通过调整成本结构来提高其对市场变化的适应能力和盈利潜力。

● 课后习题

一、单项选择题

1.当新产品开发的品种决策方案中涉及追加专用成本时，可考虑使用（   ）法进行决策。

    A.单位资源贡献边际分析　　　　　　　　B.贡献边际总额分析

    C.差量分析　　　　　　　　　　　　　　D.相关成本分析

2.有关产品是否进行深加工决策中，深加工前半成品成本属于（   ）。

    A.估算成本　　　　B.重置成本　　　　C.机会成本　　　　D.沉没成本

3.在短期经营决策中，企业不接受特殊价格追加订货的原因是买方出价低于（   ）。

    A.正常价格　　　B.单位产品成本　　　C.单位变动成本　　　D.单位固定成本

4.在零部件自制或外购的决策中，如果零部件的需用量尚不确定，应采用的决策方法是（   ）。

    A.相关损益分析法　　B.差别损益分析法　　C.相关成本分析法　　D.成本无差别点法

5.在经济决策中应由中选的最优方案负担的、按所放弃的次优方案潜在收益计算的资源损失，即所选最优方案的（   ）。

    A.增量成本　　　　B.加工成本　　　　C.机会成本　　　　D.专属成本

二、计算分析题

1.七一电器厂研制生产一种新型电器产品，年生产能力为20万只，根据市场预测年销量为12万只，全年固定成本为400万元，该产品单位售价为300元，单位变动成本为200元，计划年度目标利润为1 450万元。为完成目标利润，厂长召开会议研究对策。经反复探讨，认为在目前价格条件下再增加销量不可能，但有一兄弟厂，愿意在降价30%的情况下包销剩余的8万只电器产品。

要求：

（1）作出是否同意兄弟厂包销计划的决策；

（2）计算为达到目标利润1 450万元，剩余的8万只产品的最低定价。

2.光辉灯具厂每年需要耗用塑料灯罩100 000只，该厂以前一直是自己生产，每个灯罩的单位变动成本为0.8元，全部的固定成本为120 000元。现有一厂商愿意提供塑料灯罩成品，每只定价2.1元，并保证每年供应所需数量。光辉灯具厂如果改自制为外购，原来的固定资产可以生产塑料玩具15 000个，每个塑料玩具单位售价5元。制造塑料玩具的成本资料如下：直接材料30 000元，直接人工6 000元，变动制造费用4 000元，固定成本12 000元。

要求：

（1）请决策是自制还是外购塑料灯罩。

（2）如果制造塑料玩具的固定成本降为10 000元，是否要改变以上决策？为什么？

第八章　生产性投资活动

第八章　生产性投资活动

【本章导读】

随着市场经济的不断发展，投资已经成为企业发展中的重要活动之一。企业的投资活动可分为对内投资和对外投资。其中，对外投资是将闲置资金投资给其他企业，以此提高资金利用效率，进而实现资本增值；对内投资主要包括购买固定资产、无形资产研发等企业生产经营投资，目的是保障各类企业生产经营活动的持续有效推进，为企业自身带来经营利益。本章主要介绍对内投资，包括投资于与企业生产经营和研究开发能力密切相关的固定资产和无形资产等方面。

比亚迪集团在中国可谓是家喻户晓。这家企业的主营业务是家用汽车制造、商用轿车生产以及电池生产。1995年比亚迪刚刚成立时，员工只有20多人。到2003年，比亚迪已经成功发展为全球规模第二大的充电电池制造商。同年，比亚迪组建了汽车部门。

比亚迪自品牌创建以来，始终谙熟企业自主研发与技术创新的重要意义，并适时提出了"技术为王、创新为本"的发展理念。目前，该公司技术研发团队拥有约11万名工程师，建立了多个具有企业自身特色的综合技术开发平台，形成了多类产品的自主研发经验储备，积累了大量数据资料，公司全年的自主研发费用超过300亿元，累计研发投入超过1 600亿元。

近年来，动力电池领域随着新能源汽车事业的快速发展逐渐火热起来。作为业内率先深度布局这一全新领域的高科技企业，比亚迪在车用动力电池方面更是进展迅速，并于2020年正式推出旗下新一代电池产品——"刀片电池"。因出色的研发能力和制造能力，比亚迪公司的市场表现优异，2024年12月股票市值高达8 200亿元左右。

资料来源：作者根据公开资料整理而成。

第一节　固定资产

一、固定资产的界定与确认

组建一家公司，需要初始投资人投入一笔钱，这笔钱可能会变成厂房、设备等固定资产（fixed assets），这笔钱花出去了，就成为沉没成本，即以往发生的但与当前决策无关的费用。要想把它赚回来，公司就要用这些固定资产生产产品并销售出去或者提供服务。在不牺牲其生产价值的前提下，某项资产能够被重新配置于其他替代用途或达到被替代的程度，就是资产专用性。

比如，为了正常开展各类经营活动，长江公司购进了办公楼、仓库以及一些机械设备和办公设备，这些都是企业进行生产经营所必需的资源，将它们体现在财务报表里就属于固定资产。

在会计学中，为生产商品、提供劳务、出租或经营管理而持有的，使用寿命超过一个会计年度的有形资产，称为固定资产。对于制造业企业来说，固定资产通常包括房屋、建筑物、机器设备等。此外，企业的资产种类、数量繁多，为了便于管理和监督，企业可以结合自身情况对固定资产进行分类（见表8-1）。

表8-1 　　　　　　　　　　　　固定资产的确认条件和分类标准

确认条件	①与该固定资产有关的经济利益很可能流入企业 ②该固定资产的成本能够可靠计量		
分类标准	经济用途	生产经营用固定资产	厂房、机器设备、仓库、销售场所、运输车辆等
		非生产经营用固定资产	职工宿舍、食堂、托儿所、幼儿园、浴室、医务室、图书馆以及科研院所等使用的房屋、设备等
	使用情况	使用中	正在使用的各种固定资产，包括由于季节性和大修理等原因暂时停用以及存放在使用部门以备替换使用的机器设备
		未使用	尚未投入使用的新增固定资产和经批准停止使用的固定资产
		不需用	不需用、准备处理的固定资产
	产权归属	自有、接受投资、租入	
	实物形态	房屋及建筑物、机器设备、电子设备、运输设备及其他设备	
	使用期限	按固定资产最短使用期限分为5年、10年、20年	5年：如电子设备和火车、轮船以外的运输工具，以及与生产经营有关的器具、工具、家具等固定资产 10年：如火车、轮船、机器、机械和其他生产设备 20年：如房屋、建筑物等固定资产

▶▶ 二、信息披露与列报

没有房屋和建筑物，企业就没有固定办公场所；没有办公设备，企业就无法正常办公；缺少运输设备、机械设备等，企业就不能完成产品的制造和运输。不难看出，固定资产对企业经营起到了非常重要的作用。

那么，企业为什么要在财务报表中披露与固定资产相关的信息呢？固定资产的真实情况对企业经营具有很大影响。近年来，一些企业管理者通过改变固定资产折旧方法进行财务舞弊，严重损害了企业自身和投资者的利益。而财务报表是为企业利益相关者服务的，为了保证他们及时了解企业固定资产增减变动、使用和保管等情况，并增加企业外部的监督，企业应当在财务报表附注中披露与固定资产有关的信息（见表8-2）。

　　下面以长江公司为例，简要介绍企业财务报表中披露的有关固定资产的信息。长江公司20×3年年报中对于固定资产的信息披露，见表8-3、表8-4、表8-5。

表8-2　　　　　　　　　　　　　　固定资产信息披露的主要内容

附注中披露的与固定资产有关的信息	固定资产的确认条件、分类、计量基础和折旧方法
	各类固定资产的使用寿命、预计净残值和折旧率
	各类固定资产的期初和期末原价、累计折旧及固定资产减值准备累计金额
	当期确认的折旧费用
	对固定资产所有权的限制及其金额和用于担保的固定资产账面价值
	准备处置的固定资产名称、账面价值、公允价值、预计处置费用和预计处置时间等

表8-3　　　　　　　　　　　长江公司20×3年固定资产附注　　　　　　　　　单位：元

项目	期末余额	期初余额
固定资产	600 393.68	555 834.84
固定资产清理		
合计	600 393.68	555 834.84

资料来源：作者根据公开资料整理而成。

表8-4　　　　　　　　　　　　　长江公司固定资产情况　　　　　　　　　　　单位：元

项目	房屋及建筑物	机器设备	运输工具	办公设备	其他	合计
一、账面原值						
1. 期初余额	292 742.62	626 490.69	3 862.86	26 492.74	58 334.87	1 007 923.78
2. 本期增加额						
（1）购置	2 510.81	29 669.15	102.97	1 205.57	1 089.84	34 578.34
（2）在建工程转入	21 237.24	60 245.38	510.08	3 764.37	5 818.22	91 575.29
（3）企业合并增加	0	557.56	6.86	16.72	0	581.14
3. 本期减少额						
处置或报废	2 291.94	17 813.85	251.75	992.58	2 437.94	23 788.06
4. 汇率变动及其他	1 442.30	8 948.49	−78.77	118.24	1 078.72	11 508.98
5. 期末余额	315 641.03	708 097.42	4 152.25	30 605.06	63 883.71	1 122 379.47
二、累计折旧						
1. 期初余额	90 768.47	320 703.07	2 381.41	15 777.28	21 505.62	451 135.85
2. 本期增加额						

续表

项目	房屋及建筑物	机器设备	运输工具	办公设备	其他	合计
（1）计提	13 622.13	55 549.87	455.07	3 986.72	10 233.74	83 847.53
（2）企业合并增加	0	35.46	1.99	11.13	0	48.58
3. 本期减少额						
处置或报废	735.02	14 912.84	154.33	882.56	2 266.93	18 951.68
4. 汇率变动及其他	852.09	2 846.73	−7.51	160.83	1 103.31	4 955.45
5. 期末余额	104 507.67	364 222.29	2 676.63	19 053.40	30 575.74	521 035.73
三、减值准备						
1. 期初余额	571.72	324.06	2.2	4.87	50.24	953.09
2. 本期增加额						
（1）计提	0	56.64	0	0.17	0	56.81
（2）企业合并增加						
3. 本期减少额						
处置或报废	2.44	3.56	0	0.10	0	6.10
4. 汇率变动及其他	−17.28	−31.42	−0.03	−0.17	−4.84	−53.75
5. 期末余额	552.00	345.72	2.17	4.77	45.40	950.06
四、账面价值						
1. 期末账面价值	210 581.36	343 529.41	1 473.45	11 546.89	33 262.57	600 393.68
2. 期初账面价值	201 402.43	305 463.56	1 479.25	10 710.59	36 779.01	555 834.84

资料来源：作者根据公开资料整理而成。

表8-5　　　　　　　　　　　　长江公司固定资产折旧方法

资产类别	折旧方法	折旧年限（年）	残值率
房屋及建筑物	年限平均法	8 ~ 40	0 ~ 5%
机器设备	年限平均法	4 ~ 20	0 ~ 5%
运输工具	年限平均法	5 ~ 10	0 ~ 5%
办公及其他设备	年限平均法	3 ~ 10	0 ~ 5%

资料来源：作者根据公开资料整理而成。

（1）20×3 年 1 月 1 日后新购进的专门用于研发的各种仪器、设备，金额在 100 万元以下的，一次性计入当期成本费用。

（2）20×3 年 1 月 1 日后新购进的专门用于研发的各种仪器、设备，金额超过 100 万元的，折旧年限见表 8-6。

表8-6　　　　　　　　　　　　　长江公司新购进设备折旧办法

资产类别	折旧年限
机器设备	6年
电子设备	2年

固定资产的减值测试方法、减值准备计提方法如下：期末或年度终了，对固定资产逐项进行检查。如果该项资产由于市价持续下跌或技术陈旧、损坏、长期闲置等原因导致其可收回金额低于账面价值，那么，按照该固定资产的可收回金额低于其账面价值的差额计提固定资产减值准备。固定资产减值准备应按单项资产计提。

财务报表附注中说明了该公司固定资产的折旧计算方法、减值测试方法和减值准备计提方法，并且对于各类固定资产的期初原值和期末原值、累计折旧及固定资产减值准备累计金额也进行了详细列示。

▶▶ 三、基本经济事项

（一）固定资产的初始计量

企业取得固定资产的方式有很多种，比如从其他厂家那里购买机器设备，进口小汽车，自行建造办公大楼和厂房，接受他人捐赠等。在取得固定资产之后，要对其取得成本进行确定。

在不同取得方式下，固定资产的成本计量方法也不一样，但其共同点可以简单归纳为：企业购建的某项固定资产达到预定可使用状态前所发生的一切合理、必要的支出。

1. 外购固定资产

比如，长江公司从 A 电梯生产公司那里买了两部电梯，需要 A 公司提供安装服务，电梯安装好之后才能投入使用。在这种情况下，取得成本就不仅包括电梯的价格，而且包括安装电梯花费的材料成本、支付给安装工人的薪酬等。这种需要安装的固定资产，应该通过中转账户"在建工程"核算，要将花费的所有成本全都记入此账户；等到资产达到预定可使用状态之后，再将其转入"固定资产"账户。但是，如果长江公司买的是办公桌椅，它们属于买了就能用的东西，那么，直接按照购买价格记入"固定资产"就可以。

具体的会计核算归纳在表 8-7 中。

表8-7　　　　　　　　　　　　　固定资产入账会计分录

不需要安装的固定资产	借：固定资产 　　应交税费——应交增值税（进项税额） 　贷：银行存款等	
需要安装的固定资产	购入固定资产	借：在建工程 　　应交税费——应交增值税（进项税额） 　贷：银行存款等
	安装固定资产	借：在建工程 　贷：原材料、应付职工薪酬等
	达到预定可使用状态 后转入固定资产账户	借：固定资产 　贷：在建工程

2.自行建造固定资产

如果长江公司决定盖一个仓库，用于储存货物，并购买了砖瓦、水泥、钢筋等材料，请建筑队来施工，就属于以自营方式建造固定资产；如果长江公司采用招标方式，把工程项目出包给建筑公司 B，由 B 公司全面负责组织施工，就属于以出包方式建造固定资产。自营和出包方式下固定资产成本计量见表 8-8。

表8-8　　　　　　　　　　　　　自营和出包方式下固定资产成本计量

自营方式	按照直接材料、直接人工、直接机械施工费等计量成本
出包方式	成本由建造的该项固定资产达到预定可使用状态前所发生的必要支出构成，包括发生的建筑工程支出、安装工程支出以及需分摊计入固定资产价值的待摊支出

为了方便起见，在实务中很多企业选择出包方式；也有些企业（如特斯拉）为避免假手他人带来不确定的生产风险而选择自建工厂，马斯克说，"漂亮的工厂也是吸引人才的一个方面，要让这里看上去就像是圣诞老人工作的地方"。

【例 8-1】长江公司是增值税一般纳税人。2024 年 12 月 1 日，长江公司购入一条需要安装的生产线，取得的增值税专用发票上注明的生产线价款为 20 万元，增值税税额为 2.6 万元，款项以银行存款支付，没有发生其他相关税费。2024 年 12 月 1 日，长江公司开始以自营方式安装该生产线。安装期间领用生产用原材料实际成本为 2 万元，材料购进时的增值税为 0.26 万元，发生安装工人工资 5 万元，没有发生其他相关税费。该原材料未计提存货跌价准备。2024 年 12 月 31 日，该生产线达到预定可使用状态，当日投入使用。

与该固定资产购建业务相关的会计分录如下：

（1）2024 年 12 月 1 日，购入该生产线。

借：在建工程　　　　　　　　　　　　　　　　　　　　　　　　200 000
　　应交税费——应交增值税（进项税额）　　　　　　　　　　　26 000
　　　贷：银行存款　　　　　　　　　　　　　　　　　　　　　　　　226 000

（2）2024 年 12 月，该生产线安装期间。

借：在建工程　　　　　　　　　　　　　　　　　　　　　　　　70 000
　　　贷：原材料　　　　　　　　　　　　　　　　　　　　　　　　　20 000
　　　　　应付职工薪酬　　　　　　　　　　　　　　　　　　　　　　50 000

（3）2024 年 12 月 31 日，该生产线达到预定可使用状态。

借：固定资产　　　　　　　　　　　　　　　　　　　　　　　　270 000
　　　贷：在建工程　　　　　　　　　　　　　　　　　　　　　　　　270 000

3.其他方式取得固定资产

除了外购固定资产和自行建造固定资产以外，企业还可以通过投资者投入和接受捐赠的方式取得固定资产。

在接受投资者投入时，如果合同或协议约定的价值公允，则按照合同或协议约定的价值入账；否则，应该确认其公允价值并按照公允价值入账。在接受捐赠的时候，公司应该按照相关凭证上标明的金额加上应支付的相关税费确定入账金额；若没有提供凭证，则按照活跃市场上同类或相似固定资产价格加相关税费，或按接受捐赠的固定资产的预计未来现金流量现值加相关税费确定入账金额。

（二）固定资产折旧

固定资产会在持续进行的企业生产经营活动中长期发挥作用。尽管其实物形态没有发生特别大的变化，但其价值越来越低，这是因为一些有形损耗和无形损耗在生产过程中不断产生，而这部分价值已经逐渐转移到所生产的产品中或者构成各种费用。随着固定资产的损耗逐渐转移出去的价值，就是固定资产折旧。

会计准则要求固定资产计提折旧，这是因为，计提折旧能够将产品的成本构成真实反映出来，也能将固定资产的剩余价值反映出来。如果固定资产不计提折旧，则其价值得不到回收，将永远按照全新的价值分摊，使得产品的价格和成本持续处于高位。除了影响产品成本和企业利润外，固定资产折旧的计提还会对税收产生影响。

1.折旧的概念和性质

以 X 公司投资给长江公司的生产线为例，它们有着高昂的价格和较长的使用期限（通常在 10 年以上）。在使用过程中，尽管该生产线的外观、形态没有发生较大变化，但是生产线用久了会磨损，生产效率会降低，其价值在使用过程中难免越来越小。

固定资产有一个很重要的特征，就是它能够一边保持原有实物形态，一边连续在若干生产周期内发挥作用，而它的价值是伴随着磨损逐渐转移到所生产的产品中去的。那么，折旧应该如何定义？简单来说，折旧就是在固定资产的使用期间内因耗用、磨损、过时等原因导致的价值减少。

2.折旧的范围

企业应当对所拥有的固定资产（不管是否在用）计提折旧，但是要注意以下情况：

（1）已提足折旧但仍继续使用的固定资产不需要再计提折旧；

（2）按规定单独估价作为固定资产入账的土地不需要计提折旧；

（3）当月增加的固定资产，下月才开始计提折旧；当月减少的固定资产，当月仍要计提折旧；

（4）达到预定可使用状态但未竣工结算的固定资产，按暂估价值计提折旧，竣工结算后可以调整原来的暂估价值，但是不需要调整以前计提的折旧额；

（5）更新改造期间不需要计提折旧。

3.固定资产折旧方法

房屋、建筑物这类固定资产，使用情况较为稳定；建筑施工设备的损耗情况随着实际工作量的增减而变化；而对于一些技术进步较快的企业（如汽车制造企业、电子生产企业和船舶工业企业）来说，它们的机器设备常年超强度使用，在使用前期消耗较大，在使用后期消耗较小。

会计上很注重收入与费用的配比，收入高，相应地，费用也高，比如有的固定资产能给企业带来高额利润，这时候就应该考虑使用加速折旧法。因此，计提折旧的方法应该根据与固定资产有关的经济流入的预期确定。

固定资产折旧方法有直线法和加速折旧法两大类。其中，直线法又包括年限平均法和工作量法；加速折旧法分为双倍余额递减法和年数总和法。加速折旧法使折旧费用呈递减趋势，而企业缴纳的所得税呈递增趋势，这实质上可以使企业获得一笔无息贷款。从这个意义上讲，折旧政策可以被视为一项宏观经济政策，用于鼓励某一行业的发展或刺激投资。按照现行企业所得税法及其实施条例规定，对于由于技术进步，产品更新换代较快的固定资产，以及常年处于强震动、高腐蚀状态的固定资产，可以采取加速折旧的方法。这一规定没有行业限制，覆盖了包含制造业在内的所有行业的企业。2019 年，财政部、国家税务总局联合发布了《关于扩大固定资产加速折旧优惠政策适用范围的公告》（财政部税务总局公告 2019 年第 66 号），将适用固定资产加速折旧优惠的行业范围扩大至全部制造业领域，进一步鼓励企业扩大投资，促进产业技术升级换代。固定资产折旧方法一经确定，不得随意变更。各种折旧方法的含义、计算公式和优缺点列于表 8-9。

表8-9　　　　　　　　　固定资产折旧方法的含义、计算公式和优缺点

折旧方法		含义	计算公式	优缺点
直线法	年限平均法	将固定资产的应计折旧额在固定资产整个预计使用年限内平均分摊，主要适用于房屋、建筑物等固定资产的折旧计算	年折旧率=（1-预计净残值率)/预计使用寿命×100%　月折旧率=年折旧率/12　月折旧额=固定资产原价×月折旧率	简单明了、易于掌握，但折旧费用在各期保持不变，不符合配比的原则
	工作量法	根据实际工作量计算每期应计提折旧额的一种方法，适用于单位价值较高但各月的工作量或工作时间数不均衡的固定资产	单位工作量折旧额=［固定资产原始价值×（1-预计净残值率)]/预计总工作量　某项固定资产某月折旧额=该项固定资产当月工作量/单位工作量折旧额	将固定资产折旧与固定资产的实际工作量联系起来，但未考虑修理费用递增、收入递减等因素的影响
加速折旧法	双倍余额递减法	使用年限最后两年的前面各年，用年限平均法得到的折旧率的两倍作为固定的折旧率乘以逐年递减的固定资产期初净值，得出各年应提折旧额；最后两年改用年限平均法，将倒数第二年年初的固定资产账面净值扣除预计净残值后的余额在这两年平均分摊	年折旧率=2/预计使用年限×100%　年折旧额=固定资产年初账面净值×年折旧率	符合稳健性和配比原则，降低固定资产使用风险，加快固定资产折旧速度，固定资产使用成本比较均衡
	年数总和法	用固定资产原值减去预计净残值后的净额，乘以一个逐年递减的分数（称为年折旧率），计算折旧额	年折旧率=尚可使用年数/预计使用年限的年数总和×100%　年折旧额=（固定资产原始价值-预计净残值）×年折旧率	加快固定资产折旧速度，使固定资产成本尽快得到补偿，有推迟纳税的好处，有利于固定资产更新

【例 8-2】长江公司一台设备的原始价值为 24 000 元，预计净残值为 1 500 元，预计使用年限为 5 年，分别采用年限平均法、双倍余额递减法和年数总和法计算该设备的折旧（见表 8-10 至表 8-12）。

表 8-10　　　　　　　　　　　　　　年限平均法　　　　　　　　　　　　　　单位：元

年序	年折旧额	累计折旧额
1	（24 000-1 500）/5 = 4 500	4 500
2	4 500	9 000
3	4 500	13 500
4	4 500	18 000
5	4 500	22 500

表 8-11　　　　　　　　　　　　　双倍余额递减法　　　　　　　　　　　　　单位：元

年序	年折旧额	累计折旧额
1	24 000×2/5 = 9 600	9 600
2	（24 000-9 600）×2/5 = 5 760	15 360
3	（24 000-15 360）×2/5 = 3 456	18 816
4	（24 000-18 816-1 500）/2= 1 842	20 658
5	（24 000-18 816-1 500）/2= 1 842	22 500

表 8-12　　　　　　　　　　　　　　年数总和法　　　　　　　　　　　金额单位：元

年序	尚可使用年限	折旧率	年折旧额	累计折旧额
1	5	5/15	7 500	7 500
2	4	4/15	6 000	13 500
3	3	3/15	4 500	18 000
4	2	2/15	3 000	21 000
5	1	1/15	1 500	22 500

由表 8-10 至表 8-12 可以看出，采用双倍余额递减法、年数总和法与采用年限平均法相比，长江公司在较早年度的折旧额明显更高，可以在设备性能较好、产能较高时多提折旧，实现收入与费用的配比。

4.折旧计提的变更

一般来说，长江公司应当对全部固定资产按月计提折旧，还要考虑到资产的不同用途，把折旧分别计入相关资产的成本或当期损益。此外，长江公司至少应当于每年年度终了，对固定资产的使用寿命、预计净残值和折旧方法进行复核。如果固定资产的使用寿命、预计净残值确定变更，则需要调整原值。如果有确凿证据表明，与固定资产有关的经济利益预期实现方式有重大改变的，可以更改固定资产折旧方法。

（三）固定资产的后续支出

购入的设备在投入使用之后发生损耗是不可避免的。新技术的发展、使用效能的维护或提升都要求企业不定时地对各种设备进行日常维护或定期大修理，这些因维护、改建、扩建或改良而发生的开支就是固定资产的后续支出。

通常情况下，如果固定资产原有性能、结构甚至用途发生改变，或者发生金额较大的固定资产改良支出，就应该资本化，计入固定资产账面价值。而一些金额较小，不满足固定资产确认条件的修理费用、装修费用，则应该费用化，在发生的时候直接计入当期损益。比如，企业行政管理部门发生的固定资产修理费用等后续支出应计入管理费用。

（四）固定资产的减值

资产的更新换代会影响资产本身的市场价值，相关资产的陈旧、过时也在一定程度上影响固定资产的使用。举个简单的例子，长江公司的一台笔记本电脑经过三四年的使用后变得非常卡顿，这时候它肯定没有之前购买时那么值钱了。出于会计谨慎性原则的考虑，为了反映它目前的价值，就要把现在的实际价值与账面上所记录的价值之间的差额扣除，也就是计提减值。

那么，如何判断何时计提减值呢？这就要求企业在资产负债表日对固定资产进行综合评估，判断是否存在减值迹象，一旦存在减值迹象（见表8-13），就应计提固定资产减值准备。

表8-13 固定资产减值判断

固定 资产 减值 迹象	固定资产市价大幅度下跌，其跌幅远远高于因时间推移或正常使用而预计的下跌幅度，并且预计在近期内不可能恢复
	企业所处经营环境（如技术、市场、经济、法律环境）或者产品销售市场在当期或者近期发生重大变化，并对企业产生负面影响
	同期市场利率等大幅度提高，很可能影响企业计算固定资产可收回金额的折现率，导致固定资产的可收回金额大幅度降低
	固定资产陈旧、过时或者发生实体损坏
	固定资产预计使用方式发生重大的不利变化，如企业计划终止或重组该资产所属的经营业务、提前处置资产等情形

计提固定资产减值准备的步骤如下：第一步，确定固定资产的可收回金额；第二步，确定固定资产的账面价值，也就是固定资产的原价与已计提的减值准备和累计折旧的差额；第三步，将二者进行比较，如果可收回金额低于其账面价值，就要按照二者的差额计

提减值准备，并计入当期损益。

企业应当设置"固定资产减值准备"科目对减值准备进行核算。为了防止人为操纵利润，减值一经确认，以后期间不得转回。确认减值之后，企业应该对未来期间的折旧额进行相应的调整，使得固定资产账面价值在剩余使用寿命内系统分摊。

在实务中，存在有些企业大量计提资产减值准备的现象。比如，浙江华铁应急设备科技股份有限公司（以下简称"华铁应急"）于 2018 年计提数额高达 1.43 亿元的固定资产减值准备。分析其动机，其一可能是防止合同纠纷形成的或有事项对公司业绩造成大幅影响，其二可能是华铁应急与某些管理者之间存在利益输送。华铁应急利用计提固定资产减值准备的方式火速摆脱困境的可能性较大。公司在缺乏调研的情况下贸然进入虚拟货币投资圈，最终不得已用这样的手段抛掉这个烫手山芋，这体现出公司治理和内部控制存在诸多问题，也给管理层敲响了警钟，管理层应当审视行业未来的发展趋势，慎重跨界，加强公司的内部控制，同时，应当在企业财务报告中充分披露资产减值准备涉及的相关事项，遵循市场价值规律，公允反映企业资产价值，谨慎计提资产减值准备。

【例 8-3】长江公司 2021 年 12 月购入管理用固定资产并投入使用，购置成本为 10 万元，预计使用年限为 10 年，预计净残值为零，采用年限平均法计提折旧。2024 年年末，长江公司对该项固定资产进行的减值测试表明，其可收回金额为 5.9 万元。假定计提或转回固定资产减值准备不影响固定资产预计使用年限和净残值。

要求：编制 2021 年至 2024 年该项固定资产计提折旧、计提（或转回）减值准备的会计分录。

该固定资产于 2021 年 12 月投入使用，本月不计提折旧，从下月开始计提折旧。

2022 年计提折旧=（100 000-0）/10=10 000（元）

借：管理费用　　　　　　　　　　　　　　　　　　　　　　　10 000

　　贷：累计折旧　　　　　　　　　　　　　　　　　　　　　　　10 000

2023 年和 2024 年计提折旧及其会计分录与 2022 年相同。2024 年 12 月 31 日计提减值准备如下：

计提减值准备=（100 000-10 000×3）-59 000=11 000（元）

借：资产减值损失　　　　　　　　　　　　　　　　　　　　　11 000

　　贷：固定资产减值准备　　　　　　　　　　　　　　　　　　　11 000

（五）固定资产的处置

任何企业的固定资产都不可能是一成不变的，用坏了、磨损了就要用新的来替代。既有新的固定资产进入，也有旧的固定资产撤出。

长江公司处置固定资产的方法很多，可以将不使用或不需要的卖给他人，可以把坏了的设备卖废品，也可以用自己的固定资产与其他企业交换原材料、设备等。

固定资产的处置所包含的范围很广，包括固定资产的出售、报废、毁损、对外投资、债务重组等。在进行核算时，应先结转固定资产的账面价值，再计算有关的清理收入、清理费用及残料价值，最后结转处置或报废净损益。

固定资产处置和报废的会计处理见表 8-14。

表8–14 　　　　　　　　　　　固定资产处置和报废的会计处理

固定资产终止确认条件	（1）该资产处于处置状态 （2）该资产预计通过使用不能产生经济利益	
固定资产账面价值转入清理	借：固定资产清理 　　累计折旧 　　固定资产减值准备 　贷：固定资产	
发生清理费用等支出	借：固定资产清理 　贷：银行存款	
出售收入、残料收入、过失人赔偿等	借：银行存款 　贷：固定资产清理 　　应交税费——应交增值税（销项税额）	
结转处置、报废净损益	借：固定资产清理 　贷：资产处置损益（资产处置） 　　营业外收入（资产报废）	借：资产处置损益（资产处置） 　　营业外支出（资产报废） 　贷：固定资产清理

　　根据国家法律和行政法规、国际公约等规定，企业还需要承担环境保护和生态恢复等义务，这部分支出就是弃置费用。弃置费用发生于特殊行业特定固定资产，比如矿山、核电、油田等企业固定资产的弃置和恢复环境义务。一般工商企业的固定资产发生的报废清理费用不属于弃置费用，在发生时作为固定资产处置费用处理。

　　在固定资产弃置费用的会计处理上，由于弃置费用的金额与其现值相比通常相差较大，需要考虑货币时间价值，因此，企业应将弃置费用的现值计入相关的固定资产成本，同时根据《企业会计准则第13号——或有事项》的规定，确认相应的预计负债。在固定资产使用寿命期内，按照预计负债的摊余成本和实际利率计算确定的利息费用于发生时计入财务费用。

▶▶ 四、延伸业务活动的处理

（一）租入固定资产

　　如果企业目前急需某个设备，但是没有足够资金去买，应该怎么办呢？企业可以同拥有该设备的其他企业或者租赁公司签订合同，租用其设备来满足自身生产需要。图8-1为南方航空2020年度承租情况。

　　租赁，就是在一定期间内，出租人将资产的使用权让与承租人以获取对价的业务方式。租出设备的是出租人，租入设备的是承租人。

　　租赁方式能够帮助承租人解决资金短缺的问题，有助于降低资产陈旧的风险，便于企业对设备升级换代，保持技术领先。此外，租赁协议的限制条款较少，方式也比较灵活。

承租情况			
本集团：			
出租方名称	租赁资产种类	2020 年	2019 年
南航集团（i）	土地及房屋	185	188
南航国际融资租赁（ii）	飞机、发动机及飞行设备	4 670	2 696
南航建设（iii）	房屋	165	165
其他	土地及房屋	—	5
本公司：			
出租方名称	租赁资产种类	2020 年	2019 年
南航集团（i）	土地及房屋	168	188
南航国际融资租赁（ii）	飞机、发动机及飞行设备	4 230	2 266
南航建设（iii）	房屋	165	165
其他	土地及房屋	—	5

图8-1　南方航空2020年度承租情况

资料来源：中国南方航空.中国南方航空2020年度报告［EB/OL］.（2021-03-31）.https：//file.finance.sina.com.cn/211.154.219.97：9494/MRGG/CNSE SH_STOCK/2021/2021-3/2021-03-31/6997224.PDF.

租期结束后，承租人在处置设备时有多种选择，如退还、续租、留购，这种做法在很大程度上为企业提供了便利，也避免了不必要的支出。对于很多企业来说，资金不是一直都能周转开的，因此不难理解为什么租赁方式变得越来越流行。

（二）固定资产的管理

随着社会经济的高速发展，很多企业在大力扩张规模的同时，也常常被固定资产的管理难题困扰。由于固定资产种类多、所属部门分散，管理难度不小，传统的手工录入效率低下，并且在固定资产和财务管理上容易出错，难以满足现代企业管理的需求。

固定资产管理作为企业经营发展中的重要环节，是衡量一家企业综合实力的关键要素，也能够帮助企业提升固定资产使用效率。比如，很多医疗企业为了提高医疗设备利用率、降低使用成本、减少医疗设备损耗与浪费、提升医院的经济效益，建立了医疗设备管理系统，将医疗设备作为管理对象，对进销存、维修保养等进行信息化管理。因此，在企业发展速度越来越快、经营成本越来越高的同时，如何使固定资产管理保持全面、高效，就成为企业管理工作中急需解决的问题。固定资产管理系统示例如图 8-2所示。

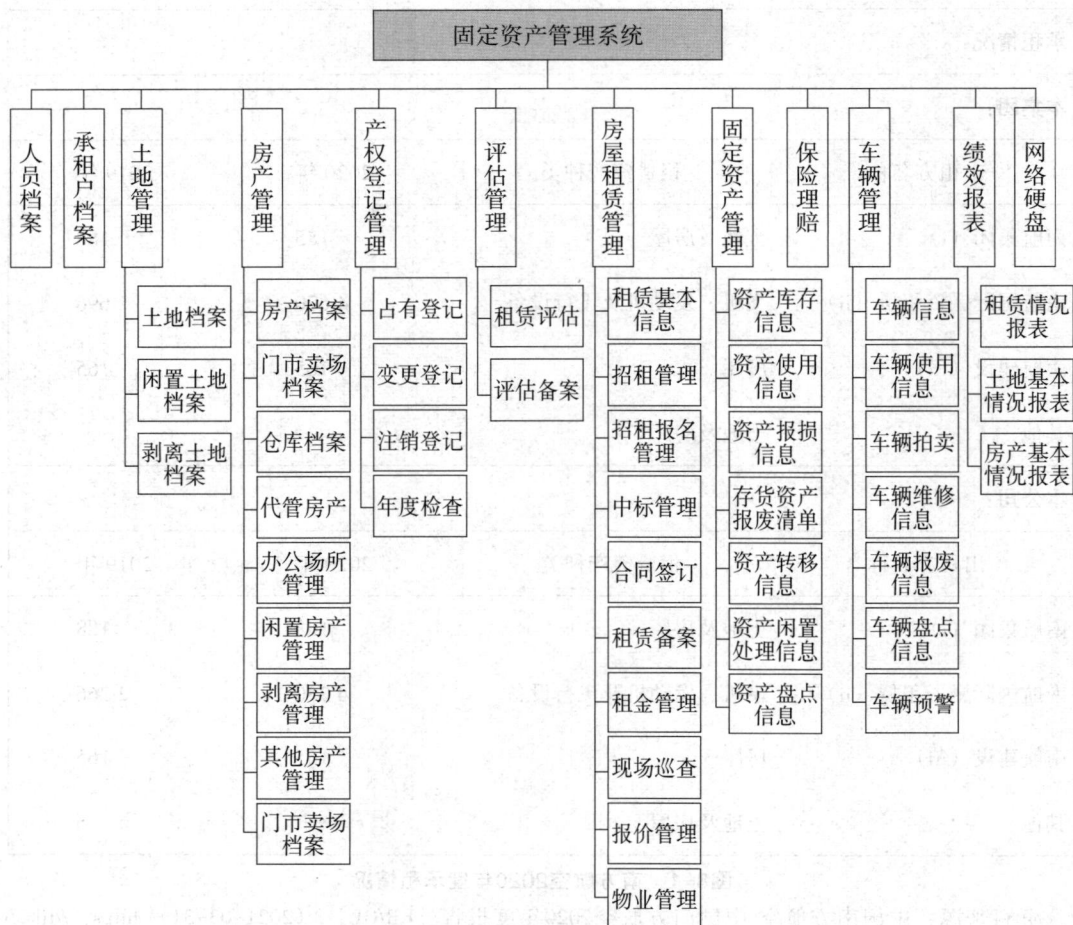

图8-2 固定资产管理系统示例

为了全面、有效管理企业固定资产，企业可以建立标准的固定资产管理制度，从规则上进行约束，还可以引入固定资产管理系统，从流程上起到直接提升的效果。企业引入固定资产管理系统，利用现代化信息技术对固定资产进行精细化管理，应用丰富多样的模块功能帮助企业优化流程、降本增效，全面实现固定资产管理水平的提升。

此外，企业规模越大，固定资产的管理越复杂。如果管理不到位，固定资产很可能被占用、流失甚至损毁；如果资产调拨或报废的账务处理不及时，也可能导致账账、账实出现不一致的情况。因此，定期或不定期的清查是非常重要的，有助于防止企业资产流失。

固定资产盘点的最终目的是确保账实相符，即会计账簿记录和实物、款项实有数相符。如果在盘点过程中发现"我们买了多少东西"和"我们现在有多少东西"之间存在差异，则要根据最终形成的盘点报告和盘点结果说明具体盘亏或盘盈了多少。

固定资产清查每年至少一次。要按照企业资产管理规定，结合各单位实际情况，经过财务部门与管理部门共同商讨，成立清查小组进行盘查。

固定资产清查流程如图 8-3 所示。

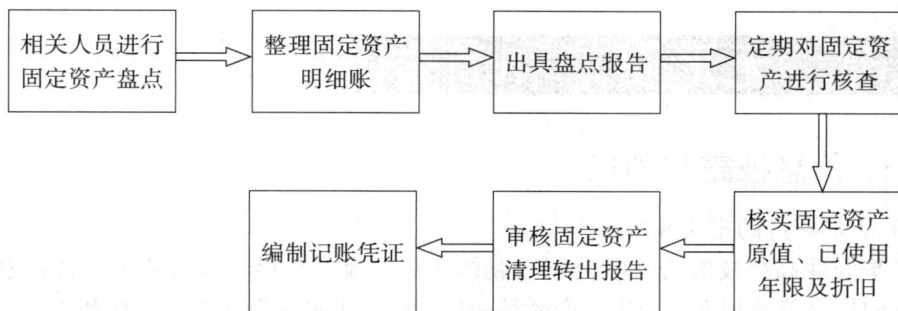

图8-3 固定资产清查流程

资料来源：作者根据公开资料整理而成。

1.固定资产盘亏

比如，长江公司在固定资产清查过程中发现少了一台机床，这就属于盘亏。发生盘亏时，长江公司应当将其账面价值转入"待处理财产损溢"账户；按管理权限报经批准后处理时，按照能够收回的赔偿金额，记入"其他应收款"账户（见表8-15）。

表8-15 固定资产盘亏的会计处理

盘亏发生时	借：待处理财产损溢 　　累计折旧 　贷：固定资产
报经批准后处理时	借：其他应收款 　　营业外支出 　贷：待处理财产损溢

2.固定资产盘盈

个别情况下，企业会发现自己盘点出的实物比账上的多。但是，固定资产的价值较高、使用期限较长，盘盈的情况比较少见，也不正常。固定资产如果盘盈，很可能会影响到财务报表使用者对企业以前年度财务状况、经营成果和现金流量的判断。

因此，固定资产盘盈比较特殊，应将其作为前期差错处理，通过"以前年度损益调整"科目核算，便于在一定程度上控制人为调节利润的可能性（见表8-16）。

表8-16 固定资产盘盈的会计处理

盘盈发生时	借：固定资产 　贷：以前年度损益调整
调整以前年度所得税	借：以前年度损益调整 　贷：应交税费——应交所得税
结转以前年度损益调整	借：以前年度损益调整 　贷：盈余公积——法定盈余公积 　　　利润分配——未分配利润

第二节　无形资产和商誉

▶▶ 一、信息披露与列报

（一）无形资产的定义及特征

袁隆平农业高科技股份有限公司（股票简称：隆平高科）主要从事高科技农作物种子、种苗的培育繁殖和推广销售，产品品种包括杂交水稻、杂交辣椒、西甜瓜等。

该公司的一项无形资产非常特殊，就是著名科学家袁隆平先生的名字。在公司存续期间，公司可以将"袁隆平"用于股份公司的名称以及公司股票上市时的股票简称，代价是向袁隆平先生支付姓名权使用费 580 万元。根据有关资产评估事务所评估，"袁隆平"三个字的品牌价值高达 1 008.9 亿元。[①]

无形的财富，是很多企业经营者常常提到的一个概念。口碑信誉、商业品牌、科学技术、客户关系、公共形象、知识产权、经验教训、专业人才和管理能力等都被认为是企业所拥有的无形的财富，这就是无形资产（intangible assets）。无形资产的定义、范围和特征见表 8-17。

表8-17　　　　　　　　　　　无形资产的定义、范围和特征

定义	企业拥有或控制的没有实物形态的、可辨认的非货币性资产
范围	专利权、非专利技术、商标权、著作权、土地使用权、特许经营权等
特征	由企业拥有或者控制并且能为企业带来未来经济利益
	不具有实物形态：体现某种权利、某项技术或者获得某种超额利润的能力，本身不具有实物形态，却能提高企业的经济效益
	具有可辨认性：能从企业中分离或者划分出来，并且可以单独用于出售或者转让
	具有可辨认性：源于合同性权利或其他法定权利
	属于非货币性资产

（二）无形资产在财务报表中的披露

无形资产是企业自主创新能力、市场竞争力及企业获得收益的重要指标。企业的无形资产、知识产权信息不论是利好还是利空，都不能隐瞒，更不能发布模糊甚至虚假的信息。对于投资者来说，不让其了解上市公司的无形资产信息是不公平的。企业应当按照无形资产的类别在附注中披露与无形资产有关的信息（见表 8-18）。

---

① 资料来源：智隆财务. 袁隆平品牌价值被评估为 1 008.9 亿！无形资产评估都有哪些好处？[EB/OL]. (2020-09-16). https://baijiahao.baidu.com/s? id=1677979696659023344.

表8-18　　　　　　　　　　　　　　　　无形资产信息披露

在附注中披露与无形资产有关的信息	无形资产的期初和期末账面余额、累计摊销额及减值准备累计金额
	对于使用寿命有限的无形资产，披露其使用寿命的估计情况
	对于使用寿命不确定的无形资产，披露其使用寿命不确定的判断依据
	无形资产的摊销方法
	用于担保的无形资产账面价值、当期摊销额等情况
	计入当期损益和确认为无形资产的研究开发支出金额
	准备处置的无形资产名称、账面价值、公允价值、预计处置费用和预计处置时间等

　　仍然以长江公司为例，简要介绍财务报表中披露的与无形资产有关的信息。长江公司20×3年年报中对于无形资产的信息披露见表8-19。

表8-19　　　　　　　　　长江公司20×3年无形资产情况　　　　　　　　　单位：元

项目	专有技术	特许使用权	土地使用权	商标权	应用管理软件及其他	合计
一、账面原值						
1.期初余额	40 914.91	92 833.04	32 355.56	51 659.53	106 887.16	324 650.21
2.本期增加额						
（1）购置		207.97	11 294.52		10 024.32	21 526.81
（2）内部研发	2 530.02				6 837.60	9 367.62
（3）企业合并增加		2 111.83	10.14		287.66	2 409.63
3.本期减少额						
处置或报废		573.68	3.49		3 132.96	3 710.13
4.汇率变动及其他	806.70	4 498.16	183.70	2 104.29	−499.59	7 093.27
5.期末余额	44 251.62	99 077.34	43 840.44	53 763.82	120 404.20	361 337.42
二、累计摊销						
1.期初余额	23 554.53	20 259.86	4 931.87		65 314.62	114 060.89
2.本期增加额						
（1）计提	3 943.94	3 153.68	787.18		17 069.73	24 954.53
（2）企业合并增加		36.83	4.66		102.63	144.11
3.本期减少额						
处置或报废		13.63			1 858.69	1 872.31

续表

项目	专有技术	特许使用权	土地使用权	商标权	应用管理软件及其他	合计
4.汇率变动及其他	497.50	596.12	5.94		1 020.54	2 120.10
5.期末余额	27 995.97	24 032.87	5 729.66		81 648.83	139 407.32
三、减值准备						
1.期初余额					471.70	471.70
2.本期增加额						
（1）计提		1 326.46			1.18	1 327.64
（2）企业合并增加						
3.本期减少额						
处置或报废						
4.汇率变动及其他		6.15				6.15
5.期末余额		1 332.61			472.87	1 805.48
四、账面价值						
1.期末账面价值	16 255.65	73 711.86	38 110.78	53 763.82	38 282.50	220 124.61
2.期初账面价值	17 360.37	72 573.18	27 423.69	51 659.53	41 100.85	210 117.63

资料来源：作者根据公开资料整理而成。表中数据存在尾差。

（三）无形资产的分类

无形资产可以按不同标准进行分类，见表8-20。

表8-20 无形资产分类

分类标准	具体类别
取得方式	外购无形资产 自创无形资产
使用寿命是否确定	使用寿命有限的无形资产，如专利权、商标权、特许经营权、版权等 使用寿命不确定的无形资产，如非专利技术、永久性特许经营权、商号、秘密配方等

▶▶ 二、无形资产的研发

在知识经济时代，创新是高新技术企业之魂。要衡量高新技术企业发展后劲，可以关注该企业每年的研发投入。华为公司CFO孟晚舟曾表示："研发投入要像跑马拉松，而不是百米冲刺。"华为能在竞争激烈的通信设备市场上取得傲人的地位，与其过硬的产品、技术分不开，更与其研发领先战略分不开。华为公司2017—2024年研发投入见表8-21。

表8-21　　　　　　　　　　　　**华为公司2017—2024年研发投入**

项目	2017年	2018年	2019年	2020年	2021年	2022年	2023年	2024年
研发费用（亿元）	897	1 015	1 317	1 419	1 427	1 615	1 647	1 274
研发费用率（%）	14.9	14.1	15.3	15.9	15.9	25.1	23.4	21.7

注：研发费用率=研发费用/营业收入。

资料来源：作者根据公开资料整理而成。

【"四个面向"小课堂】

党的二十大报告强调构建高水平社会主义市场经济体制，坚持和完善社会主义基本经济制度。在市场经济中，企业的生产性投资活动，尤其对内投资，是推动企业发展、增强竞争力的关键，与党的二十大报告中提到的新发展理念相契合。企业内部投资不仅能提升生产和研发能力，还能创造就业，促进社会和谐与共同富裕。党的二十大报告还指出了加强社会治理和法治的重要性。企业在投资决策和资产管理中应建立科学的机制，严格评估投资项目，实施精细化管理，防止资产流失，确保投资科学合理有效。同时，遵循法律法规，保证财务信息真实透明，提升企业信誉，维护市场秩序。通过深入贯彻党的二十大精神，企业能更有效地开展投资活动，加强资产管理，实现高质量发展，为社会主义现代化国家建设贡献力量。此外，教育和引导职工增强法治意识，积极参与社会治理，共同营造稳定和谐的社会环境，是实现国家治理体系和治理能力现代化的必由之路。

企业内部研究开发项目支出分为研究阶段支出与开发阶段支出，通过"研发支出"账户核算，按照研发项目分为"费用化支出"和"资本化支出"。

在研究阶段是否能形成成果具有很大的不确定性，因此这一阶段的支出在发生时应予以费用化，转入管理费用，并在利润表中列支为研发费用；等到进入开发阶段时，技术比较成熟，很可能形成一项新的无形资产。如果开发阶段所发生的支出同时满足表 8-22 中的条件，应该将其资本化。

表8-22　　　　　　　　　　　　**无形资产资本化条件**

无形资产资本化条件	完成该无形资产以使其能够使用或出售，并且在技术上具有可行性
	具有完成该无形资产并使用或出售的意图
	无形资产产生经济利益的方式，包括能够证明运用该无形资产生产的产品存在市场或无形资产自身存在市场，无形资产将在内部使用的，应当证明其有用性
	有足够的财务、技术资源和其他资源支持，以完成该无形资产的开发，并有能力使用或者出售该无形资产
	归属于该无形资产开发阶段的支出能够可靠地计量

【例 8-4】2024 年 1 月 1 日，长江公司经董事会批准研发某项新产品专利技术。董事会认为，研发该项目具有可靠的技术和财务等资源的支持，并且一旦研发成功，该公司产品的生产成本就会降低。在研究开发过程中发生材料费 50 万元、工资 10 万元以及其他费

用 40 万元, 总计 100 万元, 其中, 符合资本化条件的支出为 60 万元。2024 年 12 月 31 日, 该专利技术达到预定可使用状态。

长江公司的账务处理如下:

(1) 发生研发支出。

借: 研发支出——费用化支出　　　　　　　　　　　　　　　　400 000
　　　　　　——资本化支出　　　　　　　　　　　　　　　　　600 000
　　贷: 原材料　　　　　　　　　　　　　　　　　　　　　　　　500 000
　　　　应付职工薪酬　　　　　　　　　　　　　　　　　　　　　100 000
　　　　银行存款　　　　　　　　　　　　　　　　　　　　　　　400 000

(2) 2024 年 12 月 31 日, 该专利技术已经达到预定可使用状态。

借: 管理费用　　　　　　　　　　　　　　　　　　　　　　　400 000
　　无形资产　　　　　　　　　　　　　　　　　　　　　　　600 000
　　贷: 研发支出——费用化支出　　　　　　　　　　　　　　　400 000
　　　　　　　　——资本化支出　　　　　　　　　　　　　　　600 000

研发支出项目资金流如图 8-4 所示。

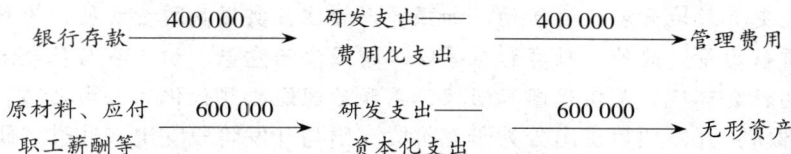

图8-4　研发支出项目资金流

▶▶ 三、无形资产的管理

在知识经济时代, 无形资产的重要性愈发凸显, 并且逐渐变成企业价值创造的重要推动力。可以说, 无形资产对于企业价值有着非常大的贡献, 具体表现为企业市场价值和账面价值之间的差异不断扩大。以乳制品企业三鹿集团为例, 在宣告破产之后, 其商标依旧能够以 730 万元的高价售出。

1. 针对不同类型的无形资产建立相应的核算管理制度

首先, 在专利技术开发、项目可行性评估、知识产权保护、成果验收及价值效益分析等方面建立相应的核算管理体系, 明确前期研发以及投入成本, 分析未来收益, 提升无形资产核算管理的有效性。

其次, 在客户信息安全、人力资源开发与管理、网络数据使用权限、品牌名誉权等方面建立专门的核算管理制度, 提高核算管理的全面性。

最后, 健全企业无形资产计量制度, 针对无形资产的后续计量若干问题进行规定, 包括对使用寿命确定的无形资产以及使用寿命不确定的无形资产的计量。

2. 对核算管理的范围进行延展

除了对知识产权与专利技术等无形资产进行量化分析外, 企业还可以对生产经营过程中积累的客户资源、获取的网络数据、人力资源等无形资产采取价值评估的方法将其纳入会计核算体系。例如, 对于企业在电商领域的活跃度、网络用户群体接受度、用户注册数量与使用频次等进行分析，综合地评判企业的资产实力。

▶▶　四、商誉

甲公司准备收购乙公司，乙公司净资产的公允价值为 2 000 万元，但是甲公司却花费 3 000 万元来购买乙公司，那么，甲公司多付出的 1 000 万元就是商誉。为什么甲公司愿意多付钱呢？因为甲公司相信，未来乙公司可以赚回自己多花的 1 000 万元。

一瓶矿泉水和一杯白开水有区别吗？为什么它们的价格差得这么多？同属一家公司，为什么小米品牌的手机比红米品牌的手机价格高出不少？品牌、客户认同感等虽然难以量化，但却能创造实际的经济利益，它们也属于商誉。

商誉的定义和特点见表 8-23。商誉可以分为自创商誉和外购商誉，由于自创商誉存在于企业内部，难以与其他资产区分开来，因此会计上不进行确认。通常所说的商誉是外购商誉，即企业并购重组时产生的商誉。商誉实际上是企业由于其成长性、品牌度、先进的管理等因素所产生的获取超额利润的能力，但由于其不具备可辨认性，所以并不属于无形资产。

表8-23　　　　　　　　　　　　　　　　　　商誉的定义和特点

定义	在非同一控制下的企业合并中，合并成本大于合并中取得的被购买方可辨认净资产公允价值的差额
特点	没有实物形态
	商誉融入企业整体，它无法单独存在
	商誉难以用一定的方法或公式进行单独计价，只有当把企业作为一个整体来看待时才能按总额确认其价值

并购企业业绩下滑是商誉减值的重要原因。在经济上行期，企业收入情况良好，景气度提升，完成业绩承诺的概率较高；在经济下行期，企业景气度下行，完成业绩承诺的压力增大，就容易出现商誉减值。

比如，汤臣倍健为净资产账面价值 1.06 亿元的澳大利亚 LSG 公司支付了 35.14 亿元的天价收购费，溢价高达 33 倍左右。但是，2019 年实施的《中华人民共和国电子商务法》对海外代购影响很大，LSG 在中国的销售量大幅减少。于是，汤臣倍健花大价钱买下来的公司反而拖累了公司业绩。因计提了约 15 亿元的减值准备，汤臣倍健 2019 年亏损近 3.5 亿元。

第三节　投资决策

▶▶　一、投资可行性分析

投资可行性分析是一项十分复杂的工作，包括对市场、供求关系、竞争状况、金融、工程、政策和法律等方面因素的分析、判断和评估。

投资可行性研究大致分为三种类型：（1）投资机会研究，即为确定的资金寻找合适的投资机会；（2）投资对象研究，即为确定的投资类型寻找合适的地块；（3）开发类型研究，即在已经确定的地块上对项目开发类型进行研究。

一份全面完整的可行性分析报告，必须将这些相互关联的因素综合起来。净现值、内含报酬率等以现金流量为定量基础的动态评价指标在项目经济评价中的推广应用，弥补了静态评价指标的局限性。但是，由于投资项目涉及的时间周期长、投资金额大，动态指标的运用是项目可行性评价必须考虑的重要问题。

▶▶ 二、决策方法

1. 会计收益率法（accounting rate of return）

会计收益率是指项目的原始投资所获得的年平均净收益率。会计收益率法是将投资项目的年平均净收益率与该项投资的资金成本进行比较，判断投资是否可取，然后从可取投资方案中选择会计收益率最大的投资方案进行投资决策的一种方法。运用该方法进行投资决策的优点是计算简便、易于理解，在实际工作中易于被决策人员掌握。缺点是不考虑现金流入的时间先后，不考虑资金的时间价值，从而在一定程度上影响了决策的准确性。该方法主要适用于那些资金较少、追求投资回收速度、管理水平不高的企业。

会计收益率的计算公式如下：

$$会计收益率 = \frac{年平均净收益}{平均投资额}$$

在实际应用中，平均投资额又有两种计算方法。

第一种是以初始投资成本进行计算，公式为：

$$会计收益率 = \frac{年平均净收益}{初始投资成本}$$

第二种是以项目寿命期内的平均资本占用进行计算，公式为：

$$会计收益率 = \frac{年平均净收益}{平均资本占用}$$

$$平均资本占用 = \frac{初始投资成本 + 投资残值回收}{2}$$

2. 投资回收期法（payback period method）

投资回收期法，又称投资返本年限法。该方法通过计算项目投产后，在正常生产经营条件下，利用项目的收益额、计提的折旧额、无形资产摊销额收回项目总投资所需的时间，并将其与行业基准投资回收期进行比较，从而对项目投资财务效益进行分析的一种静态分析法。

投资回收期指标所衡量的是收回初始投资速度的快慢。基本的选择标准是：在仅有一个项目可供选择的情况下，项目的投资回收期应小于决策者设定的最高标准；在有多个项目可供选择的情况下，在项目的投资回收期小于决策者设定的最高标准的前提下，从这些项目中择优选择回收期最短的项目进行投资。

投资回收期的计算公式如下：

$$\sum_{t=1}^{\gamma} C_t - C_0 = 0$$

式中，t 为投资回收期；C_t 为 t 时期的现金流入量；C_0 为初始投资额。

在投资项目各期现金流量相等的情况下，只要用初始投资额除以一期现金流量即可。公式为：

$$投资回收期 = \frac{初始投资额}{一期现金流量}$$

如果投资项目投产后每年产生的净现金流入不等（绝大多数情况下是这样），则需要逐年累加，然后计算出投资回收期。投资回收期也可以表示为：

$$投资回收期 = \frac{项目总投资}{年收益额 + 年计提折旧额 + 年无形资产摊销额}$$

式中，项目总投资为包括项目建设期间借款利息的总投资。年收益额是项目投产后达到设计年产量后第一个年度所取得的收益额，可采用税前利润和税后利润计算，目前普遍采用年税前利润计算。在计算投资回收期的时候，之所以在年收益额之外还要加上年计提折旧额和年无形资产摊销额，是因为折旧额和摊销额是重新购买固定资产和无形资产的资金来源，它们虽然不是项目的收益，但可以用于补偿固定资产和无形资产投资，因此也应该把它们和收益额一起作为投资收回。上式计算得到的投资回收期是从投产之日起计算的。如果从建设期初开始计算，那么还要加上建设期。

投资回收期法的优点是通俗易懂、计算简便，只要计算出来的投资回收期比行业基准投资回收期短，就可以考虑接受此项目。缺点是：（1）只关注项目回收投资的年限，未直接说明项目的获利能力；（2）未考虑项目全寿命周期的盈利水平；（3）未考虑资金的时间价值。该方法一般只在项目初选阶段使用。

3.净现值法（net present value）

净现值为项目投资所产生的未来现金流的折现值与项目投资成本之差。净现值法是对投资方案进行评价的一种方法。这种方法是利用净现金效益量的总现值与净现金投资量计算出净现值，再根据净现值的大小对投资方案进行评价。净现值为正值，投资方案可以接受；净现值为负值，从理论上讲，投资方案不可接受，但从实际操作层面来说，这可能与公司的战略性决策有关，比如为了支持其他项目、开发新的市场和产品、寻找获取更大利润的机会等，也可能是为了避税。净现值越大，说明投资方案越好。净现值法是一种比较科学也比较简便的投资方案评价方法。净现值的计算公式如下：

净现值=未来报酬总现值-建设投资总额

$$NPV = \sum_{t=0}^{n} \frac{C_t}{(1+r)^t} - C_0$$

式中，NPV 为净现值；C_0 为初始投资额；C_t 为第 t 年现金流量；r 为贴现率；n 为投资项目的寿命周期。

如果将初始投资额看作第 0 年的现金流量，同时考虑到 $(1+r)^0 = 1$，则上式可以变换为：

$$NPV = \sum_{t=0}^{n} \frac{C_t}{(1+r)^t}$$

净现值指标的决策标准为：如果投资项目的净现值大于零，那么接受该项目；如果投资项目的净现值小于零，那么放弃该项目；如果有多个互斥的投资项目相互竞争，则选择净现值最大的投资项目。举例来说，如果项目 A、B 的净现值都大于零，A 大于 B，说明这两个项目都是可取的。如果二者只能取其一，则应选取项目 A。如果投资项目各期现金流量除初始投资额外均相等，则可利用年金现值系数表进行计算，简化计算过程。

净现值指标考虑了投资项目资金流量的时间价值，对投资项目真正经济价值的反映比较合理，是一个比较好的投资决策指标。

净现值法的优点是：（1）项目所获得的现金流量是客观存在的，能被公司直接使用；相比之下，利润包含了很多人为因素。在资本预算中，利润不等同于现金。（2）净现值包括了项目的全部现金流量，有些方法则会忽略某特定时期之后的现金流量，如回收期法。（3）净现值对现金流量进行了合理的折现，而有些方法往往忽视货币的时间价值，如回收期法、会计收益率法等。

净现值法的缺点是：（1）资金成本率的确定难度较大，尤其是在经济不稳定的情况下，资本市场的经常性变化更使得资金成本率的确定难度加大。（2）净现值法说明了投资项目的盈亏总额，但未能说明单位投资的效益情况，即投资项目本身的实际投资报酬率。这就会造成在投资规划时侧重于选择投资大、收益大的项目，而忽略投资小、收益小但投资报酬率高的投资方案。在净现值法的基础上考虑风险，会得到两种不确定性决策方法，即肯定当量法和风险调整贴现率法。但是，肯定当量法的缺陷是难以确定肯定当量系数，可操作性较差；风险调整贴现率法则将时间价值和风险价值混在一起，并据此对现金流量进行贴现，不尽合理。此外，使用由资本资产定价（CAPM）模型确定的单一风险调整贴现率也是不符合实际情况的。如果存在管理决策的弹性措施，那么，用固定的贴现率计算净现值就更不准确了。

4.内部收益率法（internal rate of return）

内部收益率法是通过计算内部收益率（也称内含报酬率）来对项目投资财务效益进行评价的一种方法。内部收益率是使项目流入资金的现值总额与流出资金的现值总额相等的利率，也就是使净现值（NPV）等于零的折现率。如果不使用计算机软件，则要用若干折现率对内部收益率进行试算，直到找到净现值等于零或者接近于零的那个折现率为止。

内部收益率本身不受资本市场利息率的影响，完全取决于企业现金流量，反映了企业内部固有的特性。但是，内部收益率法只能告诉投资者被评估项目是否值得投资，却不知道投资多少钱是值得的。换句话说，对于企业间的投资或者并购，投资方不仅想知道目标企业值不值得投资，更希望了解目标企业的整体价值，而内部收益率法无法满足后一个要求。因此，该方法更多地应用于单个项目投资的决策。

（1）当项目在各年年末的现金流量相同时，内部收益率的计算方法如下：

①计算年金现值系数（P/A，FIRR，n）=K/R。每年年末有等额收付款项的年金称为普通年金。

②查找年金现值系数表，找到与上述年金现值系数相邻的两个系数（P/A，i_1，n）和

（P/A，i_2，n）以及对应的 i_1、i_2，满足（P/A，i_1，n）>K/R>（P/A，i_2，n）。

③用插值法计算 FIRR：

（FIRR-i_1）/（i_2-i_1）=［K/R-（P/A，i_1，n）］/［（P/A，i_2，n）-（P/A，i_1，n）］

式中，K 为初始投资额；R 为各年年末的现金流量。

（2）当项目在各年年末的现金流量不同时，也可以使用逐步试算的方法计算内部收益率。

内部收益率法的优点是能够把项目寿命期内的收益与投资总额联系起来，算出这个项目的收益率，便于将它同行业基准投资收益率进行对比，确定这个项目是否值得建设。如果使用借款进行建设，当借款利率不明确时，可以先计算内部收益率，将其作为借款利率可以接受的上限。但内部收益率体现的是比率，不是绝对值，一个内部收益率较低的方案可能由于其规模较大而有较大的净现值，因而也值得考虑。所以，在进行多方案比选时，应当将内部收益率法与净现值法结合起来考虑。

【例 8-5】长江公司计划新增一台设备，购买设备的初始成本为 600 000 元，预计设备可使用 4 年，每年产生的现金净流入均为 190 000 元，第 4 年年末设备残值为 200 000 元，假设资金成本率为 10%。这个投资项目是否值得选择？

（1）会计收益率法：

设备年折旧额=（600 000-200 000）/4=100 000（元）

年平均净收益=190 000-100 000=90 000（元）

平均资本占用=（600 000+200 000）/2=400 000（元）

会计收益率=90 000/400 000×100%=22.5%

（2）投资回收期法：

初始投资 600 000 元，前 3 年收回的投资额计算如下：

190 000×3=570 000（元）

第 4 年收回剩余投资的时间计算如下：

（600 000-570 000）/190 000=0.16（年）

投资回收期=3+0.16=3.16（年）

（3）净现值法：

采用年金现值系数计算如下：

现金流入现值合计=190 000×3.1699=602 281（元）

净现值=602 281-600 000=2 281（元）

注：现金流入现值合计也可以采用复利现值系数计算。

（4）内部收益率法：

年金现值系数=600 000/190 000=3.1579

查找年金现值系数表，邻近的折现率为 10% 和 11%。查表得，折现率为 11% 时年金现值系数为 3.1024，折现率为 10% 时年金现值系数为 3.1699。

内含报酬率=［（3.1579-3.1699）÷（3.1024-3.1699）］×（11%-10%）+10%=0.178%+10%=10.178%

综合来看，该项投资能在设备使用期内收回初始投资，项目净现值大于0，内部收益率高于资金成本率，在不考虑其他因素的情况下值得选择。

课后习题

一、单项选择题

1.下列各项中，计入固定资产成本的有（   ）。

A.达到预定可使用状态后发生的专门借款利息

B.达到预定可使用状态前由于自然灾害造成的在建工程毁损净损失

C.进行日常修理发生的人工费用

D.安装过程中领用原材料所负担的消费税

2.甲公司为增值税一般纳税人，2×21年11月20日，甲公司购进一台需要安装的A设备，取得的增值税专用发票上注明的设备价款为200万元，可抵扣增值税进项税额为26万元，款项已通过银行存款支付。安装A设备时，领用原材料一批，该批原材料成本为20万元，相应的增值税进项税额为2.6万元，支付安装人员工资8万元。2×21年12月30日，A设备达到预定可使用状态。A设备预计使用年限为5年，预计净残值率为5%，甲公司采用双倍余额递减法计提折旧。不考虑其他因素，甲公司2×23年度对A设备应计提折旧额（   ）万元。

A.102.64   B.91.2   C.36.48   D.97.51

3.A公司于2×24年1月5日购入一项专利权，支付价款225万元。该无形资产预计使用年限为7年，法律规定年限为5年。2×25年12月31日，由于与该无形资产相关的经济因素发生不利变化，致使其发生减值，A公司估计可收回金额为90万元。假定无形资产按照直线法进行摊销。那么，截至2×26年底，无形资产的累计摊销额为（   ）万元。

A.30   B.45   C.135   D.120

4.无形资产的期末借方余额，反映企业无形资产的（   ）。

A.成本   B.摊余价值   C.账面价值   D.可收回金额

5.已知某投资项目的原始投资额为400万元，建设期为2年，投产后第1~5年每年现金流量为90万元，第6~10年每年现金流量为80万元。则该项目包括建设期的静态投资回收期为（   ）年。

A.5.25   C.6.44   B.6.35   D.7.35

二、多项选择题

1.下列资产中，不需要计提折旧的有（   ）。

A.已划分为持有待售的固定资产

B.以公允价值模式进行后续计量的已出租厂房

C.因产品市场不景气尚未投入使用的外购机器设备

D.已经完工投入使用但尚未办理竣工决算的自建厂房

2.2×23年6月20日，甲公司购置了一套大型机械设备并于当日用于工程施工。甲公司在估计该套大型机械设备的折旧年限、折旧方法时，下列各项中应考虑的因素有（   ）。

A.法律对该设备使用的限制

B.该设备可能遭受自然灾害而导致的毁损

C.该设备的预计生产能力

D.该设备的无形损耗

3.下列各项中，可以确认为无形资产的有（　　）。

A.计算机公司购入的为客户开发的软件

B.高级专业技术人才

C.企业通过行政划拨无偿取得的土地使用权

D.有偿取得一项为期15年的高速公路收费权

E.购买的商标权

4.下列有关无形资产的后续计量中，说法不正确的有（　　）。

A.对于使用寿命不确定的无形资产，应该按照10年进行摊销

B.对于无形资产，必须采用直线法进行摊销

C.对于使用寿命不确定的无形资产，应该按照系统、合理的方法进行摊销

D.无形资产的摊销方法应当反映与该项无形资产有关的经济利益的预期实现方式

5.净现值为负数，表明该投资项目（　　）。

A.利润为负，不可行

B.投资报酬率小于0，不可行

C.投资报酬率小于资本成本

D.将减损股东财富

三、综合题

1.甲公司为增值税一般纳税人。2023年8月3日，甲公司购入一台需要安装的生产用机器设备，取得的增值税专用发票上注明的设备价款为4 000万元，增值税进项税额为520万元，支付的运输费为40万元，款项已通过银行支付。安装设备时，领用本公司原材料一批，价值300万元，购进该批原材料时支付的增值税进项税额为39万元；领用本公司生产的产品一批，成本为480万元，计税价格为500万元，增值税税率为13%，应付安装工人的职工薪酬为72万元。假定不考虑其他相关税费。2023年10月8日，该机器设备达到预定可使用状态，预计使用年限为10年，净残值为2万元，采用双倍余额递减法计算年折旧额。

要求：编制甲公司2023年相关会计分录（以万元为单位）。

2.某公司正在研究开发一项新工艺，2023年1月至10月发生各项研究、调查、试验等费用100万元，10月至12月发生材料费用、人工工资等各项支出60万元。2023年9月末，该公司可以证实该项新工艺必然开发成功，并满足无形资产确认标准。2024年1月至6月发生材料费用、直接参与开发人员的工资、场地设备租金和注册费等支出240万元。2024年6月末，该项新工艺开发完成，达到预定可使用状态。

要求：编制该公司2023年相关会计分录（以万元为单位）。

四、思考题

1.在当前的经济发展背景下，企业如何通过固定资产和无形资产的配置来提升自身的市场竞争力？请搜集至少一家重资产型企业（如制造业企业、房地产企业）和一家轻资产型企业（如互联网企业、服务业企业）的年报，分析这些企业在固定资产和无形资产方面的投资策略，并探讨这些策略如何反映企业的战略发展方向。

2.企业在开展并购活动时，其商誉的确认和后续计量对财务报表有何影响？请搜集一家近年来发生过重大并购活动的上市公司的年报，分析其商誉的确认过程、减值测试方法以及对公司财务状况的影响，并探讨监管机构（如证监会）对商誉会计处理的相关规定及其对企业财务透明度的影响。

3.商誉往往与企业的并购活动相关。企业应如何识别和管理商誉，以规避潜在的财务风险？商誉的减值测试应该如何进行，以确保企业财务报表的真实性和公允性？

4.投资决策通常涉及不确定性和风险。企业应如何评估和管理与固定资产投资相关的风险？企业应如何利用风险管理工具来优化投资决策？

5.财务透明度对于投资者和其他利益相关者至关重要。企业在披露固定资产和无形资产信息时，应如何平衡信息的详细程度和商业敏感性？这种披露如何影响投资者对企业价值的评估？

第九章 对外投资活动

第九章　对外投资活动

▶【本章导读】

　　想象一下，你是一家公司的董事长，如果这家公司的现金出现剩余，你会如何安排资金？是购买机器设备等以扩大再生产，还是购买股票等金融产品以获取资金收益？

　　以大家熟知的小米集团为例，小米集团于 2021 年 3 月 30 日发布公告，即将成立一家全资子公司，主要负责智能电动汽车业务，首期投资为 100 亿元，预计未来十年总投资达到 100 亿美元。在当天的小米新品发布会现场，集团首席执行官表示，小米集团 2020 年年底现金余额为 1 080 亿元，且表示"小米亏得起"，可见小米集团是将其闲置资金投资于智能电动汽车行业，开拓新领域。

　　据不完全统计，自 2004 年以来，雷军通过小米集团、顺为创投、顺为资本、天津金米投资等渠道投资了近 600 家公司，其中包括字节跳动、欢聚时代、美团等众多明星公司。由于投资项目众多，雷军也获得了"董事长专业户"的称号，从天使投资者到顺为投资机构，再到小米生态链的布局，雷军在 17 年中建立了庞大的投资组合。

　　2010 年 4 月，雷军和他的团队——晨兴创投和启明创投——投资了小米。2010 年年底，小米集团完成新一轮融资，公司估值为 2.5 亿美元，年内共筹集了 4 100 万美元。2011 年，小米集团共筹集了 150 万美元。2012 年 12 月，小米集团获得了 9 000 万美元的融资，公司估值为 10 亿美元。2012 年 6 月底，小米集团宣布已经筹资 2.16 亿美元，公司估值为 40 亿美元。2013 年 8 月，小米集团筹集了价值 100 亿美元的新一轮资金。小米集团将筹集的资金用于补充营运资金，扩大业务运营，增加关键领域的市场份额，并投资于战略生态系统。

　　通过小米的例子，我们可以了解到，企业一方面可以利用闲置资金进行投资，不断扩大经营规模，另一方面可以通过筹资来补充资金。现在让我们一起走进企业投资活动和筹资活动吧。

　　资料来源：作者根据公开资料整理而成。

第一节　货币资金

▶▶ 一、信息披露与列报

　　货币资金被列报在资产负债表内，并且以"库存现金""银行存款""其他货币资金"科目余额的合计数填列在资产负债表中流动资产类的货币资金金额栏。同时，货币资金各个组成部分的明细金额需要在财务报表附注中披露。

▶▶　二、基本经济事项

（一）库存现金（cash on hand）的日常业务

资金贯穿企业活动始终，用现金进行收支的业务主要有购买日常办公用品、零星支出等。我们用"库存现金"科目核算企业库存现金的收入、支出和结存情况，借方反映库存现金的增加数，贷方反映库存现金的减少数，期末借方余额反映库存现金的实有数。

（二）银行存款（cash in bank）的日常业务

为了安全起见，企业几乎将所有大额现金都存放在银行。企业在需要大额收付款的时候，可以直接通过银行完成。我们用"银行存款"科目核算企业银行存款的收入、支出和结存情况，借方反映银行存款的增加数，贷方反映银行存款的减少数，期末借方余额反映银行存款的实有数。

1. 库存现金的使用范围

企业留存的现金只能用于特定用途，超出特定用途的业务活动需要通过银行存款进行收支。特定用途主要包括：①支付工资；②支付各种奖金；③支付各种社会保险和社会救济费；④支付差旅费；⑤支付结算起点以下的零星支出；⑥支付中国人民银行确定需要支付现金的其他支出。

2. 库存现金的限额

企业的开户银行通常会根据实际情况设定现金限额，通常以企业在 1~5 天内可以支付的零星开支为标准。偏远地区和交通不便地区的企业可以根据超过 5 天但不超过 15 天的时间来设定日常应急限额。

3. 库存现金的内部控制制度

为了加强对库存现金的管理，企业应该建立库存现金的内部控制制度。

（1）钱账分管制度，也就是岗位分工制度。相关部门和岗位的职责被明确分配，以确保不相容岗位的分离、限制和监督。目的是确保不由一个人负责货币资金业务的整个运作过程。货币资金的岗位分工制度要求设立出纳人员、审批人员、专用签章保管人员、会计人员、稽核人员、会计档案保管人员、货币资金清查人员的责任制度。

（2）库存现金日清月结制度。日清，是指出纳人员应将当日的库存现金收付业务全部登记至库存现金日记账，并结出当日发生额和账面余额，与库存现金的实存金额进行核对，做到账实相符；月结，是指出纳人员必须按月核对库存现金日记账。

4. 库存现金的安全性

关注资金来源及使用，对账户实行动态化管理，确保资金安全，实行收支两条线。同时，也要注意对于未达账项的管理。未达账项是由于凭证传递引起的企业和银行双方记账时间不一致，导致一方入账、另一方尚未收到有关凭证而未入账的会计事项。此时，企业可以通过编制银行存款余额调节表对未达账项进行增减调节。下面举例说明银行存款余额调节表的编制。

【例 9-1】长江公司 20×1 年 7 月 31 日银行存款日记账余额为 120 000 元，银行对账单余额为 124 000 元，经核对，发现存在以下未达账项：

（1）银行代企业支付水电费 3 000 元，未通知企业；

（2）企业开出转账支票 1 000 元，尚未到银行办理转账手续；

（3）银行收到企业的委托收款 5 000 元，未通知企业；

（4）企业委托开户银行代收款 3 000 元，银行已入账，企业未入账；

（5）企业将销售人员收到的一张 2 000 元现金支票送存银行，银行未入账。

因此，企业应该根据以上材料编制"银行存款余额调节表"（见表 9-1）。

表 9-1   **银行存款余额调节表**

20×1 年 7 月 31 日

单位：元

项目	金额	项目	金额
银行存款日记账余额	120 000	银行对账单余额	124 000
加：银行已收，企业未收的款项	8 000	加：企业已收，银行未收的款项	2 000
减：银行已付，企业未付的款项	3 000	减：企业已付，银行未付的款项	1 000
调节后存款余额	125 000	调节后存款余额	125 000

经过调节，如果双方账目余额相等，一般说明双方记账没有错误；如果不相符，就应该进一步查明原因，进行更正。

▶▶ 三、延伸业务活动的处理——企业费用管控

1. 对各项工作进行全面评估

企业的成本控制单位首先要通过各种方式积极了解各部门的工作性质和内容，然后要求各部门汇报其拟开展的工作和费用预算，评估拟开展的工作和费用支出的合理性与必要性，然后编制本部门的总体工作计划和费用预算。企业可以结合预算、估算等管理手段来控制和落实成本，并与部门和个人的工资挂钩，同时对节约和超支进行一定的奖惩，激励各部门主动控制成本。

2. 转变费用管控观念

支出控制应着眼于业务前端，在业务和预期收入发生之前审查或评估其重要性，并在有限的资源范围内做出权衡。与其等待成本发生后再人为地压制和削减，不如不进行不合理的压制和削减。不合理的压制和削减必定会打击业务人员的积极性，进而损害企业的利益。

3. 全面费用管控

企业必须充分审查支出的理由，并适当评估每项支出的合理性和必要性。成本控制的范围要覆盖所有成本。包括财务部门在内的相关部门和工作人员要仔细验证审计过程中发现的问题，以确保成本管控在各个环节都得到严格执行。

【"四个面向"小课堂】

本章通过小米集团的案例展示了企业如何利用闲置资金进行战略投资，推动自身和社会的发展。在企业经营中，资金管理和投资决策至关重要，但会计职业道德更加重要。会计人员因贪污被判刑的案件警示我们，会计人员必须诚信、谨慎、负责任。企业应建立健全内部控制制度，如钱账分管制度和库存现金日清月结制度，确保资金安全。中国政府鼓

励企业创新和多元化投资。企业应响应国家政策，合理配置资源，推动经济转型升级。会计人员应树立正确的金钱观和法治意识，依法办事，杜绝违法行为。通过本章学习，我们不仅要掌握资金管理知识，而且要认识到会计职业道德的重要性，应以高度的专业素养和道德操守助力企业和国家的健康发展。

第二节　闲置资金配置

一、金融资产概述

金融资产是指企业持有的货币资金、持有其他企业的权益工具，以及符合如表9-2列示条件之一的资产。

表9-2　　　　　　　　　　　　　　　　　**金融资产需要满足的条件**

金融资产需要满足的条件	从其他方收取现金或其他金融资产的权利
	在潜在有利条件下，与其他方交换金融资产或金融负债的合同权利
	将来需用或可用企业自身权益工具进行结算的非衍生工具合同，且企业根据该合同将收到可变数量的自身权益工具
	将来需用或可用企业自身权益工具进行结算的衍生工具合同

企业投资金融资产往往存在不同的目的。有一些资产是企业想要短期持有并通过买卖获利的金融资产，企业出售这些资产的频率高于长期资产，我们把这类资产叫作以公允价值计量且其变动计入当期损益的金融资产。也有一些资产是企业准备长期持有的金融资产，就这类资产来说，短时间内的价值变动对利润的影响很小。所以，除非它们发生了严重的、不可挽回的价值减损，否则，通常情况下，我们并不关注其价值变动。我们以企业持有金融资产的"业务模式"和"金融资产合同现金流量的特征"作为金融资产的分类依据，可以把金融资产按表9-3进行分类。

表9-3　　　　　　　　　　　　　　　　　　　**金融资产分类**

类型	核算科目	业务模式	现金流量特征
1.以摊余成本计量的金融资产	债权投资	以收取合同现金流量为目标	本金+利息
2.以公允价值计量且其变动计入其他综合收益的金融资产	其他债权投资	既以收取合同现金流量为目标，又以出售为目标	本金+利息
	其他权益工具投资	特殊情形：直接指定的非交易性权益工具投资	
3.以公允价值计量且其变动计入当期损益的金融资产	交易性金融资产	近期出售、以赚取差价为目的，除划分为上述两类金融资产之外的金融资产	

二、交易性金融资产

长江公司目前有一笔闲置资金，考虑到将其存放在银行，利率不高，获利较少，长江公司决定用这笔资金购买 B 公司股票，并打算在短期内待 B 公司股票价格上涨后出售获利，此时 B 公司股票应作为以公允价值计量且其变动计入当期损益的金融资产。

企业进行这类投资的主要目的是从证券市场的价格上升中获利，所以，对于这类投资，企业会重点关注资产价格变动产生的损益，在进行会计核算时侧重于对股票（债券）公允价值的反映和价格涨跌损益的计量。

现在我们已经了解交易性金融资产（financial assets held for trading）的特点，那么应该如何对它进行核算呢？交易性金融资产一般通过"交易性金融资产""公允价值变动损益""投资收益"等科目来进行核算。

长江公司持有 B 公司的股票，因而享有参与分红的权利。B 公司宣告发放现金股利，实现经济利益的流入，对于长江公司来说应当确认为一项损益。但是，B 公司宣告发放股利和实际发放股利并不是同时进行的，所以长江公司应该在宣告、发放两个阶段进行不同的会计处理。B 公司股票的价格是波动的，因此长江公司持有的该项资产的价值也随之变化。我们将每个会计期末交易性金融资产的公允价值与账面余额的差额称为公允价值变动损益，计入当期损益。

当出售交易性金融资产时，其公允价值与账面余额很可能存在差额，这个差额就是处置损益。如果公允价值大于账面余额，将会形成利得；反之则形成损失。相关账务处理见表 9-4。

表9-4 **交易性金融资产相关账务处理**

被投资单位宣告发放现金股利	借：应收股利 　贷：投资收益
企业收到现金股利	借：银行存款 　贷：应收股利
交易性金融资产处置	借：银行存款 　贷：交易性金融资产——成本 　　　　——公允价值变动 　投资收益（差额，可借可贷）

▶▶ 三、债权投资

企业如果要进行低风险投资，很可能不会选择股票，因为股票风险高，有可能会赔本。此时可以选择债权投资（investment on bonds），如信托、资管、私募固收、银行理财、定向融资计划、国债、企业债等。正常情况下，债权投资不会出售，收回本息是主要目的。投资方形成债权，属于债权人；被投资方形成债务，属于债务人。业务模式就是以收取合同现金流量为目的。

（一）债权投资信息披露

在资产负债表上，债权投资应单独列报在非流动资产项目中，通过其信息的披露，我们可以了解企业有能力持有至到期的债权投资的实际数额。

企业还应该对持有债权投资的具体内容、会计处理方法及其减值准备的计提等情况进行披露。还要注意的是，如果债权投资在资产负债表日成为一年内将到期的债权投资，这时它就不再是非流动资产，而应该作为"一年内到期的非流动资产"进行列报。

（二）债权投资的核算

为了完整反映债权投资的全部业务，我们需要设置"债权投资——成本""应收利息/债权投资——应计利息""债权投资——利息调整"科目来完成业务处理。相关账务处理见表 9-5。

表9-5　　　　　　　　　　　　　**取得债权投资相关账务处理**

取得债权投资	债权投资按取得时的公允价值与相关交易费用之和，作为初始确认金额。按债权投资的面值，借记"债权投资——成本"；按可以抵扣的增值税进项税额，借记"应交税费——应交增值税（进项税额）"；按应收利息金额，借记"应收利息"；按实际支付的金额，贷记"银行存款"等；按其差额，借记或贷记"债权投资——利息调整"

在持有债权投资的过程中，按照摊余成本和实际利率计算当期利息收入，将其计入投资收益。债权投资利息的支付分两种情况：分期付息和到期一次性付息。二者在资金运动方面存在不同：分期付息就是每期都要支付利息，到期只需偿还本金，在债券持有期间有资金流出；到期一次性付息不需要每期支付利息，而是在债券到期日，将本金连同累计利息一起偿还，在债券持有期间没有资金运动。两种付款方式的账务处理见表 9-6。

表9-6　　　　　　　　　　　　　**两种付款方式的账务处理**

分期付息、一次性到期还本	借：应收利息 　　贷：投资收益 　　　　债权投资——利息调整（可借可贷）
一次性还本付息	借：债权投资——应计利息 　　贷：投资收益 　　　　债权投资——利息调整（可借可贷）

▶▶ 四、其他债权投资和其他权益工具投资

以公允价值计量且其变动计入其他综合收益的金融资产包括两种：其他债权投资和其他权益工具投资，均应以资产负债表日的公允价值列报于非流动资产项目之中。二者的概念见表 9-7。

表9-7　　　　　　　　　　　　**其他债权投资和其他权益工具投资的概念**

其他债权投资	其他权益工具投资
企业购入被投资单位发行的债券，在持有债券的整个时间段内，每期收取固定利息，待到期日之前出售该债券	主要是指非交易性股票以及不具有控制、共同控制和重大影响的股权等

第三节　战略性投资

　　我们已经介绍过交易性金融资产、债权投资和其他权益工具投资等内容，企业持有这些资产的目的要么是赚取差价，要么是赚取利息或分红，总之是为了获取收益；而企业对外投资形成长期股权投资的目的具有多样性，并不只是为了获取投资收益，还可能为了与被投资单位建立密切的关系、形成稳定的战略联盟等，长期持有此类资产对于企业来说更具有战略意义。

　　企业要想做大做强，就要不断扩张。扩张可以通过三种方式实现：一是依靠内部利润积累进行内生式扩张；二是通过举债和募集资本进行外源性扩张；三是通过收购其他企业进行并购式扩张，并购式扩张最直观的表现会反映在"长期股权投资"科目上，因此我们可以通过这个科目提前感知企业战略。

▶▶　一、信息披露与列报

　　1. 长期股权投资的范围

　　长期股权投资（long-term investment on stocks）是企业重要资产，其中包含的信息众多，对于股东了解企业经营情况、业务拓展情况、发展潜力等具有重要作用。我们通常根据股权比例对长期股权投资进行分类，但也会考虑企业对被投资单位的潜在影响因素。

　　一般来说，投资方对被投资单位持股 20% 以上，即能够对被投资单位实施控制、共同控制或施加重大影响，应当依据长期股权投资准则进行核算。控制，指对子公司直接或间接持股 50% 以上，持股 100% 的子公司叫作"全资子公司"；共同控制，指按照合同约定，由持股各方对被投资单位实施共同控制，对于经营过程中的重要决定，要求享有控制权的各投资方一致通过；施加重大影响，指有权参与被投资单位的财务或经营决策，通常持股 20% 至 50%。

　　2. 长期股权投资的信息披露

　　长期股权投资在资产负债表上应单独列报在非流动资产部分（见表 9-8），列报的金额应为其账面价值（即长期股权投资的账面余额减去相应的减值准备后的金额）。借助财务报表披露的信息，我们不但可以了解企业拥有的对外长期股权投资的金额，而且可以分析判断本企业对其他企业的控制或影响程度，以及少数股东对企业集团财务活动和现金流量的影响，还可以评估长期股权投资的性质和相关风险，了解长期股权投资对企业财务状况、经营成果和现金流量的影响。

　　企业还应在资产负债表的附注中就长期股权投资的会计处理方法、长期股权投资的具体项目及相关信息（如子公司、合营企业和联营企业清单，包括企业名称、注册地性质、投资企业的持股比例和表决权比例，以及合营企业和联营企业当期的主要财务信息，包括资产、负债、收入、费用等的合计金额），被投资单位向投资企业转移资金的能力受到严格限制的情况，当期及累计未确认的投资损失金额，以及与对子公司、合营企业和联营企业投资相关的或有负债等进行披露和说明。

表9-8　　　　　　　　　　　长江公司2023年资产负债表（资产部分）　　　　　　　　　单位：元

资产	2023年12月31日	2022年12月31日
流动资产：		
货币资金	1 089 729.06	1 082 776.31
交易性金融资产	19 079.27	10 396.26
衍生金融资产	1 351.32	3 663.70
应收票据	172 428.70	191 603.84
应收账款	405 361.99	318 273.83
预付款项	24 765.90	22 415.12
其他应收款	52 991.18	47 618.59
存货	790 480.13	830 854.26
一年内到期的非流动资产	5 218.78	6 198.62
其他流动资产	91 003.35	93 850.31
流动资产合计	2 652 409.68	2 607 650.84
非流动资产：		
债权投资	176 824.66	20 684.44
其他债权投资	128 073.92	117 037.70
长期应收款	7 008.19	6 101.40
长期股权投资	510 935.87	490 556.01
投资性房地产	1 972.62	513.57
在建工程	108 069.39	81 893.69
固定资产	592 078.74	543 166.97
使用权资产	87 341.63	75 904.51
无形资产	220 124.61	210 117.63
开发支出	5 329.80	3 089.61
商誉	485 794.53	472 871.91
长期待摊费用	14 834.91	15 197.66
递延所得税资产	36 118.91	34 444.46
其他非流动资产	40 679.74	37 614.74
非流动资产合计	2 415 187.52	2 109 194.26
资产总计	5 067 597.20	4 716 845.10

资料来源：作者根据公开资料整理而成。

▶▶ 二、基本经济事项

1. 长期股权投资的取得

企业在取得长期股权投资时，应按初始投资成本入账。企业应当分别按企业合并和非企业合并两种情况确定长期股权投资的初始投资成本，具体划分原则见表9-9。

表9-9   企业合并划分原则

	同一控制下的企业合并	非同一控制下的企业合并
划分原则	参与合并的企业在合并前后均受同一方或相同的多方最终控制且该控制并非暂时性的	参与合并的各方在合并前后不受同一方或相同的多方最终控制的

企业合并形成的长期股权投资，是指通过合并，投资企业成为被投资企业的母公司，而被投资企业成为投资企业的子公司。在财务报表编制过程中应当将两者作为整体看待，也就是将子公司的财务报表纳入母公司的财务报表编制范围。

非企业合并形成的长期股权投资以支付对价的公允价值为基础进行初始计量。初始投资成本包括与取得长期股权投资直接相关的费用、税金及其他必要支出。

需要注意的是，企业在取得长期股权投资时，如果实际支付的价款或其对价中包含已宣告但尚未发放的现金股利或利润，则该现金股利或利润在性质上属于应收暂付款项，应作为应收项目单独入账，不构成长期股权投资的初始投资成本。

2. 长期股权投资的期末计价

每年年末，企业应对长期股权投资的账面价值进行检查。由于会计年度内长期股权投资的真实价值处于不断变化之中，为使其得到客观反映，实际操作中多在会计期末调整报表中的账面价值。可收回金额应当根据长期股权投资的公允价值减去处置费用后的净额与长期股权投资预计未来现金流量的现值两者之中的较高者确定。

如果长期股权投资的可收回金额低于其账面价值，则表明长期股权投资已经发生减值损失。应当按长期股权投资账面价值与可收回金额之间的差额，借记"资产减值损失"科目，贷记"长期股权投资减值准备"科目。长期股权投资减值损失一经确认，在以后会计期间不得转回。

3. 长期股权投资的处置

长期股权投资处置时，其账面价值与实际出售价格的差额，应计入当期损益。投资企业应根据实际收到的价款，借记"银行存款"，根据处置长期股权投资的账面价值，贷记"长期股权投资"等科目，根据二者差额，借记或贷记"投资收益"科目。采用权益法核算的长期股权投资，因被投资企业除净损益以外所有者权益的其他变动而计入其他综合收益的数额也应转入当期损益。

【例9-2】长江公司于20×2年1月1日以银行存款购入B公司40%股权，确认为长期股权投资，对B公司有重大影响，实际支付购买价款400 000元，并支付审计费2 000元。购买日，B公司所有者权益账面价值与公允价值相同。20×3年12月31日，该长期股权投资账面价值为500 000元，其中，投资成本402 000元，损益调整98 000元。长江公司确认长期股权投资可收回金额为490 000元，确认长期股权投资减值损失 10 000 元。20×4 年 1 月 10 日，长江公司将持有的 B 公司股权全部出售，收取价款 520 000 元。

根据以上资料，长江公司编制的会计分录如下：

（1）20×2 年 1 月 1 日，取得长期股权投资。

借：长期股权投资　　　　　　　　　　　　　　　　　　　402 000

　　贷：银行存款　　　　　　　　　　　　　　　　　　　　　　402 000

（2）20×3 年 12 月 31 日，确认长期股权投资减值损失。

借：资产减值损失　　　　　　　　　　　　　　　　　　　10 000

　　贷：长期股权投资减值准备　　　　　　　　　　　　　　　　10 000

（3）20×4 年 1 月 10 日，处置长期股权投资。

借：银行存款　　　　　　　　　　　　　　　　　　　　520 000

　　长期股权投资减值准备　　　　　　　　　　　　　　　10 000

　　贷：长期股权投资——投资成本　　　　　　　　　　　　　402 000

　　　　　　　　　　——损益调整　　　　　　　　　　　　　 98 000

　　　　投资收益　　　　　　　　　　　　　　　　　　　　　 30 000

▶▶ 三、延伸业务活动的处理

1.成本法与权益法

成本法与权益法的适用范围如图 9-1 所示。从具体的适用场景来看，权益法适用于投资方对联营企业和合营企业的长期股权投资，通常持股比例在 20% 到 50% 之间；成本法往往适用于能够对被投资企业实施控制的企业或者子公司，占股比例达到 50% 以上。由此可见，权益法对被投资企业管理方面的影响较小，而成本法对被投资企业（子公司）管理方面的影响非常大。

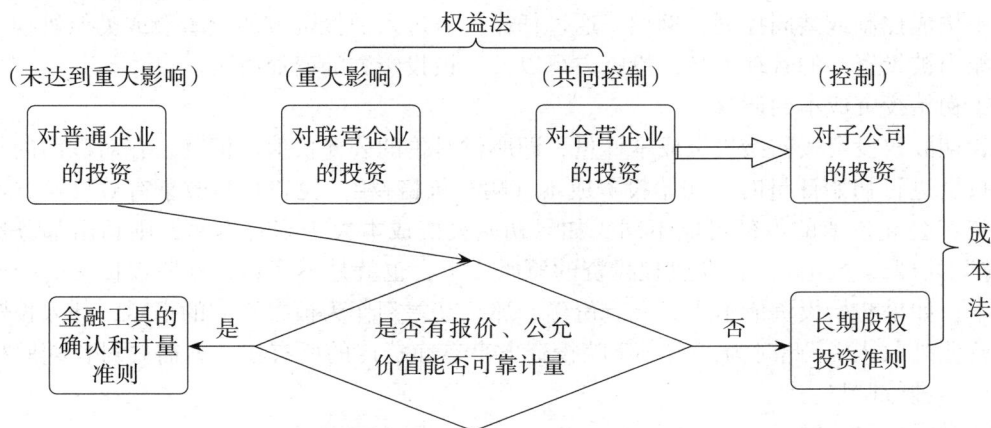

图9-1　成本法与权益法的适用范围

（1）成本法

成本法下，长期股权投资账户反映的是取得时的成本，除非后续追加或者收回，否则金额是不变的。成本法下，长期股权投资后续计量的处理较为简单，只有在长期股权投资发生减值的情况下，其账面价值才会发生变动。投资企业在被投资单位宣告分派现金股利时，按享有的部分确认为当期投资收益。

【例9-3】长江公司于20×8年4月10日取得通达公司60%的股权，成本为1 200 000元。20×9年2月6日，通达公司宣告分派利润，长江公司按照持股比例可取得10 000元。假定长江公司在取得通达公司股权后，对通达公司的财务和经营决策具有控制权。通达公司于20×9年2月12日实际分派利润。

长江公司应进行的账务处理为：

借：长期股权投资——通达公司   1 200 000

    贷：银行存款   1 200 000

借：应收股利   10 000

    贷：投资收益   10 000

借：银行存款   10 000

    贷：应收股利   10 000

（2）权益法

采用权益法核算的长期股权投资，最初以支付对价的公允价值计量，其账面金额为被投资方在归属期内的净资产变化。如果被投资方在年末有收益，则投资方按收到的收益份额确认投资收益，并调整长期股权投资的账面金额。

在确定是否可能对被投资方实施联合控制或重大影响时，要考虑潜在的投票权因素的影响，例如被投资方和其他各方持有的当前可转换公司债券和未行使的认股权。

联合控制是指按照合同约定对某项经济活动共有的控制。在联合控制下，每个合营者都受到合营协议条款的约束，不能单独决定合营企业的重大事项，必须与其他合营者进行协商并达成一致意见。

重大影响是指投资方对被投资企业拥有的参与其财务决策和经营决策的能力，但这种能力不构成控制或共同控制。例如，通过任命代表进入被投资方的董事会或类似机构，或直接派出被投资方的管理人员，投资方可以参与被投资方的商业决策。

①初始投资成本的调整

长期股权投资按初始投资成本计量，即所付对价的公允价值。但是，在对以前的长期股权投资进行初始计量时，初始投资成本（购买价格+相关税费）与应享有被投资方可辨认净资产公允价值的份额可能不同。如果初始投资成本大于享有份额，则超出部分作为"商誉"处理，金额计入长期股权投资的原始成本，也就是不调整长期股权投资的初始投资成本；如果初始投资成本小于享有份额，那么其差额作为被投资方的捐赠，计入投资方的"营业外收入"，此时为了实际反映投资方享有净资产的所有权，就需要对长期股权投资的成本进行调整。

②投资损益的确定

如果被投资方盈利，投资方根据持股比例享有相对应部分的收益；反之，如果被投资方亏损，投资方则应承担相对应部分的损失。在确认应享有的收益或应承担的亏损时，重点往往在于净利润的确认。由于投资方取得被投资方各项资产、负债的账面价值与公允价值不尽相同，因此需要对被投资方的净利润进行调整。

在确认归属于被投资方的盈利或亏损时，应考虑到影响被投资方盈利或亏损的下列因素：

一是以取得投资时被投资方固定资产、无形资产的公允价值为基础计提的折旧额或摊销额对被投资方净利润的影响。假如在投资时点，一项管理用固定资产的公允价值为A，其账面价值为B，且A>B，则从投资时点至当期期末，基于公允价值计提的固定资产累计折旧大于基于账面价值计提的固定资产累计折旧，而被投资单位的净利润往往基于账面价值计算而来，所以，被投资方期末净利润要减去上述二者之间的差额，形成调整后的净利润。

二是被投资方有关长期资产以投资方取得投资时的公允价值为基础计算确定的减值准备金额对被投资方净利润的影响。

三是被投资方采用的会计政策和会计期间可能与被投资方不一致。被投资方的财务报表应按照被投资方的会计政策和会计期间进行重述，并以重述后的净利润作为确认投资收益或损失的基础。

除了对相关资产和负债的公允价值和账面金额之间的差异进行调整外，被投资方与其联营企业或合营企业之间未实现的交易所产生的收益和损失也包括在投资收益中。这种未实现的集团内部交易一般有两种类型：一种是投资方和被投资方之间的商品买卖；另一种是投资方和被投资方之间的资产交易。

未实现内部损益的实质是资产的公允价值和账面金额之间的差异所导致的净利润的差异。同理，我们要将未实现内部损益根据持股比例计算归属于投资方的部分予以抵销。投资企业与被投资方发生的内部交易损失，按照《企业会计准则第8号——资产减值》等规定属于资产减值损失的，应当全额确认。

③取得现金股利或利润的处理

如果是采用权益法核算的长期股权投资，投资方收到的现金股利或收益要减去长期股权投资的账面金额。在被投资方宣告分派现金股利或利润时，借记"应收股利"科目，贷记"长期股权投资——损益调整"科目；投资方取得的现金股利或利润超过已确认损益调整的部分，应视同投资成本的收回，减去长期股权投资的账面价值，贷记"长期股权投资——成本"科目。

第四节　企业合并和合并财务报表

▶▶　一、企业合并

形成控制关系的长期股权投资是企业合并方式的一种——控股合并。除控股合并外，还有另外两种类型的企业合并，即吸收合并和新设合并。如果A公司与B公司合并之后，B公司被解散和清算，但A公司仍然存在，那么这种合并被称为吸收合并；如果A公司与B公司合并后形成一个新的公司，而与合并有关的A公司和B公司都被解散，那么这种合并被称为新设合并。吸收合并与新设合并不涉及长期股权投资，本书不作介绍。下面介绍的重点是投资方和被投资方形成母子公司关系的长期股权投资，即控股合并，以及合并后的商誉和合并财务报表问题。

如果参与合并的企业在合并前后受同一方或相同的多方最终控制，且该控制并非暂时性的（控制时间超过一年），为同一控制下的企业合并。这种企业合并可被视为对所涉及的企业所有权的重新分配，以及对集团内部资产和资源的重新分配，不会导致整个集团的经济利益流入或流出，因此在同一控制下进行的企业合并不会产生商誉。

非同一控制下的企业合并，是指合并各方在合并前后不受同一方或相同的多方最终控制的合并交易，即排除同一控制下的企业合并以外的其他企业合并。这种类型的合并是在没有关系的各方之间进行的，各方就合并交易的公允价值达成一致，如果以公允价值作为会计基础，可能会导致实体的价值增加，即产生商誉。

商誉是指能在未来期间为企业经营带来超额利润的潜在经济价值，或一家企业预期的获利能力超过可辨认资产正常获利能力的价值。商誉是企业整体价值的组成部分。在企业合并时，它体现为母公司支付的投资成本超过母公司在子公司所有者权益公允价值中所占比例的差额。实践中，一家公司合并另一家公司所支付的对价一般会超过其在被并购企业的净资产公允价值中所占的比例，两者的差额记入"商誉"账户。

例如，2024 年 3 月 1 日，华夏公司支付 520 万元收购红缨教育 80% 的股权，能控制红缨教育的财务决策和经营决策。两家公司合并前不受同一方控制，合并后两家公司都有独立的法人资格，这种情况属于非同一控制下的企业合并。3 月 1 日，红缨教育可辨认净资产的公允价值评估为 600 万元。华夏公司以 520 万元的长期股权投资成本得到红缨教育所有者权益 600 万元中的 80%，即 480 万元，差额 40 万元即为商誉。

▶▶ 二、合并财务报表

只有在控股合并的情况下，母公司才有必要编制合并财务报表。母公司及其子公司都是独立的法律实体，它们各自编制的个别财务报表能够反映公司自身的生产和经营情况，然而这些财务报表所提供的会计信息并不能有效地反映整个企业集团的财务状况和业绩，所以，为了了解整个企业集团的活动，有必要编制财务报表，将母公司及其子公司的会计信息结合起来。

根据经济实质高于法律形式的原则，只要母公司控制子公司，无论所形成的企业集团是什么形式，母公司与企业集团内子公司之间都是股份控制的经济关系。这种关系的存在使人们在解释一个企业集团的合并财务报表和母公司及其子公司的个别财务报表时能够注意到这些报表之间存在的关系和差异。

在编制合并报表时要求抵销母子公司间的内部交易，这样可以防止母公司由于拥有对子公司的控制权而借内部交易来操纵企业集团的利润。剔除了人为粉饰财务报表的因素，使得合并财务报表能反映企业集团真实的财务状况、经营成果和现金流量。合并财务报表以母公司为核心，可以向管理者提供企业集团的综合信息，使其了解子公司的经济状况，可以反映母公司股东在整个企业集团中所占的权益，还可以反映企业集团的各种能力，评估偿债和盈利方面的风险。阅读合并报表是获取这些综合信息、掌控企业集团整体情况的唯一途径。

合并财务报表在编制时并不遵循从会计凭证到会计账簿然后编制财务报表的流程，而是将母公司和子公司个别财务报表上的各项目数据进行汇总、调整和抵销处理，在此基础上计算出合并财务报表各项目的数据。需要调整和抵销的内部交易和事项一般包括：（1）将母公司"长期股权投资"项目的金额调整为按权益法计算的期末余额。（2）将母公司对子公司的"长期股权投资"与母公司在子公司所有者权益中所享有的份额相互抵销。非同一控制下的企业合并，抵销时出现的差额在资产负债表中以"商誉"项目列示。（3）母公司与子公司之间的债权投资与应付债券相互抵销。（4）母公司与子公司之间相互销售商品、提供劳务，购买方形成的期末存货、固定资产等项目中所包含的未实现内部销售利润，与销售方的营业利润相抵销。

【例9-4】甲公司是乙公司的母公司，拥有乙公司100%的控股权。假设2024年年内，甲公司曾将成本12万元的商品以20万元的价格销售给乙公司。截至12月31日，乙公司未将上述商品出售，而是作为期末存货列示在资产负债表"存货"项目中。甲公司将该笔销售业务列示在利润表中"营业收入"项目20万元，"营业成本"项目12万元。12月31日，甲公司对乙公司的"长期股权投资"为100万元（假设已经按权益法进行过调整）。两家公司的个别财务报表数据见表9-10。

表9-10

合并财务报表工作底稿（简表）

2023年12月31日　　　　　　　　　　　　　　　　　　　单位：万元

报表项目	甲公司	乙公司	合计金额	调整与抵销分录		合并金额
				借方	贷方	
（利润表部分）						
营业收入	30	10	40	（2）20		20
营业成本	18	7	25		（2）12	13
⋮						
营业利润	12	3	15	20	12	7
⋮						
利润总额	12	3	15	20	12	7
⋮						
（资产负债表部分）						
货币资金	10	5	15			15
⋮						
存货	60	20	80		（2）8	72
长期股权投资	100	0	100		（1）100	0
⋮						
商誉	0	0	0	20		20
资产总计	220	140	360	20	108	272

续表

| 报表项目 | 甲公司 | 乙公司 | 合计金额 | 调整与抵销分录 | | 合并金额 |
				借方	贷方	
短期借款	18	12	30			30
⋮						
负债合计	68	60	128			128
股本	90	60	150	(1) 60		90
资本公积	20	5	25	(1) 5		20
盈余公积	20	5	25	(1) 5		20
未分配利润	22	10	32	(1) 10+20①	12②	14
股东权益合计	152	80	232	100	12	144
权益总计	220	140	360			272

备注：资产负债表"未分配利润"项目中的①20万元和②12万元，是利润表中抵销营业收入和营业成本后对合并利润产生的影响。

（1）从合并主体（集团）的角度看，甲公司对乙公司的长期股权投资并未形成集团对外投资，乙公司股东权益也未被集团以外的个人或企业持有，因此两者相互抵销。甲公司长期股权投资100万元超过乙公司股东权益80万元的部分，是合并中形成的商誉。编制调整抵销分录如下：

    借：股本   600 000
         资本公积   50 000
         盈余公积   50 000
         未分配利润   100 000
         商誉   200 000
      贷：长期股权投资   1 000 000

（2）甲公司本年销售给乙公司的商品也并未销售到集团之外，因此从集团角度看，20万元的销售收入未实现，8万元的销售利润也不存在。该批商品以20万元列示在乙公司期末存货中，但其实际成本仅为12万元，因此销售收入、销售成本和存货中包含的未实现内部销售利润8万元需要抵销。编制抵销分录如下：

    借：营业收入   200 000
      贷：营业成本   120 000
         存货   80 000

将以上两个抵销分录记录在工作底稿"调整与抵销分录"对应项目中。经过对报表项目数据的抵销，计算出合并财务报表数据（见表9-10）。

从抵销后的合并数可以看到，合并报表中不再显示母公司对子公司的长期股权投资，内部交易形成的利润也不存在了，所有者权益项目仅反映母公司的所有者权益项目。

合并财务报表的主要使用者是母公司的股东和母公司的债权人。合并实体的财务状况和业绩是母公司的股东最关心的，因为母公司的财务状况和业绩在很大程度上取决于子公司的财务状况和业绩。由于控制关系，子公司的利润或损失实际上就是母公司的利润或损失。对于母公司的股东来说，合并数据的需求是最重要的。

母公司的债权人关心的主要是公司的变现能力和现金流量，因为这会影响到偿还他们应得利息以及本金的能力。从法律角度来看，母公司的债权人可以对集团所有的资产提出请求，而子公司的债权人只能对子公司的资产提出请求。所以，合并财务报表对于母公司的债权人来说，比母公司单独的报表更具分析价值。

财务报表使用者虽然要从整体上把握集团的经营情况，但当其需要做出交易、借贷、投资等决策时，还要在分析合并财务报表的同时，结合个别财务报表进行综合判断，这是因为有些决策是针对集团内的母公司或者子公司的。

编制合并财务报表的目的是呈现和报告集团整体的财务状况、业绩和现金流量，避免通过集团内部交易或其他方式粉饰财务报表，以满足财务报表使用者对单一实体的会计信息的需求。合并财务报表可以为母公司的股东特别是控股股东提供决策有用的信息，以弥补母公司财务报表的不足，这符合现代会计对决策有用信息的理解。

由于合并财务报表主要是为母公司的控股股东服务的，因此，合并财务报表中呈现的信息对母公司的债权人、少数股东和国家监管机构的作用可能有限。例如，合并财务报表中的数字实际上是母公司和子公司的总和，不能反映每个法律实体的长期和短期偿付能力，因此不能满足单个公司的债权人的信息需求，对子公司的债权人可能也不是特别有用。合并账户的缺陷意味着母公司作为独立法律实体的单独账户仍然是必不可少的。

从会计信息的决策有用性来看，要求上市公司同时编制并提供合并财务报表和母公司财务报表能够满足财务报表使用者对不同信息的需求。

课后习题

一、单项选择题

1.企业将款项汇往异地银行，开立采购专户，编制该业务的会计分录时应当（　　　）。

A.借记"应收账款"科目，贷记"银行存款"科目

B.借记"其他货币资金"科目，贷记"银行存款"科目

C.借记"其他应收款"科目，贷记"银行存款"科目

D.借记"材料采购"科目，贷记"其他货币资金"科目

2.经"银行存款余额调节表"调整后的银行存款余额是（　　　）。

A.企业账上的银行存款余额　　　　　　B.资产负债表中反映的银行存款余额

C.银行对账单上的银行存款余额　　　　D.企业可以动用的银行存款余额

3.关于交易性金融资产的计量，下列说法中正确的是（　　　）。

A.应当将取得该金融资产的公允价值和相关交易费用之和作为初始确认金额

B.应当将取得该金融资产的公允价值作为初始确认金额，相关交易费用在发生时计入当期损益

C.资产负债表日，企业应当将金融资产的公允价值变动计入当期所有者权益

D.处置该金融资产时，其公允价值与初始入账金额之间的差额应确认为投资收益，

　不调整公允价值变动损益

4.企业采用成本法核算长期股权投资时，当收到被投资单位分派的现金股利时，若为投资后产生的净利润分配的，应当（　　）。

A.减少长期股权投资　　　　　　　　　B.冲减应收股利

C.增加实收资本　　　　　　　　　　　D.计入投资收益

5.企业采用权益法核算长期股权投资，当被投资单位发生亏损时，投资企业应当按其分担的份额，（　　）。

A.减少长期股权投资的账面价值　　　　B.冲减应收股息

C.冲减资本公积　　　　　　　　　　　D.计入营业外支出

二、多项选择题

1.编制银行存款余额调节表时，下列未达账项中会导致企业银行存款日记账的账面余额小于银行对账单余额的有（　　）。

A.企业开出支票，银行尚未支付

B.企业送存支票，银行尚未入账

C.银行代收货款，企业尚未接到收款通知

D.银行代付水费，企业尚未接到付款通知

2.下列各项中，应确认为其他货币资金的有（　　）。

A.企业持有的3个月内到期的债权投资

B.企业为购买股票向证券公司划出的资金

C.企业汇往外地建立临时采购专户的资金

D.企业向银行申请银行本票时拨付的资金

3.关于金融资产的初始计量，下列说法中正确的有（　　）。

A.交易性金融资产应当将取得时的公允价值作为初始确认金额，相关的交易费用在发生时计入当期损益

B.债权投资应当将取得时的公允价值和相关交易费用之和作为初始确认金额

C.其他债权投资应当将取得时的公允价值和相关交易费用之和作为初始确认金额

D.其他债权投资应当将取得时的公允价值作为初始确认金额，相关的交易费用在发生时计入当期损益

4.投资企业（　　）时，投资方应采用权益法核算长期股权投资。

A.与被投资单位存在控制关系　　　　　B.对被投资单位无重大影响

C.对被投资单位有重大影响　　　　　　D.与被投资单位存在共同控制关系

5.采用权益法核算时，可能记入"长期股权投资"科目贷方发生额的是（　　）。

A.被投资单位宣告发放现金股利　　　　B.被投资单位收回长期股权投资

C.被投资单位发生亏损　　　　　　　　D.被投资单位实现净利润

三、综合题

1.20×2年5月6日，甲公司支付价款1 016万元（含交易费用1万元和已宣告发放现金股利15万元），购入乙公司发行的股票200万股，占乙公司有表决权股份的0.5%，甲公司将其划分为交易性金融资产。

（1）20×2年5月10日，甲公司收到乙公司发放的现金股利15万元。

（2）20×2年6月30日，该股票市价为每股5.2元。

（3）20×2年12月31日，甲公司仍持有该股票，当日该股票市价为每股4.8元。

（4）20×3年5月9日，乙公司宣告发放现金股利4 000万元。

（5）20×3年5月13日，甲公司收到乙公司发放的现金股利。

（6）20×3年5月20日，甲公司以每股4.9元的价格将股票全部转让。

要求：编制甲公司与该金融资产相关的会计分录（以万元为单位）。

2.资料：甲公司为上市公司，有关权益性投资业务如下：

（1）甲公司在20×1年年初以银行存款350万元购入乙公司发行在外的普通股股票，占乙公司表决权份额的30%，并对乙公司的财务和经营政策有重大影响。投资时乙公司可辨认净资产的公允价值为1 000万元。假设甲公司和乙公司采用的会计期间和会计政策相同，且乙公司可辨认资产的公允价值等于账面价值。

（2）乙公司在20×1年度实现净利润300万元。

（3）乙公司在20×2年4月初宣告分派20×1年度现金股利120万元，随后甲公司收到现金股利。

（4）乙公司由于重大不利因素的影响，于20×2年发生净亏损1 500万元。假设甲公司拥有对乙公司实质性的权益即长期应收项目30万元，无额外承担义务。

（5）乙公司在20×3年度实现净利润1 200万元。

（6）甲公司于20×4年年初对外出售其拥有的乙公司股权的20%，取得出售款项净额80万元，该款项已收妥入账。

要求：根据上述资料，计算甲公司在20×4年年末长期股权投资的账面价值。

四、思考题

1.在多元化投资策略下，企业如何平衡风险与收益？请搜集一家采用多元化投资策略的上市公司年报，分析其投资组合的构成，并探讨这种策略如何影响公司的财务稳定性和增长潜力。

2.企业在持有不同目的的金融资产时，如何根据其业务模式和现金流量特征进行分类？这种分类对企业的财务报告和投资策略有何影响？

3.探讨非同一控制下的企业合并对合并双方财务状况的影响。合并财务报表的编制如何反映整个企业集团的财务状况？企业管理层可以从中洞察哪些问题？

4.分析合并财务报表与个别财务报表之间的联系和区别。为什么母公司的股东和债权人对这两类报表的关注点不同？

5.企业在进行长期股权投资时应如何评估和管理其与被投资公司的关系？请搜集一家长期股权投资较多的上市公司的年报，分析该上市公司对被投资公司的控制或影响程度，并讨论这种关系如何影响企业的战略决策和财务表现。

第十章　筹资活动

第十章　筹资活动

▶【本章导读】

　　万科于 1988 年进入房地产行业，为首个土地开发项目投资了 2 000 万元人民币。同年，万科进行了股份制改革，以公开发行股票的方式筹集资金，筹资规模达到 2 000 多万元。截至 1990 年年末，公司业务扩展到房地产开发、工业生产、文化创意、商业贸易等领域，并于 1991 年挂牌上市，筹资规模达到 1 亿多元。新股的发行为万科募集了充足的资金，公司开始在东南沿海不断拓展业务范围。1993 年，万科进入 B 股市场，公开发售 B 股 4 500 万股，筹资规模达到 4.51 亿港元。海南地产的泡沫给我国房地产市场敲响了警钟，彼时许多房地产企业破产，然而拥有充足资金支撑的万科经受住了市场考验。

　　通过了解万科的筹资方式，我们可以发现，处于起步阶段的企业通常既没有强大的市场地位，也没有建立起稳固的企业品牌和声誉，同时还可能面临资金短缺的问题，因此不宜采用扩张型筹资战略；如果企业选择防御型筹资战略，大部分靠内部融资，在市场成熟阶段也不进行上市融资，就可能导致投资者对企业的发展缺乏信心，不利于企业的稳健发展。

　　试想一下，如果你身为万科的经营者，当企业处于不同发展阶段时，分别会采取什么样的方式进行筹资？为什么？

　　资料来源：作者根据公开资料整理而成。

第一节　筹资决策

一、筹资活动的动机

　　对于任何商业组织来说，资本是其生命线，是其生存和持续发展的关键，这就是为什么公司要从不同的来源，以不同的方式筹集其生产和运营所需的资本。作为一个市场参与者，公司在独立运作和竞争的过程中，资本的调动在很大程度上决定了它的业绩，甚至是它的生存。

　　筹集资本是一个公司财务活动和资本流动的起点。筹集资本对于公司的生存和发展至关重要。没有资金，公司将难以生存，更不可能发展。在筹集资金时，公司需要研究融资环境，并根据融资环境做出合理的融资决策。此外，筹资时间应与资金的使用时间相联系，并考虑到资本市场的供应能力。在实施融资解决方案时，合同和协议应该由融资方和被融资方按照法律手续仔细签署。双方均应执行融资方案的条款和合同安排。融资方应按时偿还借贷资金，保持公司的信用度。企业融资的目的是确保企业的财务安全，维持企业的持续发展。同时，公司的财务活动应以满足生产经营需要、降低资本成本和财务风险的方式进行。表 10-1 列示了四种具体的企业筹资动机。

表10-1 企业筹资的动机

种类	含义	要求
创立性筹资动机	企业设立时为取得资本金并满足开展经营活动的基本条件而产生的筹资动机	第一道门槛是相关法律的规定，即任何企业在设立时都要有符合企业章程规定的全体股东认缴的出资额（营业执照上列示的注册资金）
支付性筹资动机	为满足经营业务活动的正常波动所形成的支付需要而产生的（临时性）筹资动机	超出维持正常经营活动资金需求的季节性、临时性的交易支付需要，如用于购买原材料的大额支付、员工工资的集中发放、股东股利的发放等
扩张性筹资动机	为满足生产经营规模扩大或对外投资需要而产生的筹资动机	适用于拥有良好发展前景、处于成长期的企业
调整性筹资动机	企业因调整资本结构而产生的筹资动机（一般不会增加资本总额）	(1) 优化资本结构，合理利用财务杠杆效应 (2) 偿还到期债务，用于债务结构内部调整 (3) 维持目标资本结构

总而言之，企业开展并控制筹资活动的目标主要体现在资本结构优化、资本成本节约和资本收益增加三个方面。筹资活动在财务管理中处于极其重要的地位，企业在筹集资金时要充分考虑各种筹资方式给企业带来的资金成本的高低和财务风险的大小，以便选择最佳筹资方式，实现财务管理的总体目标。

▶▶ 二、筹资来源和方式

（一）企业筹资方式

由于企业筹集资金的来源与方式不同，因此筹资条件、筹资成本和筹资风险也不同。企业筹资方式根据不同的分类标准可以划分为不同类型，下面重点介绍因企业所取得资金的权益特性不同而形成的几种企业筹资方式。

1. 负债筹资（debt financing）

选择负债筹资时，企业必须合理经营，按时偿还本金和利息，而债权人对公司的行为不承担责任。对于借款利息，企业应在进行负债筹资决策时提前做好预判，精确计算债务资金成本，明确企业的偿债风险及应对方式，提升风险意识。

负债筹资主要表现为向银行和其他金融机构借款、发行债券、融资租赁、商业信用等。向银行和其他金融机构借款是指企业根据贷款协议向有关银行或非银行金融机构借入所需资金的一种融资方式，也称为银行债务融资。发行债券是指企业按照法定程序发行有价证券，其本金和利息应在规定期限内偿还。融资租赁是指出租人将在固定期限内拥有和使用某项资产的权利授予承租人，但承租人须支付固定对价的合同行为，也称为财务租赁，是相对于经营租赁而言的一种长期租赁，可以满足企业的长期资产需求。商业信用是指商品交易中的延期付款或延期交货所形成的借贷关系，是企业之间的直接信用关系。负债筹资的优缺点（与股权筹资相比）见表10-2。

表10-2　　　　　　　　　　　**负债筹资的优缺点（与股权筹资相比）**

	内容	说明
优点	1.筹资速度较快	与股权筹资相比，债务筹资不需要经过复杂的审批手续和证券发行程序，如银行借款、融资租赁等，可以迅速地获得资金
	2.筹资弹性大	利用债务筹资，可以根据企业的经营情况和财务状况，灵活地确定筹资数量，商定债务条件，安排取得资金的时间
	3.资本成本负担较轻	一般来说，债务筹资的资本成本要低于股权筹资，原因如下：①取得资金的手续费等筹资费用较低；②利息、租金等用资费用比股权资本要低；③利息等资本成本可以在税前支付
	4.可以利用财务杠杆	债权人从企业那里只能获得固定的利息或租金，不能参加公司剩余收益的分配。当企业的资本报酬率高于债务利率时，普通股股东的每股收益增加，净资产报酬率提高，企业价值提升
	5.稳定公司的控制权	债权人无权参与企业的经营管理，利用债务筹资不会改变和分散股东对公司的控制权
缺点	1.不能形成企业稳定的资本基础	债务资本有固定的到期日，须到期偿还
	2.财务风险较大	债务资本有固定的到期日和固定的债务利息负担，以抵押、质押等担保方式取得的债务，在资本使用上可能会有特殊的限制
	3.筹资数额有限	债务筹资的数额往往受到贷款机构资本实力的制约，不可能像发行股票那样一次性筹集到大笔资本，无法满足公司大规模筹资的需要

2. 衍生工具筹资（derivative financing）

衍生工具筹资可分为混合融资和其他衍生工具筹资，兼具股权与债务双重特征。我国上市公司目前常见的衍生工具筹资主要包括可转换公司债券、认股权证、优先股等。

（1）可转换公司债券（convertible bond），又称可转换债券，是指在一定时期，在一定条件下可以转换为公司股份的债券。可转换性是可转换债券投资者的一种选择，是一般债券所不具备的。可转换债券的持有人可以自由选择是否以固定价格或在固定期限内以固定转换率将其转换为公司的普通股。

（2）认股权证（warrant）是一种具有证券期权性质的投资工具，主要分为美式认股权证与欧式认股权证，也可以按持有期限长短分为长期认股权证与短期认股权证。认股权证有助于改善上市公司的治理结构，完善上市公司的股权激励机制。

（3）优先股（preferred stock）。优先股与普通股的区别主要在于：优先股在支付股息和公司破产时对资产的索赔方面都比普通股有优先权（如图10-1所示）。优先权意味着普通股股东只有在优先股股东获得股息后才有权获得股息（当然，前提是公司股票正在交易）。从法律和税收的角度来看，优先股是一种特殊股权形式，优先股的持有人通常没有投票权。

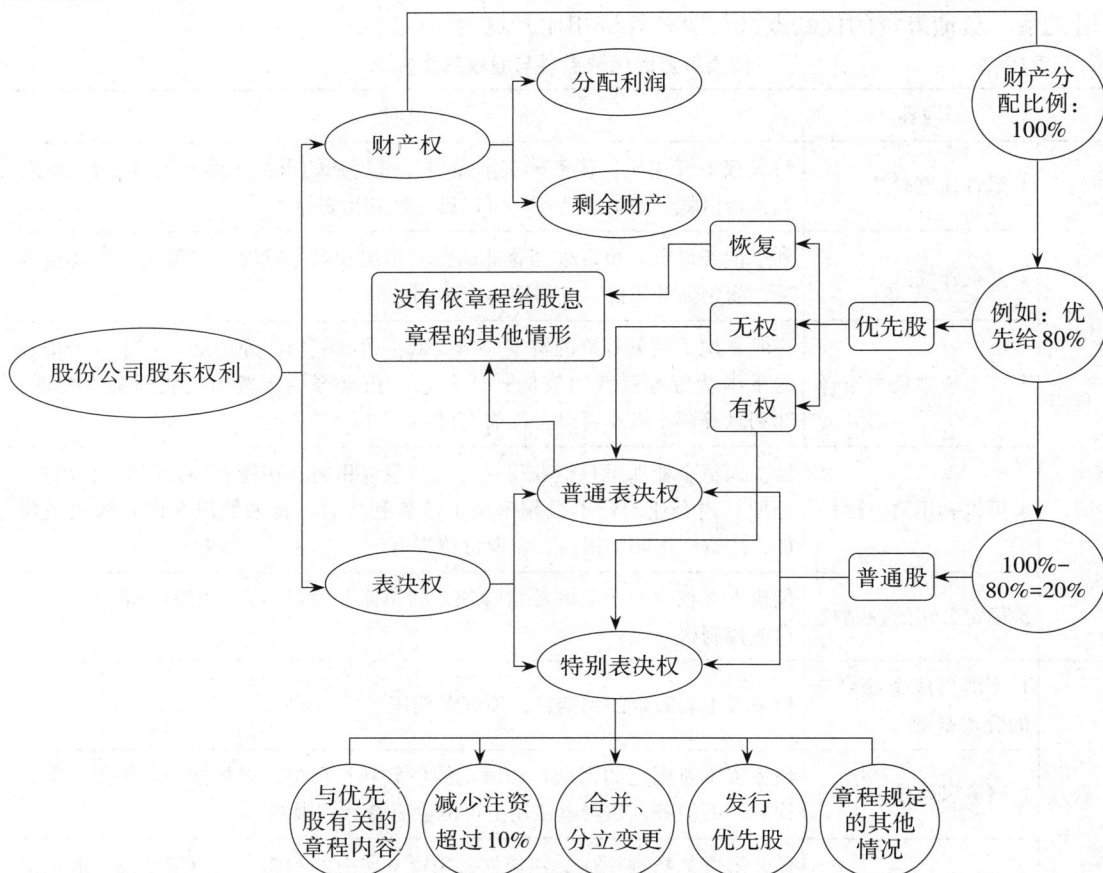

图10-1　普通股与优先股的区别

在企业财务管理工作中，筹资的数量与结构直接影响企业的效益，进而影响企业的收益分配。企业对于某种筹资方式所承担的资本成本与筹资风险之间呈反向变动关系。一般来说，资本成本从低到高的筹资方式排序为银行存款、债券、可转换债券、优先股、留存收益、普通股、吸收直接投资（通过计算公式可判断）。

（二）优序融资理论

1984 年，美国金融学家迈尔斯与智利学者迈勒夫提出了优序融资理论这一关于公司资本结构的理论。优序融资理论以信息不对称理论为基础，并考虑到交易成本的存在，认为公司为新项目融资时，将优先考虑使用内部盈余，其次采用债券融资，最后考虑股权融资，即遵循内源融资、外源债券融资、外源股权融资的顺序（如图 10-2 所示）。也就是说，在考虑了信息不对称和逆向选择行为影响的情况下，按照留存收益、普通债券、可转债、优先股、普通股的顺序来进行融资是最优的。

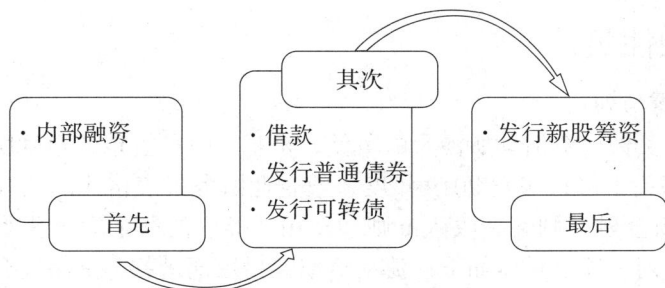

图10-2　优序融资理论概述图

内源融资主要来自公司的自由现金流，它等于净利润加上折旧再减去股息。内源融资是首选的融资方式，这是因为它不需要与投资者签订合同，不需要支付各种费用，而且受到的限制较少。其次是发行低风险债券，此时信息不对称的成本可以忽略；再次是发行高风险债券。最后在不得已的情况下才发行股票。如果外部投资者和公司内部管理者之间存在信息不对称，那么增发股票就可能对公司产生负面影响，因为投资者不了解公司的真实情况和业务前景，只能按照他们对公司价值的预期来支付。换句话说，如果股票被高估，公司经理就很可能利用他们掌握的内部信息来发行新股，那么投资者就会意识到存在信息不对称，所以，当公司宣布发行股票时，投资者会向下调整对现有股票和新股票的估价，导致公司股价下降，公司市场价值降低。因此，如果该实体有内部盈余，那么该实体应首先选择内部融资方案；如果公司不得不依赖外部融资，则首选债券融资，原因就是发行债券的方式不涉及信息不对称，不会导致公司价值受到损害。

第二节　债务筹资和负债

▶▶ 一、负债的分类

负债除了按偿还期限分为流动性负债（current liabilities）与非流动性负债（non-current liabilities）以外，还可以按产生原因分为经营性负债（operating liabilities）与金融性负债（financial liabilities）。二者的比较见表 10-3。

表10-3　　　　　　　　　　　　**经营性负债和金融性负债比较**

比较项	经营性负债	金融性负债
含义	是指企业销售商品、提供劳务等经营活动产生的负债，包括应付票据、应付账款、预收账款和应付职工薪酬等	是指债券融资活动产生的负债，包括短期借款、长期借款、应付债券等
具体来源	主要由外部结算业务和内部往来业务形成	偿还利息和本金
举例说明	常见的经营性负债如超市欠供应商的钱，可以按约定在半年或一年内结算，不用向供应商支付滞纳金	常见的金融性负债如银行贷款等，通过利滚利实现超额回报

▶▶ 二、金融性负债

（一）信息披露与列报

金融性负债是负债筹资活动所涉及的负债，是基于财务管理的角度所做的区分。

依据《财政部关于修订印发 2019 年度一般企业财务报表格式的通知》（财会〔2019〕6 号），以已执行新金融准则、新收入准则和新租赁准则的非金融企业为例，金融性负债在资产负债表中的列示项目具体如下：流动负债包括短期借款、交易性金融负债、衍生金融负债、应付票据（只包括计息部分）及应付账款、其他应付款（只包括应付利息及应付股利部分）、一年内到期的非流动负债等；非流动负债包括长期借款、应付债券（包括优先股和永续债）、长期应付款（融资活动形成的部分）、递延所得税负债（由非经营性资产形成的部分）、其他非流动负债等。表 10-4 截取的是长江公司 2023 年财务报表披露情况。

表10-4   长江公司2023年资产负债表（负债部分）   单位：元

负债	附注	2023 年 12 月 31 日	2022 年 12 月 31 日
流动负债：			
短期借款	七、23	103 183.52	96 722.24
应付票据	七、25	222 157.27	250 985.58
应付账款	七、26	470 617.89	418 853.14
合同负债	七、27	77 319.16	93 531.74
应付职工薪酬	七、28	50 775.18	40 504.65
应交税费	七、29	28 412.16	28 764.96
其他应付款	七、30	191 815.69	175 851.99
一年内到期的非流动负债	七、31	37 325.51	62 947.51
其他流动负债	七、32	18 198.63	19 550.19
流动负债合计		1 199 805.01	1 187 712.00
非流动负债：			
长期借款	七、33	179 363.03	135 908.67
租赁负债	七、34	32 868.01	28 244.78
长期应付款	七、36	10 854.55	10 105.47
预计负债	七、37	19 350.14	16 110.29
递延收益	七、38	10 503.20	9 489.35
递延所得税负债	七、21	20 283.91	23 588.61
其他非流动负债		1 653.31	1 515.72
非流动负债合计		274 876.15	224 962.89
负债合计		1 474 681.17	1 412 674.89

资料来源：作者根据公开资料整理而成。

（二）基本经济事项

一般而言，银行借款是指企业向金融机构借入的、到期还本付息的款项，包括偿还期限超过一年的长期借款和偿还期限不足一年的短期借款。为了购进设备和满足资金周转的需要，企业的生产经营离不开银行借款的支持。企业偏好借入长期借款，而金融机构则偏好借出短期借款。

1.短期借款

一般来说，短期借款业务流程如图 10-3 所示。

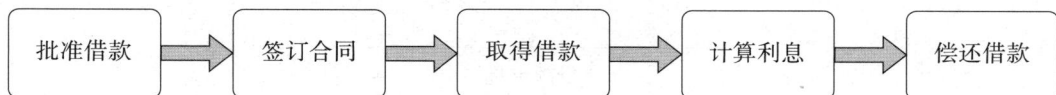

批准借款　➡　签订合同　➡　取得借款　➡　计算利息　➡　偿还借款

图10-3　短期借款业务流程

短期借款的核算主要涉及以下三个方面：

（1）短期借款的取得

企业从银行或者其他金融机构借入款项时，应签订借款合同，注明借款金额、借款利率和还款时间等。企业借入短期借款，借记"银行存款"科目，贷记"短期借款"科目。短期借款科目应按债权人、借款类型和还款时间进行细分。

（2）短期借款的利息费用核算

在资产负债表日，短期借款的利息按实际利率计算，并被视为财务成本，在当期损益中确认。如果实际利率和合同名义利率之间的差异很小，则合同名义利率也可用于计算和衡量利息费用。

如果短期借款的利息是定期支付的（如每季度）或是在短期借款到期时与本金的偿还一起支付的，而且金额较大，那么可以采用预提的办法，即按月预提，计入当期损益。预提时，借记"财务费用"科目，贷记"应付利息"科目；实际支付时，按已经预提的利息金额借记"应付利息"科目，按实际支付的利息金额与已经预提的利息金额（即尚未计提的部分）之间的差额借记"财务费用"科目，按实际支付的利息金额贷记"银行存款"账户。

（3）短期借款的本金偿还

企业归还短期借款，按归还的借款本金，借记"短期借款"科目，贷记"银行存款"科目。

2.长期借款

企业应通过"长期借款"科目核算长期借款的借入、归还等情况。该科目的贷方登记长期借款本息的增加额，借方登记长期借款本息的减少额，期末贷方余额表示企业尚未偿还的长期借款。由于长期借款的期限较长，最短在一年以上，所以将其列入非流动负债项目进行核算和管理。"长期借款"账户可按照贷款单位和贷款种类设置明细账，分别"本金""利息调整""应计利息"等进行明细核算。

一般来说，长期借款业务流程如图 10-4 所示。

```
┌─────────────────┐
│     贷款申请      │
└────────┬────────┘
         ↓
┌─────────────────┐
│     资料准备      │
└────────┬────────┘
         ↓
┌─────────────────┐
│     贷前调查      │
└────────┬────────┘
         ↓
┌─────────────────┐
│     贷款审批      │
└────────┬────────┘
         ↓
┌─────────────────┐
│     签订合同      │
└────────┬────────┘
```

| 办理抵押登记 | 贷款发放 |
| 贷款发放 | 办理抵押登记 |

```
┌─────────────────┐
│     按期还款      │
└────────┬────────┘
         ↓
┌─────────────────┐
│     贷款结清      │
└─────────────────┘
```

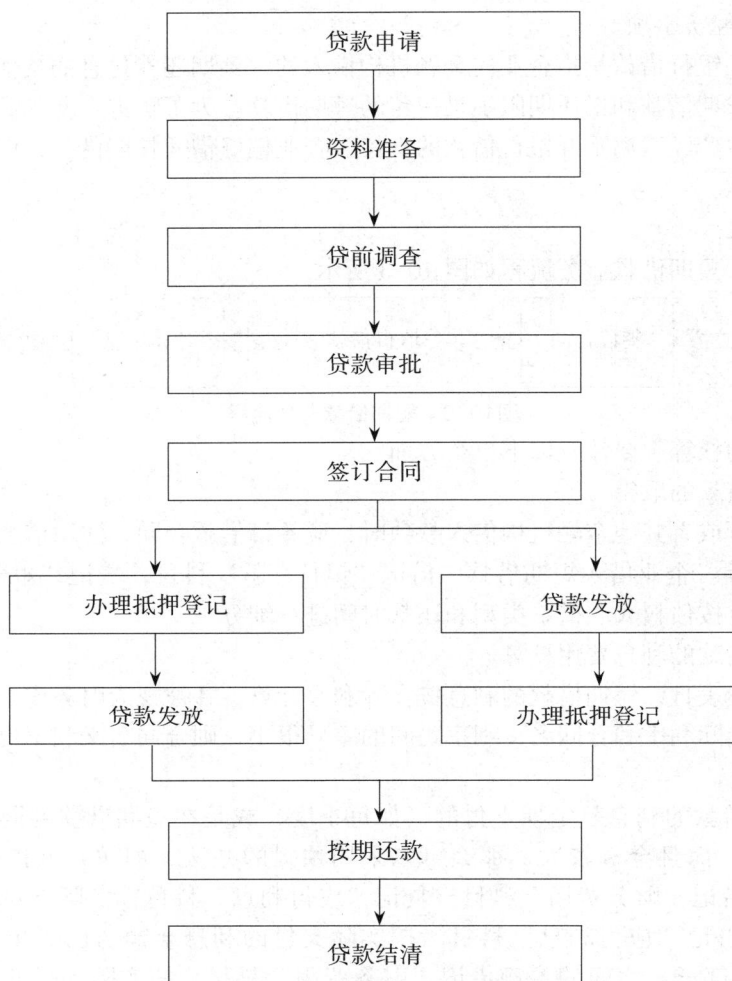

图10-4　长期借款业务流程

长期借款的核算主要涉及以下三个方面：

（1）长期借款的取得

企业借入各种长期借款，按实际收到的款项借记"银行存款"科目，按借款本金贷记"长期借款——本金"科目，按借贷方之间的差额借记"长期借款——利息调整"科目。

（2）长期借款的利息费用核算

在资产负债表日，企业应根据按长期借款的摊余成本和实际利率计算确定的利息费用，分别借记"在建工程""财务费用"等科目；根据按借款本金和合同利率计算确定的应付未付利息，贷记"应付利息"科目或者"长期借款——应计利息"科目，贷记"长期借款——利息调整"科目。

实际支付利息时，企业应按实际支付的利息金额，借记"应付利息"科目或者"长期借款——应计利息"科目，贷记"银行存款"科目。

（3）长期借款的本金偿还

企业归还长期借款，按归还的借款本金，借记"长期借款——本金"科目，贷记"银行存款"科目。

如果同时存在利息调整余额的，按转销的利息调整金额，借记或贷记"在建工程""财务费用"等科目，贷记或借记"长期借款——利息调整"科目。

▶▶ 三、延伸业务活动的处理

（一）应付债券

最初，债券往往与战争、开辟新兴市场和基础设施建设有关。随着商业体系的稳步改善和资本市场的发展，发行债券成为企业融资的主要方式之一。应付债券是企业为筹集资金发行的、期限至少为一年的、采用长期贷款形式的书面承诺，并约定在规定期限内偿还本金和利息。

债券本质上是具有融资功能的长期债务证券和有价证券，通常分为单一证券和股债混合型证券。单一证券是指没有转换条款的一般公司债券，按照法定程序发行，并约定在固定期限内偿还本金和利息。股债混合型证券是具有不同特征的股权和债务证券的组合。目前市场上主要的股债混合型证券是可转换债券和永久债券（perpetual bond）。

企业发行债券的业务流程如图 10-5 所示。

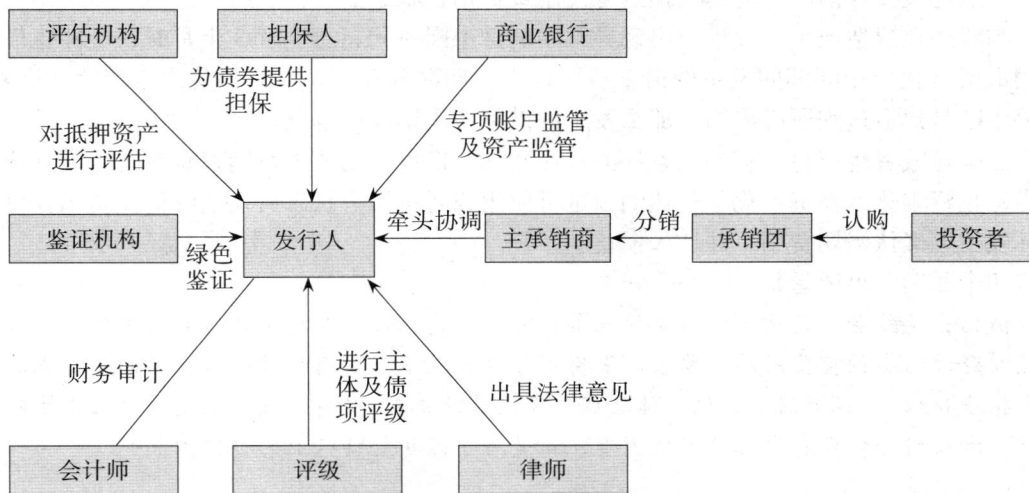

图10-5　企业发行债券的业务流程

（二）长期应付款

长期应付款是指企业除了长期借款和应付债券以外的各种长期应付款项，主要包括以分期付款方式购入固定资产（或无形资产）发生的应付款项、采用补偿贸易方式引进国外设备发生的长期应付款项等。

（三）借款费用资本化

借款费用是指企业因借款而发生的利息费用及其他相关成本，具体内容见表 10-5。

表10-5 借款费用的具体内容

范围	具体内容
1.因借款而发生的利息	①企业向银行或者其他金融机构等借入资金发生的利息，以及发行公司债券发生的利息 ②为购建或者生产符合资本化条件的资产而发生的带息债务（带息应付票据）所承担的利息等
2.债券发行中的折价或者溢价的摊销	实质是对债券票面利率的调整（即将债券票面利率调整为实际利率），属于借款费用的范畴
3.辅助费用	包括企业在借款过程中发生的诸如手续费、佣金（发行债券产生的，不包括发行股票产生的）、印刷费等交易费用
4.因外币借款而发生的汇兑差额	是指由于汇率变动导致市场汇率与账面汇率出现差异，从而对外币借款本金及利息的记账本位币金额所产生的影响金额

企业发生的可直接归属于购置或生产可资本化资产的借款费用应予资本化，并计入相关资产的成本；其他借款费用应在发生时计入费用，并在发生时计入当期损益。符合资本化条件的资产包括财产、厂房和设备、投资性房地产和存货等，这些资产需要经过相当长时间的购建或生产活动才能达到预定可使用或可销售状态。

当资产在建造或生产过程中出现异常中断且中断时间超过连续 3 个月时，应停止借款费用的资本化。中断期间发生的借款费用计入当期财务费用，直到购建或生产活动恢复。如果中断是建造过程所必需的，那么发生的借款费用继续资本化。

当购建或者生产符合资本化条件的资产达到预定可使用或者可销售状态时，借款费用应当停止资本化。在资本化资产达到预定可使用或者可销售状态后发生的借款费用，应按实际发生额确认当期费用，并计入损益。

【"四个面向"小课堂】

诚信，是社会主义核心价值观的基本内容，也是会计行业稳定发展的根本保证。可靠性是对会计信息最重要的质量要求。没有可靠性，就不可能有会计的可信度问题。党的二十大报告指出，"弘扬诚信文化，健全诚信建设长效机制"。会计丑闻的发生往往由于缺乏诚信，加大对会计信息失真的惩处力度，正是为了维护会计行业的公信力。

第三节 股权筹资和所有者权益

▶▶ 一、股权筹资的定义和具体筹资方式

1.股权筹资的定义

股权筹资（equity financing），也称所有者权益筹资，主要通过扩大或形成企业的所有者权益方式实现，形成永久性资本。

2.股权筹资方式

所有者权益的具体筹资方式包括吸收直接投资、发行普通股、利用内部积累（留存收益）等。

（1）吸收直接投资，是指企业按照"共同投资、共同经营、共担风险、共享收益"的原则，直接吸收国家、法人、个人和外商投入资金的一种筹资方式，可以货币资产出资、以实物资产出资、以工业产权出资、以土地使用权出资、以特定债权出资等。

（2）发行普通股，是企业筹集资金的常用方式。普通股一般是指在股利支付或公司破产时不享有特别优先权的股票。

（3）利用留存收益，是指将企业从税后净利润中提取的盈余公积以及从企业可供分配利润中留存的未分配利润转化为股东对企业的追加投资。

所有者权益的具体筹资方式比较见表 10-6。

表10-6　　　　　　　　　　　　**所有者权益的具体筹资方式比较**

比较项	吸收直接投资	发行普通股	利用留存收益
对生产能力的影响	能够尽快形成生产能力	不容易尽快形成生产能力	—
资本成本	最高（投资者往往要求将大部分盈余作为红利分配）	居中	最低
筹资费用	筹资费用较低，手续比较简便	筹资费用较高，手续比较复杂	无筹资费用
产权交易	不利于产权交易	能够促进股权流通和转让	—
公司控制权	公司控制权集中，不利于公司治理	公司控制权分散，公司容易被经理人控制	不影响公司控制权
公司与投资者的沟通情况	公司与投资者容易进行信息沟通	公司与投资者不容易进行信息沟通	—
筹资数额	较大	较大	有限

▶▶ 二、股权筹资的业务流程

1.处于成长期及成熟期企业的股权筹资业务流程

（1）确定融资需求。企业可以根据战略目标、市场策略、经营策略以及市场表现等确定融资需求，常用的计算指标有销售增长率、销售利润率、资产利用率等，还可以结合股权结构确定最佳融资方式。

（2）联络潜在投资者。在确定融资需求后，企业就要与市场上的潜在投资者进行接触和沟通。初创企业的主要联络对象为天使投资者，中小成长型企业可能选择风险投资者，大型企业则可能引入战略投资者。在与投资者沟通的过程中，需要准备充分、详实的筹资材料，将公司的市场地位、竞争优势、发展前景、融资需求等方面全面展现出来。

（3）尽职调查。尽职调查主要是为了帮助投资者了解企业的行业背景、营销、制造、财务、研发等各个方面的相关情况。

（4）签署文件及交割。在流程的最后环节，企业与投资者签订详细的合同等法律文件，完成股权变更登记、架构调整等手续，接受对应的股权投资。

2.一般企业的股权筹资业务流程（如图10-6所示）

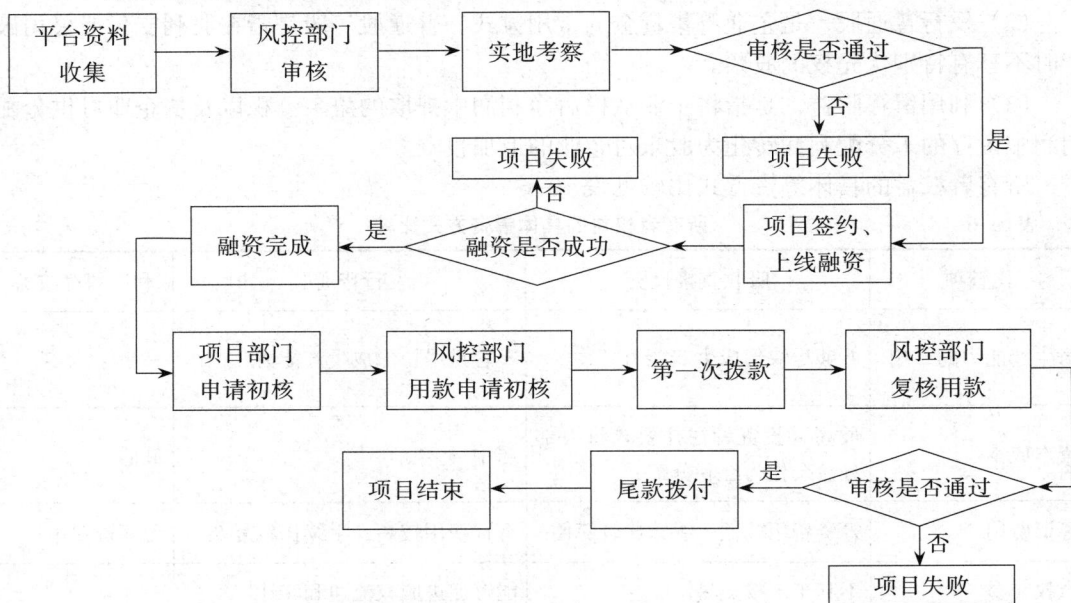

图10-6　一般企业的股权筹资业务流程

▶▶ 三、信息披露与列报

（一）所有者权益的含义及内容

所有者权益表明了企业的产权关系，即企业归谁所有。从数量上看，所有者权益等于企业的全部资产减去全部负债后的剩余权益。

企业的全部资产中除了属于债权人的部分之外，其余属于企业所有者。负债是债权人对企业全部资产的要求权，而所有者权益是企业投资者对企业净资产的要求权。必须明确的是，所有者权益只是在整体上、在抽象的意义上与企业资产保持数量关系，而与企业特定的资产并无直接关系，且不与企业任何具体资产项目发生对应关系。

所有者权益一般包括实收资本（或股本）、其他权益工具、资本公积（含资本溢价或股本溢价、其他资本公积）、其他综合收益、盈余公积和未分配利润。其中，盈余公积和未分配利润统称为留存收益。

（二）不同的企业组织形式下所有者权益的会计核算特点

我国企业组织形式通常包括个人独资企业、合伙企业、公司制企业。不同的企业组织形式下所有者权益的会计核算特点见表10-7。

表10-7　　　　　　　　　　不同的企业组织形式下所有者权益的会计核算特点

企业组织形式	企业组织形式特点	会计核算特点
个人独资企业	由一个自然人投资，财产为投资人个人所有，投资人以其个人财产对企业债务承担无限责任	设置"业主投资"账户进行会计核算，不需要区分业主的原始投资和利润积累。平时发生业主提款时应先通过"业主提款"这一暂记性账户进行反映，年终再结转到"业主投资"账户
合伙企业	普通合伙企业的合伙人对合伙企业债务承担无限连带责任；有限合伙企业由普通合伙人和有限合伙人组成，普通合伙人对合伙企业债务承担无限连带责任，有限合伙人以其认缴的出资额为限对合伙企业债务承担责任	合伙企业接受合伙人投资要通过"合伙人资本"账户核算，分别记入各合伙人的明细账；合伙人参加净收益分配提款或视为合伙人工资的提款均记入"合伙人提款"账户
公司制企业	以法人财产制度为核心，以科学规范的法人治理结构为基础，从事大规模生产经营活动，具有法人资格并依法设立	必须严格区分投入资本及赚取的利润：公司制企业的所有者权益一般按照实收资本（或股本）、其他权益工具、资本公积、其他综合收益、留存收益（盈余公积和未分配利润）分项核算

（三）所有者权益的信息披露与列报

所有者权益在资产负债表中列示的项目具体有：实收资本（或股本）、其他权益工具（含优先股、永续债）、资本公积（减库存股）、其他综合收益、专项储备、盈余公积、未分配利润（企业实现的净利润经过弥补亏损、提取盈余公积和向投资者分配利润后留存企业的、历年结存的利润）。

另外，上市公司还应编制并对外披露所有者权益变动表，以全面反映一定时期所有者权益各组成部分当期增减变动的情况。所有者权益变动表采用矩阵的形式列示以下两方面内容：一是引起权益变化的交易或事件，即权益变化的来源，以提供本期权益变化的全面情况；二是交易或事件对权益各组成部分（即实收资本、其他权益工具、资本公积、其他综合收益、盈余公积、未分配利润、库存股）的影响。所有者权益变动表为财务报表使用者提供了关于所有者权益变动的信息，特别是使他们能够了解权益变动的根本原因。表10-8截取的是长江公司2023年合并所有者权益变动表。

（四）所有者权益增资或减资业务

企业权益性筹资活动的业务流程大致如图10-7所示。

一般企业（个人独资企业、合伙企业、有限责任公司）权益性筹资活动的资金流如图10-8所示。

股份有限公司权益性筹资活动的资金流如图10-9所示。

表10-8　　　　　　　　　　　长江公司2023年合并股东权益变动表　　　　　　　　　　单位：元

项目	归属于母公司所有者权益					少数股东权益	所有者权益合计
	股本	资本公积	减:库存股	盈余公积	未分配利润		
一、上年年末余额	94 465.98	238 820.37	38 578.07	40 141.91	579 837.35	32 815.79	947 503.33
二、本年年初余额	94 465.98	238 820.37	38 578.07	40 141.91	579 837.35	32 815.79	947 503.33
三、本年增减变动金额	−84.84	−1 196.83	11 762.58	8 281.48	105 519.52	10 857.36	111 614.11
（一）综合收益总额	—	—	—	—	165 966.15	999.03	166 965.18
（二）所有者投入和减少资本	−84.84	−1 196.83	11 762.58	—	—	10 105.44	−2 938.80
1.所有者投入的普通股	—	—	—	—	—	10 105.44	10 105.44
2.其他权益工具持有者投入资本	—	—	—	—	—	—	—
3.股份支付计入所有者权益的金额	—	1 792.39	—	—	—	—	1 792.39
4.其他	−84.84	−2 989.21	11 762.58	—	—	—	−14 836.63
（三）利润分配	—	—	—	8 281.48	—	−247.12	−52 791.48
1.提取盈余公积	—	—	—	8 281.48	−8 281.48	—	—
2.提取一般风险准备							
3.对所有者（或股东）的分配	—	—	—	—	−52 544.36	−247.12	−52 791.48
4.其他							
（四）所有者权益内部结转							
四、本年年末余额	94 381.15	237 623.55	50 340.65	48 423.39	685 356.86	43 673.13	1 059 117.43

资料来源：作者根据公开资料整理而成。表中数据存在尾差。

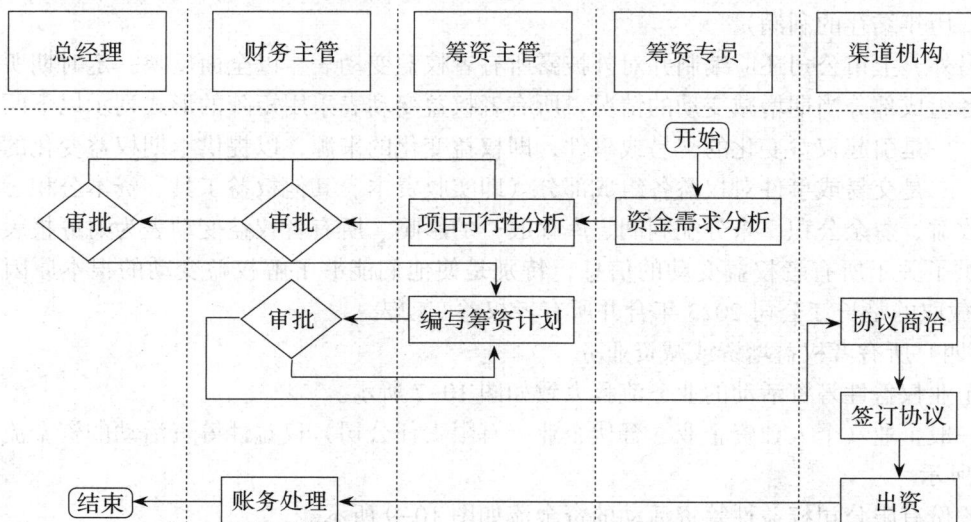

图10-7　权益性筹资业务流程图

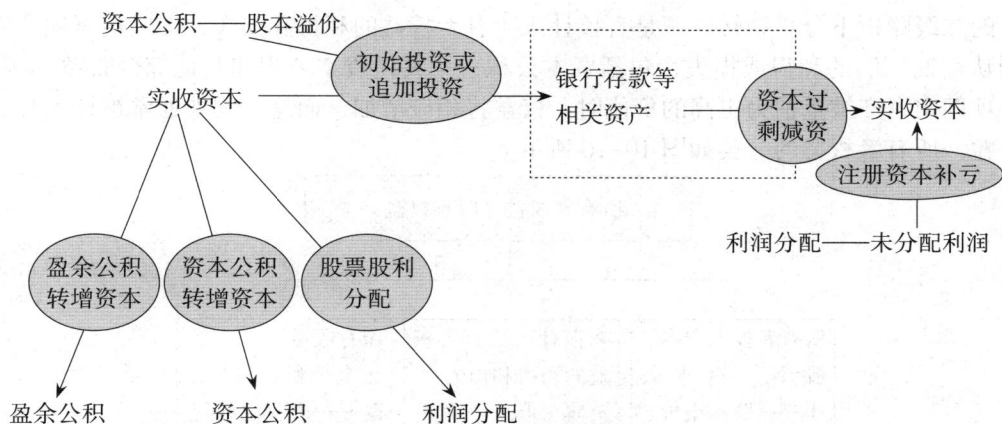

图10-8　一般企业权益性筹资资金流

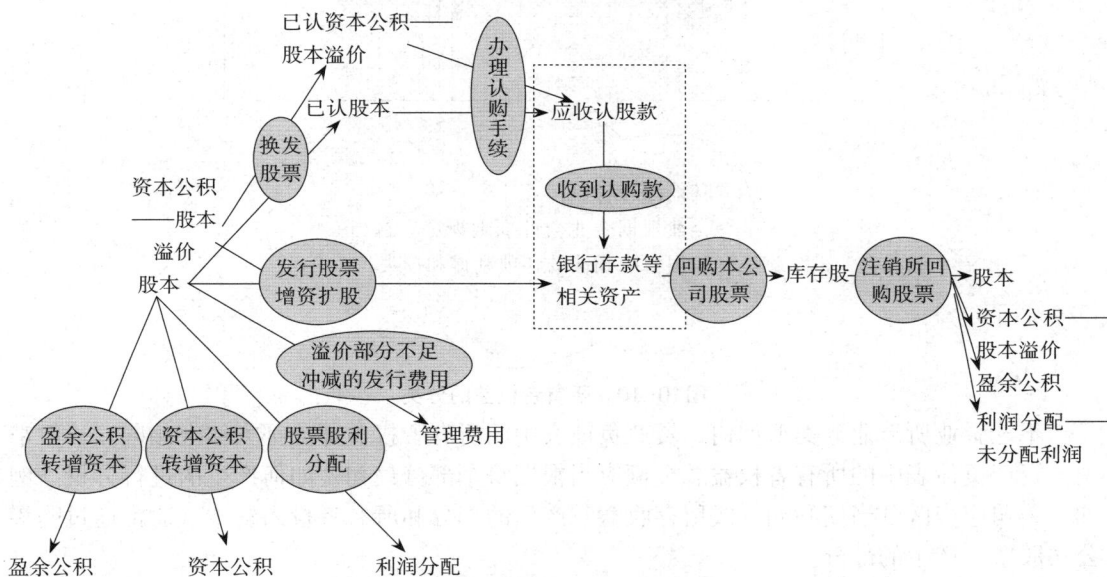

图10-9　股份有限公司权益性筹资资金流

▶▶ 四、基本经济事项

　　有人认为，所有者对企业的"剩余索取权"很难解释，尤其考虑到个人独资企业的所有者实际上就是企业本身。然而，在会计上，企业（无论规模大小）与其所有者之间有明确的区别。无论企业是否为一个独立的法律主体，企业都应被视为与其所有者完全分离。也就是说，财务报告是以企业为主体编制的。因此，从这个角度来看，所有者为企业提供的任何资金在资产负债表中都被视为向企业提出的索取权。

　　对于一般企业来说，所有者权益大致可以分为三类：一是所有者出资的权益，即初始出资额加上任何具体增加额，包括实收资本（或股本）和资本公积——股本溢价（或资本溢价）。二是留存收益，即当期利润减去向所有者分配的任何金额，又分为盈余公积和未分配利润。会计处理上，留存收益和向所有者分配的部分通常经"本年利润"在"利润分配"的二级账户下分步结转。三是直接计入所有者权益的利得和损失，即其他事项产生的未确认当期利润的利得或损失，包括资本公积——其他资本公积和其他综合收益。例如，当一项固定资产被重估为更高的价值时，权益将相应增加，而这一增加通常被计入其他综合收益。所有者权益的分类如图 10-10 所示。

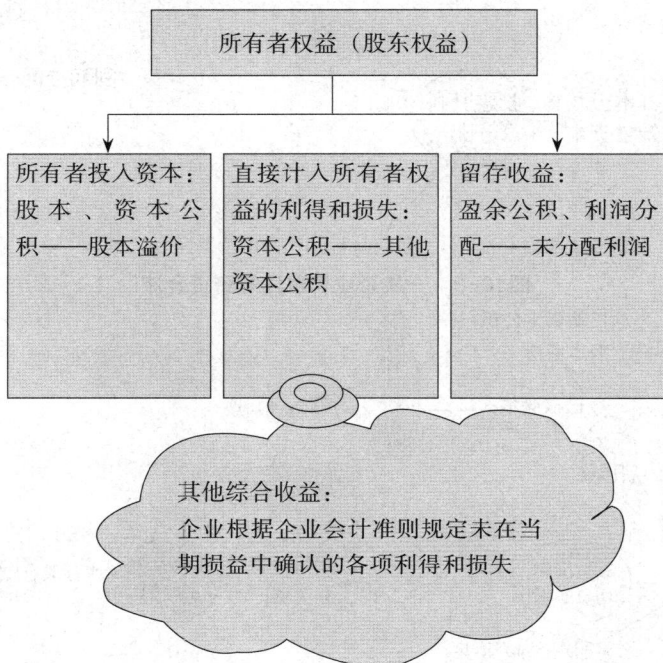

图10-10　所有者权益的分类

不论企业所涉业务类型如何，资产负债表中的所有者权益部分都大体上相同。一般来说，资产负债表中的所有者权益总金额应当根据每个部分最初是如何产生的进行分析。例如，公司应当区分当期利润（或留存收益）产生的部分和所有者投入资本（通常通过购买公司股票）产生的部分。

（一）实收资本（或股本）（paid-in capital）

1.公司注册资本登记制度

注册资本，也称为法定资本，是公司章程规定的所有股东或发起人认缴的出资额或股本总额，即公司营业执照上载明的金额。

根据《中华人民共和国公司法》（自 2024 年 7 月 1 日起施行），有限责任公司的注册股本为在公司登记机关登记的全体股东认缴的出资额。如果有限责任公司是通过增资方式设立的，那么股本的数额就是在公司登记机关依法登记的实收股本总额。

公司应当将股东认缴出资额或者发起人认购股份、出资方式、出资期限、缴纳情况通过市场主体信用信息公示系统向社会公示。公司股东（发起人）对缴纳出资情况的真实性、合法性负责。

2.实收资本的核算内容

一般情况下，投资者的投入资本不超出其在公司登记机关登记的注册资本数额的部分，即构成企业的实收资本（或股本）。在投资者缴纳全部出资时，实收资本和注册资本在数值上是相等的。相应地，实收资本反映企业实际收到的投资者投入企业的资本，也就是实缴的出资额，而不是其认缴的出资额。

公司的注册资本不一定等于会计账面"实收资本"，具体情况如下：

（1）注册资本可以分期缴付到位。在公司采取分次出资方式时，账面"实收资本"≤注册资本。

（2）在企业已增资还未办妥变更登记时，账面"实收资本"＞注册资本。

实收资本和股本是一样的，只是针对不同公司的类型，说法不一样而已。股份制企业的投入资本称为股本，有限责任公司的投入资本称为实收资本。

3. 主要账务处理

公司的实收资本（或股本）分为投入资本业务（增资）和减少资本业务（减资）两大类。下面重点讲解投入资本业务。

以有限责任公司为例：在办理认缴注册登记时，不作账务处理；公司在实际收到投资者出资额时，借记"银行存款"等账户，贷记"实收资本"账户；公司收到投资者出资额超出注册资本所占份额的部分应在"资本公积"账户下核算。另外，公司实际收到资本注入时还应缴纳印花税。

【例10-1】长江公司于20×1年12月登记成立，注册资本为50万元，由甲和乙两个人发起，企业章程规定甲出资30万元、乙出资20万元，于20×2年1月1日投入公司。

（1）20×1年12月公司成立，不需要做任何账务处理，实收资本为0。

（2）20×2年1月1日，甲出资30万元，乙出资20万元，公司已通过银行转账收入资金，并按照5‰缴纳印花税150元。

账务处理如下：

收到投资：

借：银行存款		500 000
贷：实收资本——甲		300 000
——乙		200 000

缴纳印花税：

借：税金及附加——印花税		150
贷：银行存款		150

本业务资金流如图10-11所示。

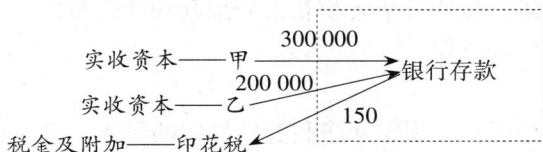

图10-11　接受投资业务资金流

需要注意的是，股份有限公司以发行股票方式筹集的股本通过"股本"账户核算。股份有限公司发行股票，在收到现金等资产时，将实际收到的金额借记"库存现金""银行存款"等账户，按股票面值和核定的股份总额的乘积计算的金额，贷记"股本"账户。我国不允许折价发行股票，一般是溢价发行股票。企业应将收到价款超过股票面值的部分（溢价金额），在扣除发行手续费、佣金等发行费用后记入"资本公积"账户，在溢价金额不足以扣减的情况下冲减盈余公积和未分配利润。

上市公司为发行权益性证券发生的承销费、保荐费、上网发行费、招股说明书印刷费、申报会计师费、律师费、评估费等与发行权益性证券直接相关的新增外部费用，应自所发行权益性证券的发行收入中扣减，在权益性证券发行有溢价的情况下，自溢价收入中扣除，在权益性证券发行无溢价或溢价金额不足以扣减的情况下，应当冲减盈余公积和未分配利润；发行权益性证券过程中发生的广告费、路演及财经公关费、上市酒会费等其他费用，应在发生时计入当期损益。

【例 10-2】长江公司委托证券公司发行普通股，股票面值总额 4 000 万元，发行总收入 6 000 万元，发行费按发行总额的 2% 计算。股票发行净收入 5 880 万元，已全部到账。

账务处理如下：

借：银行存款   58 800 000

   贷：股本   40 000 000

      资本公积——股本溢价   18 800 000

本业务资金流如图 10-12 所示。

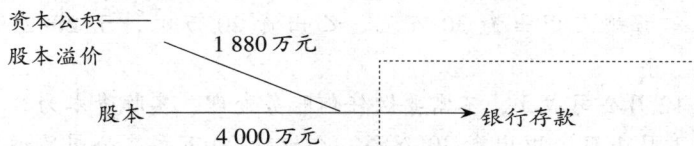

图10-12 溢价发行股票业务资金流

（二）资本公积（capital reserve）

资本公积包括资本溢价（或股本溢价）和其他资本公积等。

资本溢价是指投资者对企业的出资额超过其在企业股本中的份额的金额。股本溢价是指股份有限公司溢价发行股票时实际收到的价款超过股票面值总额的数额。资本溢价（或股本溢价）是企业的储备资本，可以按法律规定的程序转增注册资本。

其他资本公积是指除净损益、其他综合收益和利润分配以外所有者权益的其他变动，一般在长期股权投资的权益法以及股份支付的权益结算中会涉及。

（三）留存收益（retained earnings）

阅读报表的人大都关注留存收益。留存收益是指企业从历年实现的利润中提取或形成的留存于企业的内部积累，包括盈余公积和未分配利润两部分内容。简单地说，它是企业过去经营累积利润和损失的总和。

1.盈余公积

盈余公积是指企业按照有关规定从净利润中提取的积累资金。企业提取的盈余公积经过批准可用于转增资本、弥补亏损、扩大企业生产经营或发放现金股利或利润等。公司制企业的盈余公积包括法定盈余公积和任意盈余公积。

（1）法定盈余公积是指企业根据规定的比例从净利润中提取的盈余公积。这其实反映了与"预支型消费"截然相反的消费观念，讲求"未雨绸缪"，不能挣多少，花多少，要留点钱，以防万一。所以，企业挣了钱要按法定的要求提取一定比例，这个钱不准花，攒着保底。

（2）任意盈余公积主要是公司制企业按照股东会或股东大会的决议提取的盈余公积。其他企业也可以根据需要提取任意盈余公积。

企业应设置"盈余公积"账户，核算盈余公积的提取和使用等增减变动情况，并设置"法定盈余公积""任意盈余公积"明细账户，分别核算企业从净利润中提取的各项盈余公积及其使用情况。

【例10-3】长江公司在20×2年成立当年就实现税后利润 11 000 000 元，按 10% 的比例提取法定盈余公积，根据股东大会决议按 20% 提取任意盈余公积。

编制会计分录如下：

借：利润分配——提取法定盈余公积　　　　　　　　　　　　1 100 000
　　　　　——提取任意盈余公积　　　　　　　　　　　　2 200 000
　　贷：盈余公积——法定盈余公积　　　　　　　　　　　　　1 100 000
　　　　　　　——任意盈余公积　　　　　　　　　　　　　2 200 000

本业务资金流如图10-13所示。

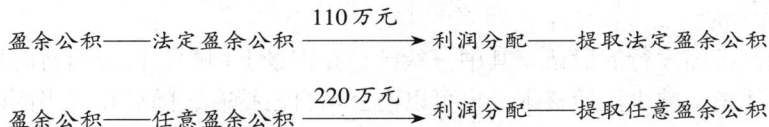

图10-13　提取盈余公积业务资金流

2.未分配利润

未分配利润是指企业实现的净利润经过弥补亏损、提取盈余公积和向投资者分配利润后留存在企业的历年结存的利润。

未分配利润通过"利润分配——未分配利润"明细账户进行核算。

年度终了，企业应将本年度实现的净利润结转到"利润分配——未分配利润"账户的贷方；同时，应将本年度利润分配的数额结转到"利润分配——未分配利润"账户的借方。

年末结转后，"利润分配——未分配利润"账户如果是贷方余额，反映历年累积未分配的利润数额，即可供以后年度分配的利润；如果是借方余额，则反映历年累积未弥补的亏损数额，即留待以后年度弥补的亏损。

未分配利润在数额上等于企业期初未分配利润加上本期实现的净利润，减去提取的盈余公积和分配出去的利润后的余额。

▶▶　五、延伸业务活动的处理

（一）其他权益工具

其他权益工具是指企业发行的除普通股以外的、按照金融负债和权益工具区分原则归类为权益工具的各种金融工具。

1.其他权益工具的会计处理原则

对于归类为权益工具的金融工具，无论其名称中是否包含"债"，利息支出或股利分配都作为发行企业的利润分配，回购、注销等作为权益的变动处理；对于归类为金融负债的金融工具，无论其名称中是否包含"股"，利息支出或股利分配原则上都应作为借款费用进行处理，赎回、回购产生的收益或损失应在当期损益中确认。

企业（发行方）因发行金融工具而产生的交易成本，如费用和佣金，如果所发行工具被归类为债务工具并按摊余成本计量，应计入所发行工具的初始计量金额；如果所发行工具被归类为权益工具，应从权益工具（其他权益工具）中扣除。

企业发行的其他权益工具，属于金融工具，按照金融工具准则进行初始确认和计量。此后，在每个资产负债表日计提利息或分派股利，并按照相关实体的具体会计准则进行会计处理。这意味着，企业应当根据所发行的金融工具的分类来确定利息支出或股利分配的会计处理。

企业应设置"其他权益工具"会计科目，记录企业发行的除普通股以外的各种权益工具，并应根据发行的金融工具类型（如"优先股""永续债"）进行详细的会计记录。

需要说明的是，"应付债券"是指企业发行的归类为金融负债的债券；"衍生工具"反映企业需要拆分并由此形成衍生金融负债或衍生金融资产的衍生金融工具。

（二）库存股

库存股是已经发行的股票，其中一些已经在市场上回购，由公司暂时持有。库存股可以被回购后注销，减少注册资本，也可以由公司自己持有，随后在适当的时机在市场上出售，还可以用来激励员工。库存股与未发行的股票有类似的特点，即它们没有投票权或分配股利权，在公司清算时不能变现。

下面列举的是华荣股份发布的库存股公告新闻：公司拟以不超过人民币 20 元/股的价格回购公司部分 A 股股份，回购股份资金总额不超过 2 亿元（均含本数，下同），回购的股份数量不低于 500 万股，不超过 1 000 万股。本次回购的股份将作为库存股用于股权激励的股份来源。

企业注销库存股时，应根据按股票面值和注销股数计算的股票面值总额，借记"股本"账户，按注销库存股的账面余额，贷记"库存股"账户，按其差额，借记"资本公积——股本溢价"账户，股本溢价不足冲减的，应借记"盈余公积""利润分配——未分配利润"账户。

【例 10-4】20×2 年 5 月，长江公司因业务量缩减，通过收购本公司发行在外股份的方式减少注册资本 500 000 元，实际支付金额为 600 000 元，购入后 10 日内注销库存股。

回购股份：

借：库存股　　　　　　　　　　　　　　　　　　　　　　　600 000

　　贷：银行存款　　　　　　　　　　　　　　　　　　　　　　　600 000

注销库存股：

借：股本　　　　　　　　　　　　　　　　　　　　　　　　500 000

　　资本公积——股本溢价　　　　　　　　　　　　　　　100 000

　　贷：库存股　　　　　　　　　　　　　　　　　　　　　　　　600 000

本例的业务资金流如图 10-14 所示。

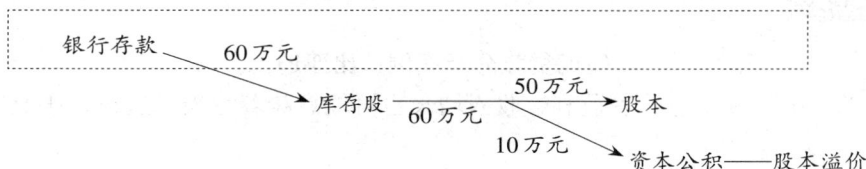

图10-14　注销库存股业务资金流

（三）其他综合收益

其他综合收益主要记录当期已确认未实现的损益，目的是提高会计信息透明度，减少"盈余管理的空间"，主要包括以后会计期间不能重分类进损益的其他综合收益和以后会计期间满足规定条件时将重分类进损益的其他综合收益两类，具体情形见表 10-9。

表10-9

其他综合收益的具体情形

	具体情形
以后会计期间不能重分类进损益的其他综合收益	1.重新计量设定受益计划净负债或净资产导致的变动
	2.权益法下被投资方因重新计量设定受益计划或被投资单位属于以后期间不可计入损益的其他综合收益变动对应的份额
	3.以公允价值计量且其变动计入其他综合收益的非交易性权益工具投资，其公允价值变动及处置利得和损失
以后会计期间满足规定条件时将重分类进损益的其他综合收益	1.以公允价值计量且其变动计入其他综合收益的金融资产产生的其他综合收益
	2.按照金融工具准则规定，对金融资产重分类按规定可以将原计入其他综合收益的利得或损失转入当期损益的部分
	3.权益法下，被投资单位属于以后期间可以计入损益的其他综合收益变动对应的份额
	4.自用房地产或存货转换为以公允价值计量的投资性房地产，转换日公允价值大于账面价值的差额
	5.外币报表折算差额
	6.现金流量套期工具产生的利得或损失中属于有效套期的部分

【"四个面向"小课堂】

筹资管理，也称融资管理，企业可以采用不同的方式筹集资金。企业采用不同方式筹集资金的成本不同，风险也不同。企业筹资要诚信合规、数量适当、来源合理、筹措及时、方式经济。筹集债务资金必须有足够的偿还能力，重合同守信用。不得非法集资，不得为了达到融资目的弄虚作假。在善林金融和康美药业的案例中，企业的欺诈行为严重损害了公众利益，扰乱了整个市场的经济秩序，导致企业破产，责任人受到处罚。企业和个人都必须诚实守信，遵纪守法。在筹集资金时，企业应当仔细分析各种融资方式，比较资本成本和风险水平，绝不能采用过于昂贵的融资方式，更不能坠入网贷的无尽深渊。

● **案例思考**

短期贷款分析案例：比亚迪

"行业领导者"并不意味着盈利，收入增长也可能意味着亏损，这正是比亚迪的真实写照。

（1）与钱相关的问题

作为一家综合性上市公司，比亚迪一半以上的收入来自汽车，公司的每一个重大决定都与现金密切相关。根据 2018 年上半年的财务数据，比亚迪可能面临相对较高的财务压力。比亚迪的总营业支出为 455.27 亿元，同比增长 26.87%，增幅大于营业收入增幅。与此同时，比亚迪的销售费用、管理费用和财务费用也大幅增加。在这方面，比亚迪在新闻稿中表示，"主要是由于汽车行业的增长"。

从费用增长而非收入增长来看，2018 年上半年，比亚迪的净利润呈现大幅下降趋势，净利润为 4.79 亿元，同比下降 72.19%。扣除政府补贴、投资损益和其他非常规性营业收入，比亚迪的主营业务净利润为 -6.73 亿元。如果剔除政府提供的 8.94 亿元汽车补贴，比亚迪的总损失将超过 10 亿元。

（2）由车产生的压力

2018 年，国家改变了对新能源汽车领域的支持政策。在国家援助方面，比亚迪获得的平均每辆车的资本补贴明显降低。2018 年上半年，公司的短期借款增加到 401.47 亿元，2017 年同期为 357.74 亿元。在经营亏损的情况下，短期借款急剧增加，可能是由于公司在亏损的同时，经营活动产生现金流的能力下降，公司无法维持日常经营所需的资金，只能选择大量借入短期借款。在这种情况下，公司未来的生存将取决于提高产品价格、增加市场份额，当然也有可能将短期借款用于扩建长期资产等项目。

资料来源：作者根据公开资料整理而成。

根据上述材料，请你思考下列问题：

（1）你看好比亚迪这种"续短为长"的融资政策吗？

（2）在运用短期贷款筹资时，我们需要关注哪些方面？

● **课后习题**

一、单项选择题

1. 某企业发行分期付息、到期一次还本的债券，按其票面利率计算确定的应付未付利息，应记入"（　　）"账户。

A.应付债券——应计利息　　　　　　　　B.应付利息

C.应付债券——利息调整　　　　　　　　D.应付债券——面值

2. 企业发生的下列各项利息支出中，不应计入财务费用的是（　　）。

A.短期借款的利息

B.应付债券的利息

C.带息应付票据的利息

D.筹建期间的长期借款利息

3.甲公司于2024年1月1日发行5年期面值总额为1 000 000元的债券，债券票面年利率为6%，到期一次还本付息，按面值发行。2024年12月31日该公司应付债券的账面价值为（　　）元。

A.1 000 000　　　　B.1 030 000　　　　C.1 040 000　　　　D.1 060 000

4.下列账户中，应按出资人性质不同而设置明细账户的是（　　）。

A.实收资本　　　　　　　　　B.资本公积

C.盈余公积　　　　　　　　　D.未分配利润

5.资本公积可用于（　　）。

A.转增资本　　　　　　　　　B.缴纳所得税

C.分配股利　　　　　　　　　D.偿还贷款

二、多项选择题

1.来自企业经营收益的所有者权益有（　　）。

A.实收资本　　　　　　　　　B.资本公积

C.盈余公积　　　　　　　　　D.未分配利润

2.企业的留存收益包括（　　）。

A.实收资本　　　　　　　　　B.资本公积

C.盈余公积　　　　　　　　　D.未分配利润

3.2024年6月20日，甲公司购置了一套大型机械设备并于当日用于工程施工。甲公司在估计该套大型机械设备的折旧年限、折旧方法时应考虑的因素有（　　）。

A.法律对该设备使用的限制

B.该设备可能因遭受自然灾害而毁损

C.该设备的预计生产能力

D.该设备的无形损耗

4.企业在筹建期间按面值发行债券，按期计提利息时可能涉及的账户有（　　）。

A.财务费用　　　　B.在建工程　　　　C.应付债券　　　　D.管理费用

5.下列关于负债的说法中，正确的有（　　）。

A.将负债总额与资产总额相比较，可以反映企业的长期偿债能力

B.将负债总额与所有者权益总额相比较，可以揭示企业的产权结构

C.负债与所有者权益共同揭示了企业的资金来源

D.将流动资产与流动负债相比较，可以反映企业的短期偿债能力

6.下列各项中会引起负债总额增加的有（　　）。

A.计提管理部门职工薪酬　　　　　　B.确认当期所得税

C.计提应付债券利息　　　　　　　　D.股东大会宣告分派股票股利

三、综合题

1.某公司2024年1月1日发行为期4年的债券1 000 000元，票面利率为3%，债券的发行总收入为1 000 000元，到期一次还本付息。

要求：

（1）编制取得发行收入时的会计分录；

（2）编制每年年末计提利息时的会计分录；

（3）编制债券到期，支付本息时的会计分录。

2.A公司由B、C、D三家公司共同投资设立，按出资协议，B公司以现金出资300万元；C公司以一套全新设备出资，价值为300万元；D公司以现金出资250万元，同时以一项专有技术出资，协商确定价值为150万元。款项与设备均已到账。

要求：

（1）编制A公司接受投资的会计分录。

（2）A公司经与B、C、D三位股东协商同意E公司投资320万元并占有A公司20%的股份。编制A公司接受E公司投资的会计分录。

（3）接上题，A公司将20万元资本公积转增资本，已办完增资手续。编制A公司增资的会计分录。

四、思考题

1.企业在进行筹资活动时需要考虑资本结构的优化。请搜集一家上市公司的年报，分析其筹资策略，并探讨资本结构是否合理。

2.企业在不同的发展阶段有不同的筹资需求。以万科公司为例，分析其在起步阶段和扩张阶段采取的筹资动机，并探讨这些动机是如何与公司战略相结合的。

3.优序融资理论提供了一种解释企业筹资顺序的理论框架。请搜集相关企业的筹资案例，验证企业在筹资时是否遵循优序融资理论，并探讨其背后的逻辑。在特定市场环境下，企业是否会偏离这一理论，并分析原因。

4.金融性负债是企业筹资活动的重要组成部分。请通过分析企业年报中的相关数据，探讨债务筹资对企业运营和财务稳定性的影响，并研究企业如何通过财务管理策略来降低债务筹资的风险。

第十一章　现金流量表

第十一章　现金流量表

▶【本章导读】

尽管利润表是评估一家公司的经营活动如何影响公司财富的重要手段，其价值毋庸置疑，但是基于权责发生制计算的利润可能会掩盖现金流方面的潜在问题，导致无法及时发现现金短缺的存在。这主要是因为在非流动资产和存货等方面的现金支出不一定会对利润表产生直接影响。现金之所以重要，是因为任何组织没有现金都无法运作，因此，现金流量表被纳入传统的报表体系。

以华夏地产2010—2021年现金流量数据（见表11-1）为例进行分析。

表11-1　　　　　　　　　华夏地产2010—2021年现金流量表　　　　　　　　　单位：亿元

项目	2010	2011	2012	2013	2014	2015	2016	2017	2018	2019	2020	2021	合计
经营活动	-40	-94	-76	-11	-224	-79	31	-98	-105	178	341	-293	-470
投资活动	-2	-1	-1	-4	-19	-4	0	-22	-32	-25	-131	-170	-411
筹资活动	44	132	85	113	281	74	113	125	199	-177	-113	674	1 550
现金增加额	2	37	8	98	38	-9	144	5	62	-24	97	211	669

资料来源：作者根据华夏地产2020—2021年年报公开资料整理而成。

由表中数据可以获知，华夏地产现金及现金等价物净增加额长期为正，12年间合计669亿元，总体上现金是流入的，所以现金流正常，不影响经营。12年间经营活动现金流量和投资活动现金流量分别为-470亿元和-411亿元，但是筹资活动现金流量合计1 550亿元。以上数据说明企业长期以来是通过借钱和股东投资发展的，这也是很多房地产企业通行的模式。这种长期依靠借钱发展的模式风险比较大，所以，虽然房地产企业的利润很高，但股票估值（市盈率）很低。

本章将介绍如何编制现金流量表，如何解读现金流量表，以及如何利用未来的数字而非历史数据进行规划和决策。

第一节　现金流量表概述

▶▶　一、现金流量表概览

资产负债表、利润表、现金流量表（cash flow statement）是财务报告中最重要的三张报表，可以清晰地反映出企业的各种状况。前面的章节对资产负债表、利润表进行了系统的介绍，一家企业的财务状况是否优秀、利润是否丰厚、资产和负债结构是否相对合理等都是评价要点。企业的经营运作离不开现金，而报表上的利润并非真金白银。同时，现金流量表能够与银行存款日记账相对应，保障了其真实性，因而，在评价企业经营时需要将现金流量表与利润表、资产负债表对应项目相结合，判断企业的真实业绩。财务报表之间的勾稽关系如图 11-1 所示。

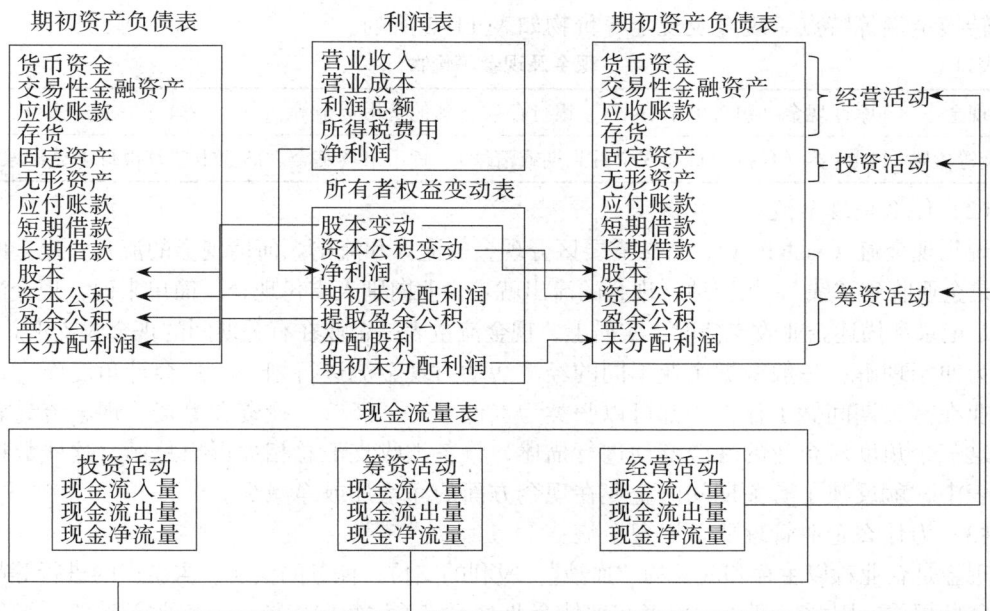

图11-1　财务报表之间的勾稽关系

资料来源：作者根据公开资料整理而成。

"始于颜值，敬于才华，久于人品"，评价一家企业也可以从财务报表出发。利润表展示了企业能不能赚钱，资产负债表勾勒出了企业资产和权益的大致轮廓，但企业到底能不能长久经营，还得看现金流量表。如果企业能从经营中获得足够的现金，有源源不断的现金流，那么暂时就没有问题，否则就难以应对风雨。

现金流量表反映企业在一定会计期间现金和现金等价物的流入、流出、结余情况，是基于收付实现制进行编制的，主要展示企业现金的来龙去脉。总的来说，现金流量表与有形的现金流动息息相关，这与利润表形成鲜明的对比。

▶▶　二、现金和现金流

虽然现金流量表各个项目看似通俗，但对于大多数此前从未接触过这些内容的报表使用者来说，要理解经营活动现金流、投资活动现金流，并在此基础上进行分析，很可能会一筹莫展。下面我们先从相关的概念开始理解。

1.现金和现金流意味着什么

（1）什么是现金及现金等价物

一般将现金定义为通用的交换媒介。最常见的就是在日常的衣食住行中用于支付的钱款，纸币、硬币以及时下流行的电子货币都属于该范畴。在本书第三章中提及的"库存现金""银行存款"都属于货币资金。

在企业日常经营中，往往会产生部分闲置资金。为了增加收益，很多企业会把这部分暂时闲置的现金用于短期投资。要想维持企业的正常运营，必须保证随时能够满足资金需求，所以闲置资金的投资要确保易于变现，其支付能力与现金相比相差不大，这就是现金等价物。这类投资往往具备持有期限较短（具有较强的流动性）、价值变动风险小、易于计算转换金额等特点。现金及现金等价物如表 11-2 所列。

表11-2   **现金及现金等价物**

现金	库存现金（包含电子货币）、银行存款、其他货币资金等
现金等价物	国库券（自投资日起 3 个月到期或清偿）、货币市场基金、商业本票及银行承兑汇票等

（2）什么是现金流

说到现金流（cash flow），自然需要区分现金的流入和流出。何谓现金的流入？现金的流入就是企业收到"钱"。相应地，现金的流出就是企业向别人支付现金。简单来说，现金流量表就是记录和描述企业收支情况。实质上，现金流量表是企业在有关期间的现金收支汇总。

为便于理解，一般根据企业不同的经济活动对现金流进行划分。从会计角度而言，无论企业在有关期间做了什么，都可以归类为三件事——经营、投资和筹资。现金流量表就是从这三个角度对企业的现金变动进行描述，将各类收支汇总相加得出总额，这些数据列示在表中，就反映了有关期间内企业在现金方面的净增加或净减少。

（3）为什么企业管理要重视现金流

现金是企业赖以生存和成长的"血液"，股利的支付、债务的偿还、再生产的进行等都与现金息息相关。因此，利益相关者在评估企业时不仅关注每股净资产、净收益等资本增值和盈利能力，而且关注资产结构、偿债能力、支付能力等方面。现金流量表是上市公司对外编报的主表之一，这足以说明其重要性，但是要真正发挥作用，需要掌握一定的分析技巧。

为什么很多人的关注点是现金（流）而非利润？下面通过案例 1 进行简单说明。

案例 1：长江公司实行网络销售并进行线上收款。根据物流及平台销售相关规定，公司销售发出商品至取得货款需要 7 天左右。目前，同类型企业的毛利率为 15%~45%，而长江公司由于发展较早具有一定的规模，具有采购方面的优势。供应商提供的采购政策是：发货时预付 30%，剩余 70% 的尾款在 90 天内支付。长江公司能够实现毛利率大约35%。20×1 年第一季度利润情况及现金流水分别见表 11-3 和表 11-4。

表11-3   **长江公司第一季度利润情况**   单位：元

项目	金额
当期销售收入	30 000 000
商品销售成本	−18 000 000
订单履约成本	−3 000 000
市场投放费用	−4 500 000
其他运营费用	−6 000 000
部分存货过期损失	−1 000 000
净收益/损失	−2 500 000

资料来源：作者根据公开资料整理而成。

表11-4	长江公司第一季度现金流水	单位：元
项目	金额	
销售收款	30 000 000	
商品采购付款	−9 000 000	
订单履约成本	−3 000 000	
市场投放费用	−4 500 000	
其他运营费用	−6 000 000	
现金净流入/流出	7 500 000	

资料来源：作者根据公开资料整理而成。

由表中数据可知，长江公司第一季度的经营达成现金净流入 750 万元，但是从利润表来看，第一季度亏损 250 万元。那么，如何评价长江公司第一季度的经营业绩呢？为什么利润和现金流会出现如此大的差别？不难发现以下问题：一是成本与货款结算存在较大差异；二是部分经济活动未产生现金流量。

①成本与货款结算存在较大差异。在第一季度，长江公司完成了 3 000 万元的销售额，相对应的采购成本是 1 800 万元。通过进一步分析可以发现，当季的商品采购付款加上个季度的尾款共计 900 万元，二者为什么会有这么大的差额？因为长江公司相对于供应商而言存在优势，只需要支付 30% 的货款，即当季 540 万元，再加上之前的采购尾款360 万元，共计 900 万元。也就是说，现金流出中的商品采购付款只有 900 万元，但公司当期的销售成本却有 1 800 万元，即付款金额远远小于实际商品成本。

②部分经济活动未产生现金流量。从利润情况可以看到"部分存货过期损失"，但是在现金流量中并不能找到相对应的现金支出，这是因为存货过期不涉及现金的变化，但存货的账面价值发生变动，进而对利润产生影响。由此可见，利润表是基于会计估计编制的，并没有产生实际收支，从这一点来说，利润表更容易被人为操纵。

总体而言，通过对长江公司的财务状况评估不难发现，其现金流表现良好，主要是因为占用第三方资金，但从整体的经营情况来看，经营业务没有实现盈利。既不能通过经营活动、投资活动赚取现金收益，眼下的正向现金流也不是可以持续的状态，这正是目前平台型商业模式面临的主要问题所在。

（4）企业的现金是不是越多越好

现金是不是越多越好呢？事实并非如此。根据苹果公司 2018 年相关财报，可以发现其当年年末现金（包含现金等价物）储备达到 2 300 多亿美元（根据 2018 年年底国际货币基金组织的结算数据，当年新加坡的外汇储备为 2 798 亿美元，位居全球第十）。充足的现金可以更好地应对风险，各行业对于现金储备的重要性已经有了充足的认知。但货币是有时间价值的，苹果公司巨额的现金储备从另一个侧面表明其资产利用不足，没有更好的投资项目，或者说无法推出革新产品，找不到新的商业增长点，导致有钱没处花，对于未来的增值投资不够。

现金是企业资产中流动性最强的部分，但现金又是一种非营利性资产，持有过多会造成较大的机会损失，降低整体资产盈利能力。现金流管理的目的就是在现金的流动性与收益性之间寻求平衡，既保证企业正常生产经营活动的需要，又不使现金闲置，从而实现利润最大化。

2. 为什么现金流量表十分关键

正如前文所说，利润表和资产负债表的编制基础是权责发生制，这些报表容易被人为操纵，而且缺少现金流量信息，无法提供完善的决策信息，使得现金流量表逐步走上管理舞台。对于"现金流与利润哪个更重要"这一问题，很多财务人士都有自己的观点，亚马逊创始人贝佐斯曾说："公司最核心的关注点应该是自由现金流。"为什么他觉得自由现金流比企业利润更重要呢？

从马克思主义政治经济学关于资本循环的论断来看，商品交换是从简单的商品经济即"物（W）—币（G）—物（W）"的流通过程，发展到"币（G）—物（W）—币+剩余价值（G′）"的资本主义商品经济，当资本主义发展到一定阶段，流通过程中物（W）这一环节逐步消失或被省略，此时资本运动将转变为"G—G′"时，即货币在流通过程中实现自我膨胀，达到虚拟资本扩张的跃迁。可以看到，在"G—G′"中，企业创造利润或使用价值这一过程并没有参与到资本循环中，跃迁的基础是资本主义信用货币体系。在这个视角下可以发现，对于一个企业来说，短期没有利润没什么大不了的，比如一些互联网平台型企业在创立之初的三五年间都没有利润产生，而是靠融资的方式抢占市场。但是，如果没有现金流，"G—G′"就会缺少货币支撑，因而需要不断加大初始投资 G，用于支撑资本增值。

根据相关统计，导致企业破产更为关键的因素不是亏损，也并非资不抵债，而是难以偿还到期债务，通俗来说就是没钱了，即资金链断裂。在风险来临之际，企业收入普遍下降，应付账款、向债权人的借款可能无法及时偿还，甚至产生为数不小的逾期，这就可能影响企业下一步筹资。只有兜里揣有足够现金的人，才更有底气对抗风险，即使一时难以取得收入，也不会因为贷款逾期、难以应对刚性支出等因素感到恐惧，因此企业在经营管理活动中尤其在扩张阶段要重视现金流。

但是，如果只关注现金流，那么对企业长期发展的评估就可能会出现错误。如前文案例 1 所示，部分企业在生产经营活动中创造了良好的现金流，但未能找到创造利润的模式，在马克思主义政治经济学的资本循环中就是"G—G′"的虚拟资本扩张，这一模式必然导致企业发展陷入困境。

▶▶ 三、编制现金流量表的意义

现金流量表并不能直接体现企业的利润情况，也与资产负债表对企业资产进行盘点有所区别。对于不熟悉报表的人而言，用一张单独的报表对经营、投资、筹资等活动进行总结，只为了体现企业整体管理中的现金这一小项目未免小题大做。对于其中部分内容的分析（比如采用间接法将净利润调整为经营活动现金流量）也容易让人一头雾水。那么，现金流量表的存在对于投资决策有什么作用呢？下面利用企业的商业模式分析进行举例，如案例2。

案例 2：长江公司为制造业企业，为开展生产经营需要先期投资 2 亿元进行生产线建设，相关生产线为固定资产，预期使用寿命为 5 年，净残值为 0，采用直线法计提折旧。为保证生产，每年需要人力资源成本和原材料成本共计 5 000 万元。假设该生产线每年可以生产产品 10 万件，每件产品可以卖 1 200 元。如何评价该企业的财务状况？

从利润的角度看：

产品销售收入=10×1 200=12 000（万元）

当期成本=5 000+4 000（折旧）=9 000（万元）

利润=12 000-9 000=3 000（万元）

利润率=3 000÷12 000=25%

就制造业企业而言，25% 的利润率算是非常不错的数据，但是对现金流进行分析可以发现：收入 12 000 万元，投资支出 2 亿元（购建生产线）、成本支出 5 000 万元，当年现金流为-13 000 万元（12 000-20 000-5 000）。这表明，企业虽然实现盈利，但自由现金流为负数。即使第二年不产生其他支出，自由现金流缺口仍难以填补。企业若想扩张，自由现金流缺口必然进一步增加。

由此可见，在对同一家公司进行分析时，从利润和自由现金流两个角度可能得出不一致的结论。企业是不断扩大再生产追求高收入，还是收拢资金提高抗风险能力，需要结合企业实际资金情况进行分析。

企业资产负债表的项目这么多，为什么单就货币资金一项形成财务报表呢？因为钱关系到企业的生死存亡，前文反复强调企业利润短期出现亏损并不足以导致企业破产（如一些互联网平台型企业），但如果资金链断裂，企业必将面临极高的风险。因此，关注现金来龙去脉、监控企业运作风险的现金流量表不可或缺。

▶▶　四、现金流量表的作用

现代理财环境中有"现金为王"的说法，对企业而言，现金流的健康甚至比收入和利润更为重要，现金流量表正是对企业创造净现金流量能力的反映，可以清晰展现企业的财务状况（具体见表 11-5）。

表11-5　　　　　　　　　　　　　　　　**现金流量表的作用**

序号	作用	说明	举例
1	揭示现金的"来龙去脉"	现金流量表能够说明一定期间企业现金的增减变动，这是现金流量表最重要的作用	本书前置章节介绍了 T 形账户法，比如，企业购买原材料花费 2 100 元钱，就放在库存现金账户右边，销售获得货款 36 000 元，就放在库存现金账户左边，最终形成一个报告期内全部的现金流入流出汇总数，进而形成现金流量表
2	有助于评价企业的支付能力、偿债能力和周转能力	现金流量表能够展现企业现金的增减变动数额及相应储备，从而分析企业现金的宽裕或紧张程度	以银行业为例，每年市盈率基本上都是 6~8 倍，但是仍需要通过不断吸收存款来增加现金流，原因是银行业本身的业务性质导致其自身现金流量不充足

序号	作用	说明	举例
3	有助于评价企业利润的质量和经营绩效	借助现金流量表可以分析企业现金流和净利润之间的差异，进而对利润的质量予以分析，有助于相关信息使用者评价企业经营绩效	如本章案例1，长江公司产生的现金流才是实际进到自己钱包的，而表上的利润只是算出来的，更何况实现的利润还可能存在诸如坏账的损失，所以要把握好自由现金流和利润之间的区别
4	有助于预测和规划企业未来的现金流量和财务前景	在现金流量表提供信息的基础上，可以预测企业未来产生现金的能力，为分析和判断企业的财务前景提供信息	如本章案例2，现金流并不多，但整体经营活动的盈利情况良好，有稳定的收益，这是企业处于扩张期的显著特征，是为进一步壮大公司所必需的投入。所以，在分析企业发展状况时，要结合现金流及利润具体进行分析

▶▶ 五、现金流量表的结构

企业的各种业务是影响现金变动的重要因素，但所有的业务都会带来现金流的变动吗？显然不是这样，比如固定资产的报废、存货的盘亏等，就不会产生现金变动。那么，一家企业的经营活动中有哪些现金流入和流出的路径呢？

企业的经济业务大体上分为三类：第一类业务的发生只引起现金（包含现金等价物，下同）项目内部的变动，如从银行提取现金、用存款购买短期国债等，这类业务的发生不会引起现金量总额的变动；第二类业务的发生则完全不涉及现金及现金等价物，也不会引起现金流量的变动，如生产领用材料、产品完工验收入库等；第三类业务则会引起现金单方面的增减变化，如提供劳务收到酬劳、购买物资支付现金等。相关现金变动对企业现金流影响如图11-2所示。

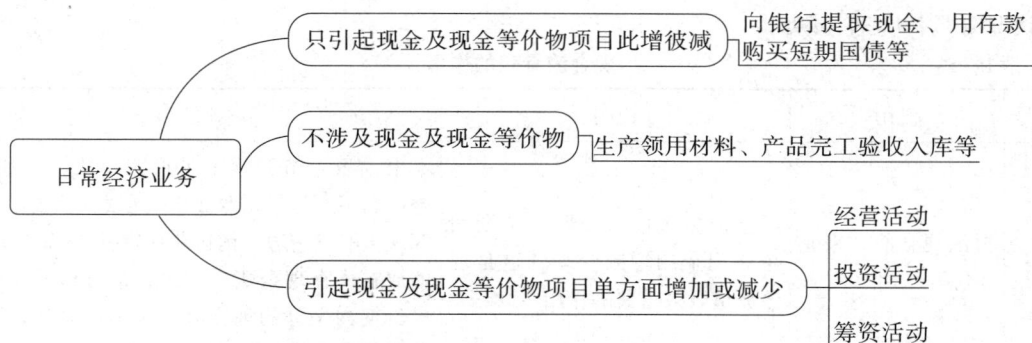

图11-2 企业的经济业务按现金涉及情况分类

资料来源：作者根据公开资料整理而成。

现金流量表对第三类经济业务进一步分类，使之能够反映企业各项经济活动的具体现金增减变动信息。其中最重要的是经营活动，因为投资是为了经营，筹资也是为了经营。企业不能靠投资、筹资这两者来长期赚钱，企业的最终目的是营利，最后还是要回归到经营上。

在具体结构上，现金流量表与利润表类似，也按重要性进行排列，重要的项目排在上面，具体结构见表11-6。

表11-6　　　　　　　　　　　　　　　现金流量表的结构

	经营活动	投资活动		筹资活动		现金净增加额
		对内投资	对外投资	债务筹资	股权筹资	
流入	销售、税费	处置收益	处置收益	融入资金	融入资金	
流出	采购、人工、税费	购建资产	购买资产	还本付息	利润分配	

阅读现金流量表需要注意以下三个方面：

（1）经营活动现金流量。一家企业的该项指标是正值，表示经营活动产生的现金流入大于流出；反之，表示现金流入小于流出。从长期看，企业是亏钱还是赚钱，依据这个指标可以看清楚。

（2）投资活动现金流量。大多数时候投资活动带来的现金流量变动为负值，但这并不代表公司投资失败，一般表示公司为了满足持续经营或进一步扩张的目的，不断投资更多的硬件设备、厂房等资产。该数据一般体现在资产负债表的左边。

（3）筹资活动现金流量。在这方面需要结合具体情况进行分析：如果数值为正，不管采取的是负债筹资还是权益筹资，都表明企业筹集到钱了；如果数值为负，表示企业进行了还款或者分红。该数据一般体现在资产负债表的右边。

【"四个面向"小课堂】

财政预算和财税工作的公示与监督是保障人民利益的重要手段，这与党的二十大报告中提出的"畅通和规范群众诉求表达、利益协调、权益保障通道"，"建设人人有责、人人尽责、人人享有的社会治理共同体"的理念不谋而合。遥想中央苏区创建初期，地域狭小，经济发展程度低下，征税范围有限，财政负担很重。当时财税工作的实际情况是：一方面，在敌人重重封锁下，组织财源极端困难；另一方面，苏区各级财政普遍存在各自为政、收支混乱、贫富不均、随意浪费的分散局面，上级部门对财税工作缺乏支配力度，导致本应由苏区政府支配的财政无钱可用，本应由苏区财政负担的红军军费没有着落。为解决苏区财政混乱问题，中国共产党开展了一系列建立财政制度的创造性探索与实践，执行保护广大群众利益的税收政策。在财政方面，由于正式颁布财政条例，实行财政统一，严厉消灭过去财政上各自为政的现象，确定会计年度，实行预算决算制度，整理税收，奠定财政基础，从而保证了红军反"围剿"战争所必需的给养。红色会计的实践，不仅在当时为统一财税提供了保障，也为今天财政工作的透明化、规范化积累了宝贵经验。

第二节　现金流量表的编制与分析

▶▶　一、现金流量表的编制

与利润表不同的是，现金流量表的编制基础是收付实现制，使得两张表在编制思路上存在一定的区别。以销售费用相关项目为例，仅从利润表和资产负债表能否看出当年企业在销售方面花了多少钱呢？能看出来，但是并不直观，举个简单的例子说明如下。

长江公司 20×1 年利润表显示本年销售费用为 10 万元，那么可不可以依此判断今年支付了 10 万元现金在产品销售上呢？并不可以，因为利润表是按权责发生制编制的，这项费用是今年发生的、需要支付的代价，但显然销售设备的折旧费并不涉及现金收支，因而需要结合资产负债表折旧项目进行判断。但是，这一判断过于繁琐，现金流量表的出现就能很好地解决这个问题，它能把投资人需要看到的现金来源或现金用途直观地表现出来。

现金流量表的编制难点在哪儿呢？难点在于它具有一定的综合性，如果对资产负债表和利润表没有足够的了解，抑或对业务的做账科目和做账流程不熟悉，那么编制出来的现金流量表就不准确。现在大多数企业的财务系统都可以实现现金流量表的自动生成，只需要负责现金收支的人员在入账的时候正确标记每一笔现金的收支所对应的活动类别。

本章前文对企业可能涉及的各项经济活动进行了简单的介绍，总体而言可以归纳为表11-7。

表11-7   经济活动现金流量

经营活动	流入部分	1. 销售商品、提供劳务收到的现金 2. 收到的税费返还 3. 收到其他与经营活动有关的现金
	流出部分	1. 购买商品、接受劳务支付的现金 2. 支付给职工以及为职工支付的现金 3. 支付的各项税费 4. 支付其他与经营活动有关的现金
投资活动	流入部分	1. 收回投资收到的现金 2. 取得投资收益收到的现金 3. 处置固定资产、无形资产和其他长期资产收回的现金净额 4. 处理子公司及其他营业单位收到的现金净额 5. 收到其他与投资活动有关的现金
	流出部分	1. 购建固定资产、无形资产和其他长期资产支付的现金 2. 投资支付的现金 3. 取得子公司及其他营业单位支付的现金净额 4. 支付其他与投资活动有关的现金等
筹资活动	流入部分	1. 吸收投资收到的现金：出售股票的现金收入减去发行费用 2. 取得借款收到的现金：各类长短期借款 3. 发行债券收到的现金：发行债券的现金收入减去发行费用 4. 收到其他与筹资活动有关的现金：如接受现金捐赠等
	流出部分	1. 偿还债务支付的现金 2. 分配股利、利润或偿付利息支付的现金 3. 支付其他与筹资活动有关的现金

以长江公司 2023 年年报中的现金流量表（见表11-8）为例进行简单分析。

表11-8	长江公司2023年现金流量表	单位：元
项目	2023 年 12 月 31 日	2022 年 12 月 31 日
一、经营活动产生的现金流量：		
销售商品、提供劳务收到的现金	2 753 804.54	2 580 861.16
收到的税费返还	18 637.80	20 437.86
收到其他与经营活动有关的现金	25 022.61	16 697.17
经营活动现金流入小计	2 797 464.94	2 617 996.19
购买商品、接受劳务支付的现金	1 847 418.41	1 793 335.22
支付给职工以及为职工支付的现金	292 751.61	272 354.23
支付的各项税费	145 566.05	108 230.10
支付其他与经营活动有关的现金	259 105.11	242 541.58
经营活动现金流出小计	2 544 841.18	2 416 461.13
经营活动产生的现金流量净额	252 623.76	201 535.06
二、投资活动产生的现金流量：		
收回投资收到的现金	81 463.70	121 472.29
取得投资收益收到的现金	8 257.94	6 864.46
处置固定资产、无形资产和其他长期资产收回的现金净额	1 680.68	2 288.56
处置子公司及其他营业单位收到的现金净额		
收到其他与投资活动有关的现金		182.25
投资活动现金流入小计	91 402.32	130 807.56
购建固定资产、无形资产和其他长期资产支付的现金	99 069.28	82 044.75
投资支付的现金	161 620.58	135 381.37
取得子公司及其他营业单位支付的现金净额	1 563.12	400.26
支付其他与投资活动有关的现金		2 184.41
投资活动现金流出小计	262 252.98	220 010.79
投资活动产生的现金流量净额	−170 850.65	−89 203.23
三、筹资活动产生的现金流量：		
吸收投资收到的现金	9 457.87	9 873.39
取得借款收到的现金	199 578.67	183 585.12
收到其他与筹资活动有关的现金		10.00
筹资活动现金流入小计	209 036.54	193 468.51
偿还债务支付的现金	184 239.81	146 862.20
分配股利、利润或偿付利息支付的现金	72 243.79	51 349.57
支付其他与筹资活动有关的现金	30 963.28	33 478.02
筹资活动现金流出小计	287 446.87	231 689.79
筹资活动产生的现金流量净额	−78 410.33	−38 221.28
四、汇率变动对现金及现金等价物的影响	2 488.23	7 600.94
五、现金及现金等价物净增加额	5 851.01	81 711.49
加：期初现金及现金等价物余额	533 922.10	451 976.64
六、期末现金及现金等价物余额	539 773.11	533 688.13

资料来源：作者根据公开资料整理而成。表中数据存在尾差。

现金流量表的整体逻辑是什么？一+二+三+四=五，五+期初现金及现金等价物余额=期末现金及现金等价物余额。

换言之，年初余额+本年增加−本年减少=年末余额，而这张表的一、二、三、四就是把"本年增加−本年减少"按不同活动类型（经营、投资和筹资）展现出来。

除了通过会计信息系统在账务处理的时候对现金流水一笔一笔进行标示外，能不能通过另外两张报表来编制现金流量表呢？前文所述，可以通过利润表、资产负债表之间的勾稽关系推导出现金流量表。在现行会计实务中，企业需要在附注中披露采用间接法将净利润调整为经营活动现金流量的信息。具体而言，就是将计算出来的净利润调节为实际发生的经营活动现金流量，调整方法见表11-9。

表11-9　　　　　　　　　　　　**按间接法编制经营活动现金流量**

经营活动产生的现金流量净额
=净利润
+计提的资产减值准备
+当期计提的固定资产折旧+长期待摊费用+无形资产摊销
+处置资产（包括固定资产、无形资产和其他长期资产）的损失+固定资产报废损失
+财务费用
+投资损失（减：收益）
+存货的减少（减：增加）
+应收项目（经营性）的减少+应付项目（经营性）的增加
+其他

▶▶ 二、现金流量表的阅读与分析

在对公司经营好坏进行分析时，不能只看利润表，现金流量表同样值得关注和研究。对现金流量表进行分析，主要是看各项数据发生的原因。一般来说，不同的会计信息使用者进行现金流量表分析的目的是存在差别的，但是总体而言，现金流量表能够展示企业经营是否健康。投资者、债权人和企业管理者能够通过分析现金流动状况来对企业创造现金的能力做出评价，并对企业未来的现金流量进行预测。现金流量表与利润表的不同点正是分析者最应该关注的，而不是单凭年度利润数据进行评价。

1. 现金流量表分析的常见思路

结合长江公司2023年度现金流量表分析该企业现金流量情况。

（1）分析经营活动现金净流量存在的问题

①经营活动现金流是否正常？

在正常情况下，经营活动现金净流量要大于"财务费用+本期折旧+无形资产摊销+递延资产摊销+长期待摊费用摊销"。如果发现结果为负数，表明该企业为亏损企业，经营的现金收入不能抵补有关支出。

②现金购销比率是否正常？

现金购销比率等于"购买商品、接受劳务支付的现金/销售商品、提供劳务收到的现金"。一般情况下，这一比率应该是接近成本率的。但如果购销比率不正常，则可能是因为购进的商品滞销或经营业务萎缩，显然都会产生不利影响。

③营业现金回笼率是否正常？

营业现金回笼率等于"本期销售商品、提供劳务收到的现金/本期营业收入"。

通常来说，计算结果应该在100%左右，正常水平下至少应该达到95%，如果再低就说明销售工作存在异常了，低于90%可能意味着存在严重的虚盈实亏。

④支付给职工的现金比率是否正常？

支付给职工的现金比率等于"支付给职工以及为职工支付的现金/销售商品、提供劳务收到的现金"。这一比率一般与企业过去或同行业的情况进行比较，如果实际的比率过大，可能因为人力资源存在浪费，或者职工收益分配比例过大；如果实际的比率较小，可能反映职工的收益偏低。

（2）分析企业资金来源比例和再投资能力

一般来说，对企业该项能力的分析看两个方面四个小项（见表11-10）。

表11-10　　　　　　　　**企业资金来源比例和再投资能力关注因素**

资金来源	
自有	经营活动产生部分+投资活动收回部分+吸收权益性投资收到部分-支付利息付出部分-分配股利或利润支付部分
借入	各种借款收到部分+发行债券收到部分
资金来源比率	
借入资金来源比率	借入资金来源/（自有资金来源+借入资金来源）
自有投资资金来源比率	自有投资资金来源/投资活动现金流出 （一般该项比例达到50%以上，投资者会认为比较安全）

（3）分析企业固定付现费用的支付能力

$$\frac{\text{固定付现费用}}{\text{支付能力比率}} = \frac{\text{经营活动收到的现金 - 支付的各项税费 - 购买商品、接受劳务支付的现金}}{\text{各项固定付现费用}}$$

该比率如果小于1，说明经营资金日益减少，可能出现一些问题，比如经营萎缩、资产负债率高、固定支出膨胀、组织结构臃肿等。

【例11-1】长江公司现金流量表（见表11-11）阅读。

表11-11　　　　　　　　**长江公司现金流量表（经营活动部分）**　　　　　　单位：元

项目	2023年12月31日	2022年12月31日
一、经营活动产生的现金流量		
销售商品、提供劳务收到的现金	2 753 804.54	2 580 861.16
收到的税费返还	18 637.80	20 437.86
收到其他与经营活动有关的现金	25 022.61	16 697.17

续表

项目	2023 年 12 月 31 日	2022 年 12 月 31 日
经营活动现金流入小计	2 797 464.94	2 617 996.19
购买商品、接受劳务支付的现金	1 847 418.41	1 793 335.22
支付给职工以及为职工支付的现金	292 751.61	272 354.23
支付的各项税费	145 566.05	108 230.10
支付其他与经营活动有关的现金	259 105.11	242 541.58
经营活动现金流出小计	2 544 841.18	2 416 461.13
经营活动产生的现金流量净额	252 623.76	201 535.06

资料来源：作者根据公开资料整理而成。

以上是长江公司现金流量表的一部分，可以发现，通过经营活动产生了 279.75 万元的现金流入，但是为实现顺利经营付出了 254.48 万元的现金，两者间的差额达到 25.26 万元。这体现出长江公司的经营能力较强。

当然不能根据某一期的数据判断企业是否存在问题，像粮食企业、旅游企业等都存在周期性变化，要重点观察同期的变化。但是，现金流的异常可以给我们一个提醒，如果某家公司前几年运行情况良好，但今年现金流突然出现剧烈波动，则要进一步分析原因。

我们再看看长江公司的投资活动现金流情况（见表 11-12）。

表 11-12   **长江公司现金流量表（投资活动部分）**   单位：元

项目	2023 年 12 月 31 日	2022 年 12 月 31 日
二、投资活动产生的现金流量		
收回投资收到的现金	81 463.70	121 472.29
取得投资收益收到的现金	8 257.94	6 864.46
处置固定资产、无形资产和其他长期资产收回的现金净额	1 680.68	2 288.56
处置子公司及其他营业单位收到的现金净额		
收到其他与投资活动有关的现金		182.25
投资活动现金流入小计	91 402.32	130 807.56
购建固定资产、无形资产和其他长期资产支付的现金	99 069.28	82 044.75
投资支付的现金	161 620.58	135 381.37
取得子公司及其他营业单位支付的现金净额	1 563.12	400.26
支付其他与投资活动有关的现金		2 184.41
投资活动现金流出小计	262 252.98	220 010.79
投资活动产生的现金流量净额	−170 850.65	−89 203.23

资料来源：作者根据公开资料整理而成。

可以看到，长江公司的投资活动现金流出有26.23万元，其中投资支付的现金就有16.16万元。由此可见，2023年主要的投资支出在于对外投资，且投资活动净现金流量为−17.09万元。在什么情况下企业会大量对外投资？需要结合财务报表附注等信息关注企业经营期间是否存在扩张计划，是否需要通过对外投资强化市场地位。

我们再看看长江公司的筹资活动现金流情况（见表11−13）。

表11−13　　　　　　　　长江公司现金流量表（筹资活动部分）　　　　　　　单位：元

项目	2023 年 12 月 31 日	2022 年 12 月 31 日
三、筹资活动产生的现金流量		
吸收投资收到的现金	9 457.87	9 873.39
取得借款收到的现金	199 578.67	183 585.12
收到其他与筹资活动有关的现金		10.00
筹资活动现金流入小计	209 036.54	193 468.51
偿还债务支付的现金	184 239.81	146 862.20
分配股利、利润或偿付利息支付的现金	72 243.79	51 349.57
支付其他与筹资活动有关的现金	30 963.28	33 478.02
筹资活动现金流出小计	287 446.87	231 689.79
筹资活动产生的现金流量净额	−78 410.33	−38 221.28

资料来源：作者根据公开资料整理而成。

可以看到，2023年长江公司通过筹资活动筹集资金20.90万元，偿还债务及利息等28.74万元，筹资金额为−7.84万元，筹资能力较弱。综合而言，长江公司虽然表现出较强的经营能力，但在投资活动及筹资活动等方面仍存在一定的问题，需要结合财务报表附注做进一步分析。

2.净现金流分析

如前文案例1、案例2所示，仅依据净利润或仅依据现金流对企业进行分析都是不全面的。现金流量表属于动态报表，能够较好地反映企业相关资产是否具有流动性和支付能力，能够帮助信息使用者从侧面了解企业利润的质量。不过，处在不同生命周期、不同行业的企业，其现金流的构成各有不同，需要结合企业所处发展阶段、竞争态势、各类活动现金流量的协调程度等因素，从不同维度进行分析。

在阅读现金流量表时，除同期数据以外，往往要通过单期分析与多期分析相结合的方式进行对比分析。通过分析连续的数据，可以发现企业现金流量情况是否具有周期性，从而掌握其变动规律。通过多期对比，可以分析企业当期的现金变动情况是否存在异常，进而推测企业未来的发展形势。

在财务分析时，要对经营性、投资性、筹资性净现金流这三部分进行综合研究，方见端倪（见表11−14）。

表11-14   净现金流分析

序号	经营性净现金流	投资性净现金流	筹资性净现金流	企业状况
1	−	+	+	企业经营活动现金流入不足，需要靠借贷维持经营；如果连投资活动产生的现金流入都是依靠处置资产所得，则财务状况较为严峻
2	−	−	+	企业经营活动和投资活动都难以产生现金流入，资金运转完全通过筹资来维系，财务状况将十分危险
3	−	+	−	经营和筹资都面临困难，现金流入主要依靠处置相关资产收回现金，说明企业的财务状况已陷入困境
4	−	−	−	所有经济活动均难以带来现金流入，表明企业的财务状况几乎瘫痪，可能面临破产或兼并风险
5	+	+	+	该情况下，企业财务状况良好，但要注意加强对投资项目的可行性研究，避免浪费
6	+	−	+	企业经营、筹资都能产生现金净流入，说明财务状况较稳定；而投资活动为负也属正常，可能因为企业处于扩大投资阶段，需要注意保持适度的规模
7	+	+	−	需要关注的是筹资活动净流量为现金净流出，可能是因为有大量债务到期需要使用现金偿还，也可能是因为企业财务状况良好，不需要额外进行筹资，需要具体关注收支间的差额
8	+	−	−	主要依靠经营活动的现金流入维持企业运作，一旦经营状况改变，可能导致财务状况恶化

处于不同阶段的企业对现金流量分析的侧重点是不一样的，但总体而言，分析重点在于找出原因，而不局限于数字。

3. 对经营活动现金流量的解读

经营活动产生的现金流量净额，表明企业经营活动获取现金流量的能力，现金流入主要涉及销售商品、提供劳务收到的现金，现金流出主要涉及购买材料和支付职工薪酬支出的现金。通常来说，企业主要的现金来自经营活动的现金流入，对其进行分析可以从侧面反映企业财务状况。企业通过经营赚的钱肯定是越多越好，代表着企业正常获取现金的能力较强。

在对经营活动进行分析时，也可以采用现金流入/流出比进行分析，这表明在企业经营中1元支出能够带来多大的回报，也就是"效率"问题。如果同样投资1元，在相同周期内，一家企业能产生1元回报，另一家企业能产生2元回报，后者无疑更受投资者青睐。因而，无论是从管理者还是从投资者的角度而言，提高资金使用效率、促进企业发展是他们最为关心的。

此外，还应结合企业所处的经营阶段对经营活动现金流量进行解读。处于不同经营阶段的企业，其现金流量也呈现不同的特征。企业的经营周期一般可划分为初创期、成长期、成熟期和衰退期。

　　处于初创期的企业，经营活动现金流数额较小。产品刚投入市场，需要大量的宣传但产生的销量很少，甚至亏本经营。以滴滴打车为例，这家成立于 2012 年、历经 7 次融资、融资总金额超过 2 000 亿元的独角兽企业，经过 6 年的发展后，2018 年仍面临全年 109 亿元的亏损，自公司成立至 2018 年累计亏损接近 390 亿元。处于成长期的企业，如果经营情况正常，那么经营活动现金流量净额将会稳定增长，企业利润额也相应地逐渐上升。步入成熟阶段以后，企业经营活动现金流入往往能保持较高水平，但其增长速度将逐渐减慢甚至停滞。随之而来，企业利润的增幅也逐渐缩小。缓慢步入衰退期后，企业经营活动现金流量逐步萎缩，盈利能力日趋下降。

　　以曾经的手机王者诺基亚为例，其在 1982 年生产了北欧第一台移动电话，1990 年过后率先扩充电信部门，实现首次全球通对话，占领市场（初创期）；此后，营业收入不断增长，到 20 世纪 90 年代末，手机销量位居全球第一，公司利润大增（成长期）；2010 年，诺基亚手机在全球市场所占的份额达到顶峰，随着智能手机的崛起，其市场份额逐步下降（成熟期）；2013 年诺基亚手机销量被三星反超，最终于 2014 年退出手机市场（衰退期）。

　　经营活动现金流的生命周期分析如图 11-3 所示。总体而言，企业无论处于哪个经营阶段，都应竭力避免经营活动现金净流量为负数。现金流入不足，仅靠借钱维持日常经营是很危险的。

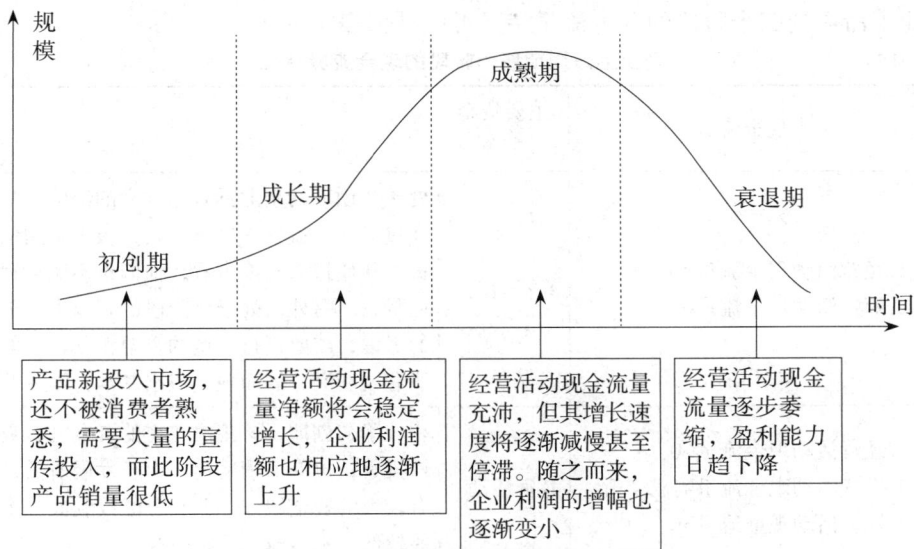

图11-3　经营活动现金流的生命周期分析

4. 对投资活动现金流量的解读

　　投资关系到企业未来的盈利和损失，因此企业投资情况及其效果也是投资者和债权人共同关心的问题。一般而言，评价投资收益质量的主要方法是比较收益收现比例，即投资 1 元能创造额外 1 元的收益还是额外 2 元的收益，这与每一位投资者息息相关。

　　企业若想持续开展生产经营活动，需要购买设备、专利、厂房等必要物资或对外进行投资，这些是企业进行投资的主要现金流出。企业的投资大多具有多元化特征，需要根据自身情况对各项投资进行合理的分配，通过投资组合合理规避风险，同时获取最大效益。

此后，企业根据需要收回投资，取得一定的投资收益。

对投资活动产生的现金流量进行分析，可以先从投资活动现金净流量入手。投资活动现金净流量为正，可能是因为取得投资收益，也可能是因为处置资产；投资活动现金净流量为负，可能是因为投资失利，产生亏损，也可能是因为企业处于扩张阶段，对外投资增加，需要大量资金投入。

5. 对筹资活动现金流量的解读

企业的筹资活动主要是通过权益性投资、发行债券、借贷等方式筹集资金。筹资活动产生的现金流量多，表明企业筹资能力强，反映市场对企业的认可度高，间接反映企业财务状况良好，企业可能有更好的发展。

对筹资活动的现金流量进行分析，还需要综合考虑经营活动现金流量和投资活动现金流量，单一的数据不足以全面反映企业当下的实际经营情况。现金流量是处于变动状态的，如果该项活动带来的现金流入增加，现金流出却没有相应变化，说明现有资金不足，可能是因为企业要进一步扩大规模，也可能是因为企业长期入不敷出，导致缺钱了。相对应地，如果现金流出增加，但是却没有现金流入，很有可能说明企业难以筹集到足够的资金。当本期筹资活动现金流入过大时，以后期间的现金流出肯定会产生一定的压力。因此，投资者和债权人都应该关注企业筹资目的，对企业的发展前景进行综合考量。

企业生命周期四个阶段的现金流量特征可归纳为表 11-15。

表11-15　　　　　　　　　　　　企业生命周期四个阶段的现金流量特征

阶段	现金流量	主要资金来源	特征
初创期	1.经营活动现金流量<0 2.筹资活动现金流量>0	筹资活动	处于初创期的企业具有非常高的经营风险，一般通过吸收权益资本进行筹资，很少采用债务筹资。从债权人角度来看，他们也不愿意冒险向企业贷款。另外，处于该阶段的企业出于未来发展的考虑，需要进行大量的资金积累，一般不分配股利或利润，因而现金流出基本为零或非常少
成长期	1.经营活动现金流量>0 2.投资活动现金流量需求上升 3.筹资活动现金流量>0	筹资活动	相较于初创期，该阶段取得的资金既有吸收权益性投资，也有借债所得。由于发展所需，企业具有较大的资金缺口，股利分配或利润分配比例可能较低，现金流出通常较少
成熟期	1.经营活动现金流量>0 2.投资活动现金流量需求下降 3.筹资活动现金流量<0	经营活动	处于该阶段的企业现金流量充足，具备较强的股利或利润支付能力，因而为发放现金股利或分配利润所支出的现金也较多
衰退期	1.经营活动现金流量>0 2.投资活动现金流量需求下降 3.筹资活动现金流量<0	经营活动	处于此阶段的企业还能取得一定的融资，但发展前途黯淡导致新筹资困难，资金的流入金额很少。同时，过去借入的债务也陆续到期，为偿还债务本金和支付利息所流出的现金非常多

资料来源：作者根据公开资料整理而成。

现金流量表反映的只是企业一定期间内的现金流动，并不能反映企业的盈利、资产负债状况，但它是连接资产负债表和利润表的纽带。当阅读现金流量表时，既要分析其内部构成，又要结合另外两张报表进行综合分析，以便客观、全面地评价企业的财务状况和经营成果。

【"四个面向"小课堂】

会计从来都是与治国理政联系在一起的。中华人民共和国成立之初，我国面临极为严重的财政困难。1950 年 3 月 3 日，政务院发布了《关于统一国家财政经济工作的决定》，要求统一全国的财政收支、物资调度和现金管理。到四五月间，全国财政经济工作实现统一，财政收支接近平衡，金融物价趋于稳定，国家财政经济状况初步好转。这是中华人民共和国在经济战线上的一项重大胜利，初步形成了我国高度集中的财政经济管理体制，集中管理机构为国家金库。

国家金库，简称国库，是国家财政收支的保管出纳机构。中华人民共和国成立以来，国家对红色国库的组织架构和管理体系以法律形式进行了多次修订和完善。1950 年发布的《中央金库条例》提出，各级政府的所有财政收入必须全部缴入同级国库；1995 年开始施行《中华人民共和国预算法》；1995 年颁布的《中华人民共和国中国人民银行法》（2003 年修正）再次巩固了人民银行经理国库的法律地位，并对国库职责加以细化；2014 年修订的《中华人民共和国预算法》继续坚持和明确了人民银行经理国库的法律地位；2020 年修订的《中华人民共和国预算法实施条例》表明，国库对我国改革开放和经济建设的服务作用日益增强。

从 1932 年的红色国库到现代服务型国库的转变，体现了我国在法治轨道上推进国家治理体系和治理能力现代化的坚定步伐。《中华人民共和国预算法》及其实施条例的修订和实施，进一步明确了国库的地位和作用，强化了其职责和权限，这正是党的二十大报告中强调的"全面依法治国"、深化法治中国建设的具体体现。

案例思考

冠昊生物科技股份有限公司（股票代码 300238，公司简称冠昊生物）是一家立足再生医学产业的高科技上市企业。自 1999 年起，公司建立了天然生物材料处理技术平台并实现产业化，截至 2017 年拥有国内外专利百余项，上市产品 6 种，在研产品数十种。公司于 2013 年进一步布局细胞与干细胞产业化平台，2017 年引进新产品美国爱舒明人工晶体，借助成熟的销售渠道，迅速得到市场认可。

2017 年，公司营业收入达 45 036.70 万元，较 2016 年同期增长 43.98%；营业利润达到 6 712.71 万元，同比增长 58.71%；净利润为 5 747.52 万元，同比增长仅 0.91%。现金流出增幅明显，主要原因是成本费用上涨，尤其是 2017 年"三费"（销售费用、管理费用、财务费用）增多。

2017 年，冠昊生物主要有两项对外投资，投资活动现金流出较多，这对于高速成长的企业来讲并不为过，反而恰恰是企业扩张的迹象，上市公司的核心竞争力得以增强。同时，报告期内在建工程支出较多，这也是保障企业稳定发展的"护城河"。

2017 年 2 月 27 日，杨国成愿意将其所持武汉北度 27.0628% 股权无偿转让给公司作为业绩补偿，其所持股份降低至 10%，同时解除杨国成有关业绩承诺和补偿条款的义务。2017 年第一次临时股东大会同意公司以自有资金 26 600 万元收购公司控股股东广东知光分别持有的北京文丰天济医药科技有限公司 53.35% 的股权和广东中昊药业有限公司 53.35% 的股权。

在筹资活动中，现金流量较上年明显减少。冠昊生物曾于 2016 年以非公开发行股票的形式增发 1 903 万股（实际募集资金 73 597 万元），2017 年没有股权融资行为，仅有中短期债务借款 32 460 万元（用于补充公司日常经营所需和收购广东中昊及北京文丰的并购贷款）；同期，公司偿还了 8 000 万元银行贷款，并支付了股利。

资料来源　作者根据公开资料整理而成。

思考题：请将冠昊生物的基本情况、经营成果、现金流量联系起来，利用财务报表的勾稽关系，评价该公司年度经营业绩和现金质量，并对该公司的现金流计划提出建议。

课后习题

1. 现金流量表被视为企业财务健康状况的晴雨表。请找出一个有代表性的案例企业，尝试通过分析来解释现金流量表中的经营活动现金流、投资活动现金流和筹资活动现金流与企业价值评估之间的关系。

2. 企业的长期战略规划需要考虑现金流量的状况。请根据现金流量表的相关信息，讨论企业如何利用现金流量表来规划未来的投资和筹资活动。请分析现金流量表中的数据，评估企业的现金流量状况，并提出可能的战略规划建议，如扩大再生产、市场扩张或增加研发投入等。

3. 利润表和现金流量表是企业财务报告的两个重要组成部分。请比较利润表和现金流量表在评估企业绩效时的不同侧重点，讨论它们之间的关联性。尝试从权责发生制和收付实现制的差异入手，分析两张报表如何从不同角度反映企业的经营成果，并探讨它们之间的相互影响。

第十二章 财务报表分析和绩效评价

第十二章　财务报表分析和绩效评价

▶【本章导读】

谁强谁弱？孰优孰劣？

　　企业是从事生产经营活动以求盈利的组织，财务报告能够直观地体现企业整体的经营水平。与其他资料相比，财务报表中展现的信息更为系统、集中，能够反映企业各项经济活动，有助于了解员工、供应商及客户关系等。虽然表中各项只是罗列了数字，但只要静心阅读就能发现内里包罗万象，记录着企业某个特定时期的大事小情。只有深入了解报告中包含的内容，才能理解其中的经济实质。表12-1是从国家电网和中国石油化工集团2020年年度财务报告中摘取的主要财务数据。

表12-1　　　　　　国家电网和中石化2020年度报表主要数据比较　　　　　单位：亿元

报表项目	国家电网	中石化
营业收入	26 676.7	21 059.8
净利润	420.2	417.5
资产总额	43 462.2	10 699.4
股东权益总额	19 001.8	5 222.7
负债总额	24 460.4	5 476.7

　　资料来源：作者根据国家电网和中国石油化工集团2020年年度报告资料整理而成。

　　单从数据着手，我们是否能客观地评价两家公司2020年财务状况和经营成果的好坏？企业投资者、债权人、管理层和政府监管部门在评价企业时是否关注同样的问题？事实上，我们在比较企业实力的强弱时确实通常基于财务报表分析。

第一节　财务指标分析

▶▶　一、财务报表分析概述

（一）财务报表分析的意义

随着市场经济不断深入发展，企业之间的竞争愈发激烈，随之而来的是利润空间不断被挤压，人力成本逐年增加。要想在这种竞争激烈的环境中谋求生存，就不能依靠传统的粗放式发展，必须不断提高企业精益化管理水平。作为管理的核心任务之一，企业财务管理工作在很大程度上影响甚至决定企业经营的好坏。同时，财务信息真实与否、质量高低，直接影响着企业管理、投资决策的科学程度。如本书前面章节所述，财务报表信息对于企业价值评估具有不可替代的作用，能有效为管理决策提供依据，因此我们必须重视其在企业管理中的作用。

随着我国特色会计体系的逐步构建，财会从业人员更容易通过企业报表获得优质的会计信息，对于管理人员决策提供的帮助也越来越大。一般来说，我们分析报表主要是为了对企业各项业务进行描述、解释以及推论。其中，描述很容易理解，就是通过数据计算出企业各项重要指标，呈现企业过去的业绩；解释，是在描述的基础上分析企业过去的业绩为什么处于这样的水平，处于这样的水平是不是正常的；推论，则是根据相关指标推测企业未来可能达到的发展水平或者状态。

财务报表分析的意义见表 12-2。

表12-2　　　　　　　　　　　　　　　　　**财务报表分析的意义**

报表	意义
资产负债表	企业在特定会计期间终了时，全部的资产、负债和所有者权益都能在本表中得到体现，对于企业在特定时点的财务状况也能够借助本表进行分析。因而，资产负债表能够对与投融资有关的管理决策产生影响。 首先，通过本书前置章节的学习，我们可以了解相关报表的基础分析，在本表中我们可以通过分析本表左边的资产部分知晓企业投资活动的结果，通过分析本表右边的负债和所有者权益部分了解企业筹资活动。企业只有融通到足量的现金流，才能为今后实现战略、实现价值最大化奠定基础。 其次，本表的重点在于帮助相关信息使用者了解各类资产和负债在特定时点上（一般是特定会计期间的终了日）的规模、结构及其数量对应关系，有利于管理者明晰自身的受托责任和义务，有利于在经营管理中提高运营效率，优化企业资产结构，规避风险
利润表	本表反映的是特定会计期间企业全部经济活动的成果。通过表中包含的收入、费用等相关信息，我们可以分析企业生产经营成果；表中不同时段数字变动情况，既有助于相关信息使用者对企业今后发展状况进行评估，也有助于管理者根据经营状况及时调整相关策略
现金流量表	区别于上述两表，现金流量表的编制基础是收付实现制，以现金流动为准，表明企业获得现金及现金等价物的能力。站在财务角度而言，企业的运作就是现金的各项流程。如前所述，企业在"G—W—G'"的过程中实现增值，其中 G（也就是货币）相当于我们身体中的"血液"，直接影响着企业的健康经营。 相关信息使用者通过对本表的分析，不仅可以了解企业产生内部现金流量的现状，而且可以根据今后发展计划、资金投入需求分析企业在未来的经营中能否以营业现金流偿付债务，是否需要进行内外部融资，以及相应的融资计划是否符合企业风险防控需求

报表分析是对企业进行评估、分析、管理的重要一环。准确、有效的报表分析不仅可以为信息使用者提供财务信息，而且可以成为管理层进行科学决策的依据，在企业管理中越发受到重视。

【"四个面向"小课堂】

延安时期，中直机关一直实行的是生活资料按标准定额分配的会计制度，这种强调平等的战时政策极大地促进了党内团结和政权的稳固，谱写了中国会计史上光辉的一页。

1946 年东北解放区建立之初，财政上实行分散自给的方针，各种规章制度尚未建立健全，管理上比较混乱。为了整顿财政，东北财经委员会于当年 12 月召开第一次会议，决定清理账目，迅速做好账目报销，并要求从 1947 年开始建立预算制度。1948 年 11 月，东北全境解放后，经济建设成为东北解放区的工作重心。这一时期，东北解放区制定了统一的税务会计制度和工商业政策。自此，东北成为支援全国解放战争的重要供应基地，并为我国的工业化奠定了基础。

通过回顾延安时期和东北解放区的财政会计工作历史，我们可以深刻认识到制度建设的重要性以及党在关键时期迅速应对挑战的能力。我们要总结历史经验，将其与党的二十大精神相结合，推动新时代财政会计工作的创新发展。

（二）财务报表分析主要指标

严格来讲，我们常说的企业基本情况分析不属于报表分析的范畴，因为其中较少涉及财务问题，但是我们要读懂财务报表，又必须了解企业的基本情况，这样才能对报表中的各项数据有更全面的认知。因此，我们可以把企业基本情况分析当作报表分析的基础工作，通常基于企业不同历史时期进行纵向对比，或基于同期同行业情况进行横向对比。

本书前面章节，我们已经接触过很多类似的纵向对比概念。在对企业基本情况进行了解时，首先了解企业前期的相关数据，看是否存在周期性的变化趋势，在我国通常要求企业提供近三年的相关信息，可以通过分析过往业绩预测企业未来的发展趋势。

在基于同期同行业情况进行横向对比时要注意的是，所选择的比较对象应该是同行业平均水平以上或者具有竞争关系的企业。由于各企业的体量存在差异，所以一般用相对指标进行分析。

要进行财务报表分析，必须首先了解表内项目，这是分析的基础。基于这些表内项目，会计信息使用者可以进行各项比率分析。常见财务分析指标见表 12-3。

表 12-3　　　　　　　　　　　　　　　**常见财务分析指标**

分析项	公式
短期偿债能力分析	1.流动比率= 流动资产 / 流动负债
	2.速动比率=（流动资产–存货）/ 流动负债
	3.现金比率=（现金+现金等价物）/ 流动负债
	4.到期债务本息偿付比率= 经营活动现金净流量 /（本期到期债务本金+现金利息支出）

续表

分析项	公式
长期偿债能力分析	1.资产负债率=负债总额 / 资产总额 2.股东权益比率=股东权益总额 / 资产总额 3.权益乘数=资产总额 / 股东权益总额 4.负债股权比率=负债总额 / 股东权益总额 5.偿债保障比率=负债总额 / 经营活动现金净流量 6.利息保障倍数=（税前利润+利息费用）/ 利息费用
营运能力分析	1.存货周转率=销售成本 / 平均存货 2.应收账款周转率=赊销收入净额 / 平均应收账款余额 3.固定资产周转率=销售收入 / 平均固定资产净额 4.总资产周转率=销售收入 / 平均资产总额
盈利能力分析	1.资产报酬率=（利润总额+利息支出）/ 平均资产总额 2.净资产报酬率=净利润 / 平均净资产 3.股东权益报酬率=净利润 / 平均股东权益总额 4.毛利率=销售毛利 / 销售收入净额 5.成本费用净利率=净利润 / 成本费用总额 6.每股股利=（现金股利总额–优先股股利）/流通在外股数 7.每股净资产=股东权益总额 / 流通在外股数 8.市盈率=每股市价 / 每股利润
发展能力分析	1.营业增长率=本期营业增长额 / 上年同期营业收入总额 2.资本积累率=本期所有者权益增长额 / 年初所有者权益 3.总资产增长率=本期总资产增长额 / 年初资产总额 4.固定资产成新率=平均固定资产净值 / 平均固定资产原值

▶▶　二、哈佛分析框架

哈佛分析框架（Harvard analytical framework）主要包括四个部分，分别是战略分析、会计分析、财务分析和前景分析。传统财务分析主要基于历史的角度进行，并非结合未来的发展趋势阐述问题，而哈佛分析框架则是站在战略的角度具体分析企业的财务状况，能够对企业的发展前景进行预测，弥补了传统财务分析体系的缺陷，更加符合现代企业财务分析的客观要求。这四部分的结构和内容如图 12-1 和表 12-4 所示。此外，还应结合企业实际，将哈佛分析框架与其他分析方法相结合。比如，要分析企业战略目标为什么没有达成，考虑到这可能也与企业的用人情况分不开，那么，除了采用哈佛分析框架外，人力资源部门可以适时进行管理层胜任能力分析。

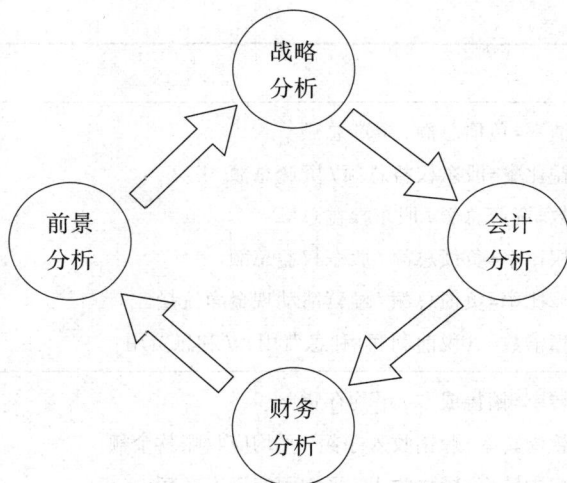

图12-1　哈佛分析框架

表12-4　　　　　　　　　　　　　　哈佛分析框架内容

分析项	意义
战略分析	先从整体上分析公司采用的战略，比如成本领先、差异化、集中化战略，再进一步分析公司在这些战略的指引下做的成绩如何，即做了哪些事、怎么做的、做到什么样的结果、与预期相比有没有差距
会计分析	从财务数据出发是分析问题最直接的方式，因为其反映了企业整体的经济状况。但是我们要知道，会计分析不等同于财务分析，会计分析主要是为了保证相关数据的真实、完整，这正是我们进行财务分析的前提。 是否真实？真实，就是数据的准确性，即获取数据的渠道可不可靠？相关数据是直接来自业务系统，还是被手工处理过？有关数据是否经过核对？是否存在粉饰？ 是否完整？完整，就是要保证所有数据都已入账，不存在遗漏。 会计分析，更多讲的是内部控制方面，即有没有相关的流程和制度保证数据完整而准确，这些制度有没有发挥作用，有没有被正确执行
财务分析	在通过会计分析保证相关数据真实、完整以后，可以运用本章前述各项指标（不仅限于记载部分）对企业实际经营情况进行综合分析，以发现问题，改善管理。发现问题不是为了给管理层找茬，而是围绕企业战略目标分析到底是什么原因导致本期经营情况与理想状态出现了偏差
前景分析	在上述分析的基础上有针对性地对战略进行调整

资料来源：作者根据公开资料整理而成。

第二节　哈佛分析框架应用

▶▶　一、相关财务分析及主要指标

（一）营运能力分析

企业是一个营利性组织，投资者通常更加关注企业到底有没有赚钱，而投资回报的衡量标准主要来源于两方面——效率和效益。对于企业资金使用效益的评价主要表现为企业的盈利能力分析，这个我们后面再说。那么，对于资产的使用效率应该怎么衡量呢？企业日常经营伴随着资金的循环和周转，即资金转换为原材料，再形成产品，最后通过销售获得收益。这一循环速度越快，说明运行效率越高、效益越好，反之则不然。这种对效率的衡量，我们称为营运能力。

第二章讲过，资产根据其流动性分为两种，即流动资产和非流动资产，相应地，我们对企业营运能力也进行了一定的区分，主要包括流动资产营运能力、长期资产营运能力和总资产营运能力。

【"四个面向"小课堂】

在抗日战争的艰难时期，特别是1941年和1942年，根据地面临着巨大的经济压力，民力负担几乎达到极限。为了应对这一最根本、最紧急的问题，毛泽东在《经济问题与财政问题》的报告中提出了一个深刻的观点：在取之于民的同时，要使人民经济有所增长，有所补充。这一原则不仅是对人民利益的深切关怀，也是支持长期抗日战争的基石。这一思想，在今天的时代背景下，与党的二十大精神有着紧密的联系和共鸣。党的二十大报告强调："坚持以人民为中心的发展思想。维护人民根本利益，增进民生福祉，不断实现发展为了人民、发展依靠人民、发展成果由人民共享。"这与毛泽东在抗日战争时期提出的为人民理财的根本原则一脉相承。在新时代的征程中，我们依然要坚持这一原则，确保财税工作不仅为国家的发展筹集资金，更要通过合理的财税政策促进人民经济的增长和社会的进步。

党的二十大报告还提出了"着力推动高质量发展，主动构建新发展格局"的战略部署。这就要求我们在财税工作中不仅关注资金的筹集和使用效率，更要关注其对经济社会发展的引领作用。我们要借鉴毛泽东同志在抗日战争时期提出的财税工作基本方针，结合新时代的发展要求，创新财税政策，推动经济结构的优化升级，为实现中华民族伟大复兴贡献力量。

1.流动资产周转率

流动资产是资产的重要组成部分，流动资产的使用效率影响着总资产营运能力的高低。如果投资者想要了解流动资产在企业的经营循环中创造了多少效益，就要关注该指标。基本标准为看一项资产能够产生多少收入，那么用对应的收入除以流动资产就可以得到流动资产的营运能力。其中，应收账款和存货是制造业企业两种比较关键的流动资产，占比较高，由此我们得到两个比较常用的指标，即应收账款周转率、存货周转率等。

（1）应收账款周转率

应收账款周转率、周转天数计算公式见表12-5。

表12-5   **应收账款周转率、周转天数计算公式**

指标	公式
应收账款周转率	赊销收入净额/应收账款平均余额
应收账款周转天数	(应收账款平均余额×计算期天数)/赊销收入净额

应收账款周转率说明在一个会计年度中该资产周转了多少次。如果想直观地了解一笔应收账款在企业的经营循环中花了多少天，可以采用应收账款周转天数指标。为什么要如此关注应收账款呢？比如一家企业采取商业信用的方式扩大销售收入，如果赊销金额占比高，那么应收账款就会成为企业的一项重要流动资产，相对应地，总资产的流动性必然受到影响。再简单点说，应收账款存在得越久，其出现坏账的可能性就越大，我们在计算净额时一般也要扣除坏账准备。实际工作中，"赊销收入净额"一般采用营业收入替代。

（2）存货周转率

存货周转率、周转天数计算公式见表12-6。

表12-6   **存货周转率、周转天数计算公式**

指标	公式
存货周转率	营业成本/存货平均余额
存货周转天数	(存货平均余额×计算期天数)/营业成本

以零售行业为例，比如永辉超市2020年流动资产达到331.7亿元左右，仅存货一项占流动资产的比例就高达32.8%。由此可见，对于某些类型的行业来说，存货是一项关键项目，在这种情况下投资者也会更加关注存货的营运能力，即存货周转率，也叫做存货周转次数，它能反映企业的销货能力。该比率越高，存货积压风险就越小，说明企业的商品越容易变现。

2.固定资产周转率

固定资产的重要性不必多言，但是如何评价企业的某项资产投资划算与否呢？我们应该衡量企业长期资产的营运能力，通常选择固定资产周转率作为主要指标。该比率较高，表明企业固定资产投资得当，利用率高；该比率较低，说明企业需要进一步提高利用率。固定资产周转率、平均净值计算公式见表12-7。

表12-7   **固定资产周转率、平均净值计算公式**

指标	公式
固定资产周转率	营业收入/固定资产平均净值
固定资产平均净值	(期初固定资产净值+期末固定资产净值)/2

3.总资产周转率

销售实现的过程可以理解为投资者投入资产再变现的过程，即完成循环并实现收益。这个循环完成的次数越多，资产的利用效率就越高，企业的盈利水平也越高。

以上我们逐一分析了各项资产的营运能力，有的高，有的低，并不能反映企业的总体水平，那么，要想从整体上帮助管理者评价企业的营运能力，应该怎么做呢？从这个角度出发，我们获得了一个新的指标——总资产周转率。相关计算公式见表12-8。

表12-8　　　　　　　　　　**总资产周转率、平均资产总额计算公式**

指标	公式
总资产周转率	营业收入/平均资产总额
平均资产总额	（年初资产总额+年末资产总额）/2

　　一般而言，总资产周转越快，反映企业在销售方面的能力越强。如果这个比率较低，说明企业资产利用程度不高，可以处理部分冗余资产或进一步开拓市场。

　　（二）偿债能力分析

　　当自有资金不足时，企业就需要对外筹资。举债经营并不是坏事，企业通过借来的钱进行生产经营，赚取资金，同时需要支付利息。当收益大于利息支出时，合理的负债水平便起到财务杠杆作用。但债权人更加关心的是，企业经营风险有多大，未来能否按时偿还债务。这就需要对企业的偿债能力做出判断。为了更加准确地把握企业的偿债能力，我们将其分为短期偿债能力和长期偿债能力。

　　1.短期偿债能力

　　短期偿债能力是指企业用流动资产偿还流动负债的能力。为什么要选择流动资产呢？企业面对将要偿付的债务，比如要付给供应商的应付款，需要用流动性强的资产来还钱，比如银行存款。那么，流动资产足够偿还所欠的债务吗？流动比率回答了这个问题。除此之外，现金比率或速动比率也可以反映这一点。本书在介绍这部分内容时主要运用流动比率和速动比率进行分析。

　　（1）流动比率

　　流动比率=流动资产/流动负债

　　从公式出发去理解该指标，可解释为企业每1元的负债能够由多少资产来保障。通常情况下，流动比率越高，短期偿债能力就越强，债权人的债务也就越安全。但是，流动比率不是绝对的正向指标。如果该比率太高，反而表示企业的流动资产占用资金太多，这可能是应收账款过多造成的，也可能是存货积压造成的，都说明企业资产使用效率不高。

　　（2）速动比率

　　如果企业的存货在市场上不受欢迎，不容易变现，那么用买卖存货的方式还债就会变得困难。这时，流动比率的计算结果不能恰当地反映企业的短期偿债能力，因此会计们选择了更为严谨的评价指标——速动比率（酸性测试比率）。

　　速动比率=速动资产/流动负债

　　在计算该比率时，除了要扣除存货以外，企业还能从流动资产中排除其他对当期现金流不会产生影响的项目，比如预付账款，它只会减少企业在未来期间的现金流出，并不具备实际变现能力。

　　同样，该比率也不是越高越好，正常水平一般保持在1：1，这说明企业每1元流动负债能够有1元的流动资产进行保障。如果该比率过低，说明短期偿债风险大；而过高的速动比率反映的问题与流动比率相同，说明该项资产占用了太多资金，可能错失好的投资机会。

在实际评价速动比率时，要结合企业的行业特性来判断。以商品零售行业为例，比如永辉超市，收入以大量现金或银行存款为主，速动比率远小于1，这也是合理的。那么，速动比率大于1，是不是就代表这家企业的短期偿债能力强呢？也不一定，比如应收账款是存在坏账的，如果速动资产中大部分是应收账款，能否收回还是未知数，在这种情况下，要评价企业短期偿债能力强弱就需要进一步的判断。所以，在评价速动比率时，还应分析应收账款的质量。

2.长期偿债能力

企业在筹资过程中不太可能只是用短期借款来完成筹资，还会使用一部分长期借款，比如应付债券、长期借款等。长期偿债能力不仅能反映长期财务状况的稳定性，而且能说明债权人的资产安全程度。下面主要选取资产负债率作为主要分析指标。

类比于流动比率的推演方式，对于长期偿债能力的评价是否也可采用这种计算方式呢，比如用长期资产除以长期负债？答案是否定的。在实际工作中，很少有企业通过变卖资产来偿还债务，如果将厂房、设备全部变卖，企业怕是要关门。因此，会计们往往选择资产负债率来进行衡量，即企业的负债总额与资产总额之比。资产和负债中都包含长期和短期部分，不仅时间范围可以匹配，而且可以帮助管理者了解资产中到底背负了多少债务，以及资产对债权人权益的保障程度。

资产负债率=负债总额/资产总额×100%

那么，资产负债率这个指标是不是越高越好呢？不尽然，企业资产负债率应处于合理水平。对于这个合理水平的确定，通常既要考量风险和收益，也要考虑企业类型及企业所处的环境和成长阶段，比如是否属于高新技术企业、行业平均水平如何或者企业是否处于成长期。

从利益相关者的视角来看，债权人和投资者对资产负债率持有不同的态度。债权人更加关注对外提供的贷款能否按期收回。如果企业资产负债率过高，说明企业总资产中仅有小部分是由股东提供的，大部分是由债权人提供的，在这种情况下，债权人就要承担很大的风险。所以，债权人希望资产负债率尽可能降低，这样一来，属于自己那部分的权益保障程度就比较高。而投资者最关心的是投资回报率。由于企业债权人投入的资金与企业所有者投入的资金发挥着同样的作用，因此当企业的总资产收益高于借款利息时，投资者更希望通过举债来筹资，发挥财务杠杆作用。

（三）盈利能力分析

前面提到，不同的报表使用者都有自己的"小心思"，债权人关心自己的借款能否按时得到偿还，投资者和管理者关注的重点则是未来企业是否能实现持续盈利，这种持续通常反映为企业是否具有成长性。一般而言，盈利能力比较强的企业具有较高的成长性，这一类型的企业能够产生更多的利润，然后将这些利润应用在投资中，获取更多收益；同样，成长性也会反过来刺激盈利水平的提高。因此，企业的成长能力和盈利能力相辅相成，存在良性循环。

盈利能力反映的是企业赚取利润的能力。那么，这种能力又如何体现出来呢？如果一家企业的毛利和净利润分别是1 000万元和500万元，企业的老板单看这些数字恐怕不容易判断今年赚得多还是赚得少，同样的数字对于不同规模的企业也有不同的意义。既然绝对数无法解决问题，那就运用比率的方法来衡量。通常来说，毛利率、利润率、总资产收益率等都可以作为企业盈利能力分析的指标，我们在这里主要就销售净利率、总资产净利率、净资产收益率这几项指标进行学习。

1.销售净利率

根据利润表的构成，企业的利润分为营业利润、利润总额、净利润。销售净利率说明1元营业收入能给企业带来多少利润。

销售净利率=净利润/营业收入×100%

2.总资产净利率

如果我们换个角度衡量企业的盈利能力，不是简单地用收入和利润来计算，而是通过计算投入产出的比率来看看我们投资的资产到底产生了多少价值，这样一来，我们又获得了一个新的指标——总资产净利率，它反映了企业资产的综合利用效率。

总资产净利率=净利润/资产平均余额×100%

该指标越高，表示资产的利用效率越高，企业在赚取利润方面取得的成果越好；否则，相反。

3.净资产收益率

由于总资产中由负债负担的资产部分不能充分反映由股东提供的资产的使用效率，因此我们只选取净资产作为衡量对象，并引入净资产收益率（也称为权益净利率）指标，计算公式为：

权益净利率=净利润/净资产平均余额×100%

其中：

净资产平均余额=（期初净资产+期末净资产）/2

净资产收益率主要是从企业投资者视角来衡量盈利水平，因此该指标也成为上市公司必须公开披露的内容之一。

【"四个面向"小课堂】

1931年11月，中华苏维埃共和国中央临时政府在江西瑞金成立，揭开了会计制度建设的新篇章——统一财政下的统一会计制度建设。其制度设计紧紧围绕"为人民理财"这一主题，通过"唤起民众"实现补充兵源、供给前线、获取武装斗争胜利的目的。当时的财会制度建设主要从政府会计和工商业会计两方面入手。

毛泽东在《经济问题与财政问题》（1942年12月）中也提到："我们之注意公营工业的建设是从一九三八年开始的。在这一年，边区政府先后建立了难民纺织厂、造纸工厂、被服工厂、农具工厂及八路军制药厂，这些工厂到后来，大部分都起了很大的倡导作用。"在当时，工商业企业的会计核算已经采用复式记账法，并根据实际情况做了改良。

党的二十大报告中强调了坚持以人民为中心的发展思想以及推动高质量发展的战略部署。这与中华苏维埃共和国时期的会计制度建设精神是一脉相承的。在当前的新时代背景下，我们需要继续秉承"为人民理财"的核心理念，加强财税工作的科学性和规范性，确保财政资金的高效利用，促进经济社会持续健康发展。

▶▶ 二、哈佛分析框架应用——以三一重工为例

传统财务分析主要是定量分析，这种定量一般是基于过去发生的数据，所以可能存在滞后性，而哈佛分析框架在财务数据分析的基础上纳入大量的非财务数据，形成战略、会计、财务、前景四个维度的框架。为了让大家对哈佛分析框架应用有更为清晰的认知，我们以三一重工为例进行具体应用分析。三一重工2018—2020年主要会计数据和主要财务指标分别见表12-9和表12-10。

表12-9　　　　　　　　　　　三一重工2018—2020年主要会计数据　　　　　　金额单位：千元

主要会计数据	2020年	2019年	同比增减（%）	2018年
营业收入	99 341 988	75 665 462	31.29	55 821 504
归属于上市公司股东的净利润	15 431 465	11 325 923	36.25	6 116 288
归属于上市公司股东的扣除非经常性损益后的净利润	13 947 798	10 411 683	33.96	6 037 494
经营活动产生的现金流量净额	13 362 907	11 883 710	12.45	10 526 899
归属于上市公司股东的净资产	56 562 464	47 151 479	19.96	31 484 905
总资产	126 254 548	99 241 536	27.22	73 774 723

资料来源：作者根据公开资料整理而成。

表12-10　　　　　　　　　　　三一重工2018—2020年主要财务指标

主要财务指标	2020年	2019年	同比增减（%）	2018年
基本每股收益（元/股）	1.8397	1.3740	33.89	0.7907
稀释每股收益（元/股）	1.8370	1.3664	34.44	0.7466
扣除非经常性损益后的基本每股收益（元/股）	1.6628	1.2631	31.64	0.7806
加权平均净资产收益率（%）	29.64	27.16	增加2.48个百分点	21.45
扣除非经常性损益后的加权平均净资产收益率（%）	27.65	26.67	增加0.98个百分点	21.18

资料来源：作者根据公开资料整理而成。

1. 战略分析

战略分析是哈佛分析框架的起点，囊括行业特征、生命周期等多个方面，从整体上分析公司采用的战略，分析战略执行成效如何，与预期存在多大差距。战略分析通常包括PEST分析、波特五力模型、SWOT分析等。下面以三一重工为例进行PEST分析及SWOT分析。

（1）PEST分析

PEST分析的意义在于挖掘外部环境对企业的影响，主要包括政治、经济、技术以及社会环境等维度。

①政治环境。公司所处行业一直得到国家大力扶持，经过"十三五"期间的深耕，在

"十四五"期间仍是国家重点发展领域，为企业的迅猛发展奠定了政策基础。

②经济环境。"十三五"期间全行业处于繁荣发展的阶段，产销基本平稳，但是由于国际市场受到严重冲击，需求疲软，装备制造业难以实现稳定运行，为此，国家财政不得不采取举措推动复工复产，在全球经济指标降幅明显的背景下，该企业仍然在2020年实现31.25%的同比增长。

③技术环境。虽然行业内技术革新速度很快，但是由于起步较晚，企业在部分关键零部件上仍然受制于人，需要加大技术投入，寻求核心技术突破。

④社会环境。品牌、服务与质量是现代企业竞争的关键，作为大型国有重工业企业，环境责任无疑是企业应该重视的内容。

（2）SWOT分析

①S（优势）。三一重工拥有行业领先的创新能力，公司专利申请书在国内同行业居于首位，随着智能制造逐步发展，企业积极推广自动化系统，搭建了企业控制中心ECC，有效提高了工作效率。

②W（劣势）。重点在于关键技术突破。核心零部件被"卡脖子"是全行业共同面临的问题，加之品牌忠诚度不足，需要适当让利。

③O（机会）。虽然海外市场受到严重冲击，整体需求下降，但是得益于前期的数字化和国际化战略，国际业务已经具备坚实的基础，有机会实现逆势上扬。

④T（威胁）。目前，国内外市场需求不确定性较高，材料成本不断攀升，但是行业布局基本稳定，难以大范围拓展市场空间。

2. 会计分析

根据前述的战略分析，我们接下来要分析在战略制定及执行过程中出现了哪些问题，未来该如何调整。一般而言，分析问题最直接的方式是从财务数据出发，这是因为财务数据反映企业经营状况。

在进行财务分析之前，先进行会计分析。会计分析的目的是保证财务数据的完整性、准确性，即确保所有应该入账的数据已经入账，没有遗漏，确保数据来源可靠。在这一层面，主要是看内部控制，也就是有没有相关的流程和制度保证数据完整、准确，这些制度有没有发挥作用，有没有被正确执行。

在缺乏内部控制相关资料的情况下，我们可以通过财务报表，从存货和应收账款的管理进行推算。以三一重工为例，2018—2020年，应收账款周转率分别为2.90、3.61、4.59，存货周转率分别为4.03、3.94、4.17。总体而言，应收账款、存货管理较为规范、合理，大致可以推算其相关流程和制度相对完善且得到有效执行。

3. 财务分析

如果经过会计分析，可以确认数据真实、完整，那么就可以通过部分财务指标对企业实际情况加以分析。一般来说，财务分析以财务报表分析为基础，本章前文已进行详细描述。为了便于理解，我们继续对三一重工进行分析。

（1）盈利能力分析

表12-11中，该企业的各项盈利能力指标逐年上涨，但是2020年相关指标并未如之前产生较大增幅。

表12-11   **2018—2020年盈利能力分析一览表**

项目	三一重工		
	2020年	2019年	2018年
销售净利率（%）	15.97	15.19	11.29
总资产净利率（%）	14.63	13.99	9.55
净资产收益率（%）	27.28	25.23	19.43

资料来源：作者根据公开资料整理而成。

（2）偿债能力分析

表12-12中，该企业的流动比率和速动比率都出现了一定程度的浮动，但是2020年资产负债率增幅高达4.19%，考虑到企业整体的盈利能力较强，企业并不会面临较大的偿还压力。

表12-12   **2018—2020年偿债能力分析一览表**

项目	三一重工		
	2020年	2019年	2018年
流动比率	1.47	1.63	1.53
速动比率	1.16	1.29	1.19
资产负债率（%）	53.91	49.72	55.94

资料来源：作者根据公开资料整理而成。

（3）营运能力分析

表12-13中，企业固定资产周转率呈上升态势，但具体的固定资产管理水平如何，需要通过横向对比才能得出结论。

表12-13   **2018—2020年营运能力分析一览表**

项目	三一重工		
	2020年	2019年	2018年
流动资产周转率	1.24	1.26	1.27
固定资产周转率	9.21	6.71	4.52
总资产周转率	0.92	0.92	0.85

资料来源：作者根据公开资料整理而成。

（4）发展能力分析

三年间，企业的净利润增长率表现出大幅下降的趋势，但是净资产增长率在2020年达到27.81%。总体而言，企业在资产方面保持稳定增长。

需要注意的是，财务分析不能漫无目的，而是要找到战略发展中遇到的问题，弄清楚到底是什么问题导致战略目标有偏差，一定要将其与战略目标结合起来。

4.前景分析

前景分析需要在前述工作的基础上，针对发现的不足进行改善，并调整企业未来的战略规划。通过前述对三一重工的初步分析，其成长性值得期待。但是，市场竞争内卷严重，要想始终保持不败之地，还需要建立足够的竞争优势。

（1）发展机遇

国家政策支持、设备更新升级趋势、大量基建投资等为企业发展注入活力。

（2）风险与挑战

就企业所处行业而言，数字化和智能制造提高了高端市场的准入门槛，但是设备的更新换代以及智能制造系统的建设必然导致成本不菲，长期面临的关键技术被"卡脖子"问题并未得到解决，在国际市场竞争愈发激烈、国际贸易脱钩趋势明显的市场背景下，企业要首先稳定并逐步扩大国内市场份额，其次对国际市场有选择性地进发。

第三节　企业战略和绩效

▶▶ 一、企业战略

（一）什么是企业战略

企业战略，就是通过协调、配置及构造其在多个市场上的活动来创造价值的方式。整体上可以将其归结为三个方面：一是企业在市场方面的配置及构造；二是企业整体的架构及各部门协调；三是强调价值创造，这是企业战略的最终目标。

企业无论采取什么战略，要想保持长远、稳定的发展，都需要在企业的各个业务单元中实现。因此，企业要不断增强各项业务的竞争优势，以利益最大化和长期发展为目标，在长期竞争中把握未来发展方向，如海尔砸冰箱事件、吉利并购沃尔沃事件。

如果从假设"企业战略的目标就是创造价值"开始，那么企业究竟是为谁创造价值呢？这一问题就是管理层需要做出的决策。

（二）战略和绩效评价的关系

企业要保持持续发展和长久的竞争优势，不仅要制定有效的战略，更重要的是确保战略的顺利实施，而绩效管理是其中绕不开的一环。

1.企业战略是绩效管理工作的重要依据

企业战略决定了企业未来发展方向，是企业所有管理活动的基本依据，当然也是绩效管理的重要依据。只有以企业战略作为基本依据，才能明确绩效管理体系的目标与方向，才能将整个组织活动统一到企业战略上，否则，绩效管理体系难以发挥作用。

在绩效管理体系的构建过程中，首先要做的就是制订绩效计划，而确立绩效计划的前提就是明确绩效目标，这个目标囊括企业整体、各部门乃至各位员工，这是绩效管理的关键内容。绩效目标的制定必须与企业战略方向保持高度一致。

2.绩效管理系统是实现企业战略的重要工具

战略一经制定，就要有效实施。然而，在复杂多变的市场经济环境中，能够制定合理、有效的战略已经够难了，若要保证战略成功实施且效率良好简直是难上加难，需要将战略细化为各部门及各位员工都清楚的具体工作。

《财富》杂志曾经指出，70%的CEO失败不是因为糟糕的战略而是因为糟糕的战略执行。其中最重要的就是沟通障碍，企业高层管理人员难以把对战略的理解传递给其他管理人员和员工。

无论高层管理人员多么努力，单打独斗终究难以支撑企业运转，需要企业各位员工各司其职发挥作用，这就要求将战略目标逐层分解，使各部门和各位员工知道自己要承担的具体责任。绩效管理的核心就是帮助企业对战略进行层层拆分，最终确定为部门、个人应该达成的目标，尽可能消除沟通障碍，并督促各部门和各位员工按预定计划落实目标，最终实现企业与员工同步发展。

【"四个面向"小课堂】

毛泽东在《井冈山的斗争》中讲到："红军的物质生活如此菲薄，战斗如此频繁，仍能维持不敝，除党的作用外，就是靠实行军队内的民主主义。官长不打士兵，官兵待遇平等，士兵有开会说话的自由，废除烦琐的礼节，经济公开。士兵管理伙食，仍能从每日五分的油盐柴菜钱中节余一点作零用，名曰'伙食尾子'，每人每日约得六七十文。这些办法，士兵很满意。"足见公平合理的会计制度在激励士气、团结群众方面的巨大作用。党的二十大报告中强调"坚持以人民为中心的发展思想。维护人民根本利益，增进民生福祉，不断实现发展为了人民、发展依靠人民、发展成果由人民共享"。这种理念与红军时期实行的公平合理的会计制度及民权主义实践高度契合。在新时代新征程中，我们仍然需要坚持这种以人民为中心的发展理念，确保各项制度的公平性和合理性。

（三）战略地图（strategy map）

战略的实质是认清企业所处位置并找准未来要走的路，通过对资源的合理调配最终实现目标。我们平时所说的制定战略，就是提前做好选择。一般来说，完整的战略体系囊括战略地图、平衡计分卡以及战略中心型组织等方面。

平衡计分卡的创始人之一罗伯特·卡普兰（Roberts Kaplan）教授曾说："你无法描述的，就无法衡量；你无法衡量的，就无法管理。"而战略地图正是描述组织如何创造价值的工具，通常从平衡计分卡的四个层面来确定各项目标之间的一系列因果联系（见表12-14）。

表12-14　　　　　　　　　　　　　　　　战略地图

所处层面	概念
财务	财务战略的核心目标是长期股东价值。围绕这一目标，我们需要制定详细的生产战略，不断提高生产力，减少不必要的支出，简单来说就是降本增效。在收入方面，一是提高来自新客户的收入，也就是扩张市场；二是提高产品销售收入和服务收入；三是提高第三方提供的客户接入的收入
客户	客户战略的基础是差异化的价值主张，在这个层面，我们要不断细分客户群体，并根据不同群体制定相应的业绩衡量指标
内部业务流程	该项就是围绕企业内部价值的业务流程创造。我们通过前面的分析知道了企业在财务和客户层面的目标，那么内部业务流程和学习与成长层面的目标就是描述如何去实现这些目标。也就是说，本层面是企业实现战略目标的行动和基础。在这一层面，我们需要为客户生产并向其传递价值主张，在企业内部则需要改善流程并且降低成本
学习与成长	这一层面涉及的无形资产主要有人力资本、信息资本和组织资本等。关键因素是内部管理的颗粒度，也就是重视关键战略流程所需的特殊能力和特征，同样要与战略目标协调一致

　　公司战略主要是对未来发展方向进行规划，因此，在进行相关绩效和薪酬体系设计时，首先要明确公司采取什么样的战略体系，包括使命、愿景、价值观等。在具体绘制战略地图之前，管理层要对企业具体战略进行梳理，并召开战略地图研讨会，达成共识。绘制战略地图的具体步骤如下：

　　第一步，明确企业愿景和使命。企业愿景就是我们渴望成为什么样的企业，我们要塑造一个什么样的企业，未来我们塑造出来的企业是不是理想中的样子，这个愿景要靠什么方式去实现，分几步走。这是对于企业未来发展的具体期望和描述，也可以简单理解为"画大饼"，所不同的是这个"大饼"需要踏踏实实去耕耘、去实现。使命就是企业存在的价值，可以分为主动式和被动式两种表达方式。主动式表述一般是高度概括的语言，比如海尔集团对企业使命的概括是"优化'人单合一'流程，以速度与精准的统一创造用户需求"；而被动式表述一般可以拆解为股东、合作伙伴、客户、职工及社会等五个维度。美好的愿景能够引起人们的向往，激发凝聚力。

　　第二步，梳理上级主管单位对企业的要求及考核体系。

　　第三步，通过研读企业前三年形成的战略目标及完成情况，按照平衡计分卡的四个维度，梳理目前的企业战略目标体系。

　　第四步，通过研读企业历年的总结、报告、财务报表，对照已经梳理出来的企业战略目标体系，寻找历史关键成功举措，加以借鉴。

　　第五步，召开战略地图研讨会。在战略地图研讨会上，，各级管理者共同参与制定企业战略目标，就未来实现战略目标的关键举措及实现路径展开讨论并达成共识，为战略目标及绩效管理目标的实现奠定基础。

　　第六步，绘制战略地图。在完成战略梳理后，要根据企业实际情况确定具体的绘制模板，并根据本章前述的平衡计分卡各维度绘制战略地图（如图 12-2 所示）。

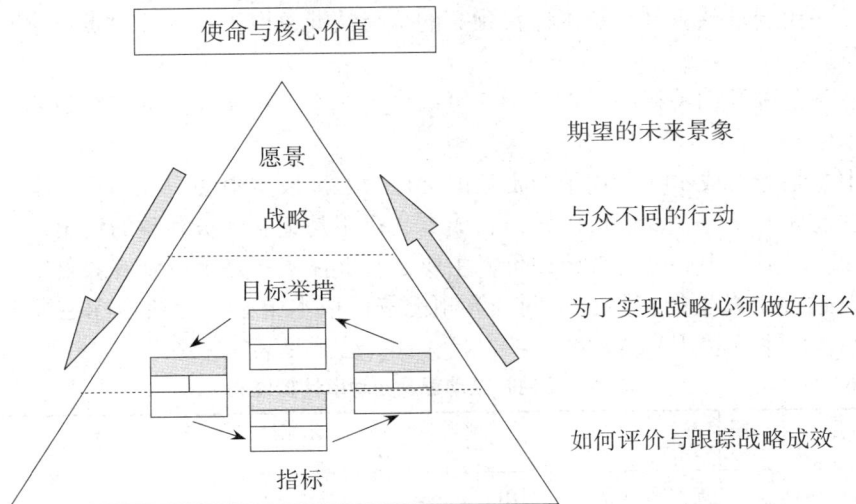

企业战略转换示意图

图12-2　战略地图绘制

资料来源：温昱. 业务架构·应用架构·数据架构实战［M］. 2版.北京：电子工业出版社，2022.

▶▶ 二、企业绩效

（一）传统业绩评价

要进行业绩评价，首先就要根据企业的具体目标设计相应的指标体系，并按照特定标准及方法对企业特定期间取得的成果做出客观、准确的综合评判。传统业绩评价的特点见表 12-15。

表12-15　　　　　　　　　　　　　　　传统业绩评价的特点

特点	描述
偏重有形资产的评估和管理	对于客户忠诚度、员工技能与满意度、服务水平等无形资产或智力资产难以计量，缺少相应的评估及管理
难以有效满足信息时代的管理要求	工业时代强调的是标准化，追求效率的提高；随着信息时代的到来，消费者需求愈发多样，定制化、多样化成为发展趋势，对新技术应用水平、员工创造力等提出了更高要求
缺少战略管理功能	传统业绩评价主要依靠以往业绩，但平衡计分卡衡量的是企业未来业绩驱动因素，因而具有战略管理能力

（二）责任中心及考核指标

为了确定预算，企业需要建立预算的决策和编制机构；为了确保预算得到有效执行，企业需要建立相应的监督机构；为了达成具体目标，企业需要建立相应的考评机构。但是，在实际经营过程中，为节省人力成本，企业可以将这些机构的具体职能归并到常设机构。由于预算要根据企业的具体架构进行分解，最终落实到各业务单元乃至各位员工，因此，企业还要建立预算执行的责任中心。一般来说，企业在制定财务预算时由责任中心形成责任预算，由会计核算部门负责监督预算的执行情况，由责任会计对责任中心的工作业绩做出评价。

按照业务范围及相关权限，责任中心可以分为成本、利润和投资三个板块。

1. 成本中心

成本中心是指对成本或费用承担责任的责任中心。成本中心记载的是成本，只对成本负责。通过前面的学习，我们可以知道，成本、费用是企业经济利益的流出，所以通常不会产生收入。对成本中心进行考核评价，主要是看责任成本是否得到有效落实，也就是把我们在经营过程中发生的实际成本同预算相比较。成本中心的考核指标主要有成本（费用）变动额、成本（费用）变动率两项，具体计算公式见表 12-16。

表12-16　　　　　　　　　成本（费用）变动额及变动率计算公式

指标	公式
成本（费用）变动额	实际责任成本（费用）- 预算责任成本（费用）
成本（费用）变动率	成本（费用）变动额 / 预算责任成本（费用）×100%

在对成本中心进行考核时，如果企业因为市场变动而扩大或者缩小生产规模，导致实

际产量和预算产量不一致，应该首先按照弹性预算对相应的预算指标进行调整，参见例12-1。

【例12-1】长江公司一车间的生产线专门用于生产冰箱。2024 年冰箱需求量激增，公司决定增加产量。原预计当年生产 4 000 台，实际生产 5 000 台，单位成本由 100 万元降至 95 万元，现要对该成本中心进行考核，请计算成本变动额和成本变动率。

解：成本变动额 = 95×5 000 −100×5 000 = −25 000（万元）

成本变动率 = −25 000 ÷（100×5 000）= −5%

2.利润中心

利润中心，顾名思义就是对利润进行负责。一般而言，在企业中，利润中心的权力和责任比成本中心更大，层级也相对较高，通常设立在具有经营决策权的部门。

我们知道，利润等于收入减成本，所以，利润中心既要对成本负责，又要对收入和利润负责，对其进行考核也会相对复杂一些，考核评价的关注点主要是边际贡献和利润。但是，不同企业对利润的要求是不一样的，所以考核评价指标的表现形式也千差万别。以一家采用事业部制的公司为例，该公司利润中心的考核评价指标可以分为以下几种：

（1）部门边际贡献。这一指标是具体考核的一个中间指标。部门边际贡献的计算公式一般是用部门销售收入减去部门变动成本。

（2）部门经理可控利润。这一指标主要用于评价部门经理的业绩，体现的是部门经理在权限范围内运用资源的能力。部门经理可控利润的计算公式一般是用部门边际贡献减去部门经理可控固定成本。

（3）部门可控利润。这一指标主要体现部门在补偿共同性固定成本以后对企业利润的影响，企业可以据此判断部门的去留。部门可控利润的计算公式一般是用部门经理可控利润减去部门经理不可控固定成本（区别于指标 2，这里是不可控固定成本）

（4）部门税前利润。企业是有管理费用的，部门大小、业务范围等都会影响本部门产生的费用，这些影响最终都会归集到企业整体，这一指标用于计算部门抵补总部的管理费用。部门税前利润的计算公式一般是用部门可控利润减去分配的公司管理费用。

我们简单举例进行说明，参见例 12-2。

【例12-2】长江公司内部某部门（利润中心）的有关资料如下：

部门销售收入	100 万元
部门销售产品的变动生产成本和变动性销售费用	74 万元
部门经理可控固定成本	6 万元
部门经理不可控固定成本	8 万元
分配的公司管理费用	5 万元

该部门的各项利润考核指标分别计算如下：

部门边际贡献= 100−74 = 26（万元）

部门经理可控利润= 26−6 = 20（万元）

部门可控利润= 20−8=12（万元）

部门税前利润= 12−5=7（万元）

3.投资中心

投资中心是最高层级的责任中心，决策权更大，责任也更大。一般而言，投资中心既要对成本、利润负责，还要关心投资效果。投资中心与利润中心最大的区别在于其拥有投资决策权，能够相对独立地使用资金。集团型企业下属的子公司、分公司等通常都是投资中心。对投资中心进行考核的主要内容是利润及整体的投资效果，可以分为投资报酬率和剩余收益两项指标（见表 12-17）。

表12-17 **投资中心的考核指标**

指标	意义	公式	分析
投资报酬率	所获利润占投资额的比率，反映企业综合盈利能力	净利润（或营业利润）/投资额（或经营资产）×100%	该项数值越大越好。 优点：剔除了企业体量、投资额不同导致的利润差异，因而具有横向可比性。 不足：缺乏全局观念，投资中心可能只考虑自己的利益而不考虑整个企业的利益，当单个投资项目与企业整体报酬率存在差异时可能导致投资中心局部目标与整体目标出现差异
剩余收益	获得的利润扣减最低期望报酬后的余额	利润 – 投资额×预期最低投资报酬率	该项数值越大越好。 只要投资活动产生的利润率大于最低期望报酬率，该项投资项目就是可行的（一般采用企业平均投资报酬率作为最低报酬率）

资料来源：作者根据公开资料整理而成。

▶▶ 三、平衡计分卡

（一）平衡计分卡的四个维度

前面我们对平衡计分卡（balanced scorecard）的四个维度进行了简单介绍，即财务、客户、内部业务流程、学习与成长维度。这种设计主要是利用各维度代表的主要利益相关群体来综合评价企业运营情况。平衡计分卡在财务分析的基础上融入了非财务的衡量方法，将长期与短期、内部与外部进行了有效平衡，能够帮助企业重视经营过程，以长远的眼光明晰公司战略。

在这四个维度中，财务维度站在股东视角分析企业能否为其带来足够的投资回报，如净资产收益率和杠杆水平等；客户维度则是判断企业各项产品和服务能否满足客户需求，如客户满意度、市场占有率等；内部业务流程维度主要是对企业自身各个环节进行评价，需要在经营活动中不断优化完善；学习与成长维度则是站在员工角度评价其综合素质能否满足企业发展需要，企业能否让员工产生足够的忠诚度，如员工满意度、受激励程度等。总之，股东注资代表投资者认可，客户满意度高能使企业的利润来源保持稳定，员工综合素质不断提升能够带动企业的整体成长，而财务维度是其他三个维度在财务层面的量化，这四个维度是企业经营持续成功的关键。

企业可以根据所属行业的性质选用不同的指标，以获取最大收益。但是需要注意的是，这四个维度的指标众多，在具体选择上要兼顾可比性和客观性。

（二）基于平衡计分卡的绩效管理——以蔚来汽车为例

之所以选择蔚来汽车，首先是因为该企业所属的新能源汽车行业作为我国战略性新兴产业之一，其重要性不言而喻；其次是因为此类企业的相关经营数据往往在成长阶段处于劣势，仅凭传统的绩效考核，难以客观展现企业价值及经营成效，因此利用平衡计分卡进行评价更加全面、准确。

前文对平衡计分卡的四个维度作了简单的介绍，对其具体应用方向也大致进行了分析。总体而言，平衡计分卡是综合性评价体系。财务维度对应获利能力，客户维度对应企业竞争力，内部业务流程维度对应企业综合提升能力，学习与成长维度对应企业持续发展动力。接下来我们就以蔚来汽车作为具体实例更深入地理解平衡计分卡。

1. 财务维度

蔚来汽车是新能源汽车行业耳熟能详的企业之一。经过近年来的发展，企业价值快速上升。2023 年，营业收入达到 556.2 亿元，整车毛利率为 11.9%，领跑纯电行业，但是，从 2016 年到 2023 年，企业累计亏损超 800 亿元，预计要到 2026 年才能实现盈利，经营压力较大。

根据 2024 年第三季度财报数据，营业收入达到 186.7 亿元，同比下降 2.1%；汽车交付量为 61 855 辆，同比增长 11.6%；整车毛利率达到 13.1%，较 2023 年第三季度有所增长。因此，从财务维度而言，企业的各项指标表现上佳。

通过上述财务数据可见，蔚来汽车现阶段的财务分析应当主要面向投资者，这就要求关注净资产收益率、市盈率等经济指标。

2. 客户维度

在提升客户满意度方面，蔚来汽车采取多元化销售及体验营销两种方式。立足于新能源汽车营收的快速增长，企业积极扩充产业链，向配套设施、硬件必需品、周边产品与服务延展，先后开设 NIO House、NIO Life 等服务。企业积极利用智能技术突出自身优势，以 AR 体验营销的方式帮助消费者线上看车，并通过网络社群、线下互动的方式积极向目标群体输出品牌价值观，增加客户对品牌的认同度。

从客户维度看，评价蔚来汽车的关键性指标可以选择客户满意度、产品性价比等，汽车的交付可以在日后进行考虑。

3. 内部业务流程维度

对于企业内部业务流程，我们可以按照生产、交付、售后三个阶段分别进行分析。

在生产方面，作为新兴企业，蔚来汽车早期缺少成熟的技术，在产能受限的情况下如何能够保证按时交付？理论上说，可以拒接因产能不足而无法实现的订单，但是实际上谁会推掉送上门的订单呢？企业往往想方设法加大产能，比如采取"交钥匙式"的解决方案，向供应商大量放权，但是这样一来，公司上下游之间的衔接就成为影响生产的重点。一旦上游环节无法如期完成任务，下游环节就只能等待，极易造成低效率生产的局面。

在交付方面，一般参照全行业的交付情况进行横向对比。蔚来汽车面临的主要压力在于芯片方面，但参考其 2024 年交付情况以及 2025 年销量目标，整体销售情况保持乐观。

在售后方面，蔚来汽车提供众多终身免费系列服务，此外，NIO House 等一系列周边产品、社群互动等业务布局无疑为蔚来汽车在售后方面的口碑锦上添花。由此可见，蔚来汽车在售后服务和客户关系维护上远超同行业其他品牌。

从这三个方面来看，蔚来汽车具备服务优势，但又存在一定程度上的产能不足，需要结合行业实际情况对各项指标的权重进行设置，从而保证对企业评价的客观全面。

4.学习与成长维度

得益于企业对产品的清晰定位，蔚来汽车在员工招聘时就将应聘者的综合素质作为重要参考，这与整体的客户战略是有关系的。蔚来汽车奉行顾客至上的理念，在这种理念下员工的私人时间可能被大量占用，工作强度大、情感与生活受到影响，员工幸福感较低。

虽然身处竞争激烈的新能源汽车行业，但是蔚来汽车在新员工培训方面重视度不够，新员工无法通过充分的培训提升业务能力，于是在具体分派任务时可能出现新员工承担的任务远远超出自身能力的情况，导致上升通道受阻，加之激励不足，使得员工满意度和留存率较低，企业在产品研发以及客户关系维护等方面也难以得到长久保障。综合种种因素，在对蔚来汽车创造未来价值的能力进行评价方面，各项指标较低。

【"四个面向"小课堂】

在不同时期，中国共产党从革命、建设、改革事业的实际出发，及时制定和调整会计工作的方针政策，确立了"统一领导、分级管理"的会计管理体制，构建了单位、社会、政府等共同参与的会计监督机制。

1934年1月，毛泽东同志在《我们的经济政策》一文中指出："从发展国民经济来增加我们财政的收入，是我们财政政策的基本方针。"陕甘宁边区政府副主席李鼎铭在边区政府第三次委员会上的报告中指出："每个机关应该有他的会计、出纳、金库等，这样可避免贪污。要做到不急之务不举，不急之钱不用。不浪费一个民力一匹民畜，建立经费核算制度、审计制度，开展反对贪污浪费的斗争。"

百年来，中国会计从红色基因中汲取砥砺奋进的力量，取得了举世瞩目的成就，成为全球会计的重要力量。红色基因是最持久、最深沉的内在力量，要"不忘初心、牢记使命"，将红色基因倾注到会计创新的行动中，以永不懈怠的精神和一往无前的奋斗姿态，为全面推进中华民族伟大复兴贡献会计力量。

● 案例思考

京东的"浴血之路"

中国互联网 B2C 电商平台竞争激烈，在这场厮杀中，京东是如何经历重重关卡成功闯下一片天地的呢？

在管理会计方面，京东将战略成本管理贯穿于企业发展始终，从早期客户引流、客户关系维护，到建立自主物流体系，战略管理思想一览无余。尤其是随着京东物流不断壮大，京东自营、京东京造等各项业务开展，整体生态逐步实现闭环，京东在电商行业中的地位愈发牢固，难以撼动。

1.早期的"价格屠夫"

电商行业呈开放模式，低门槛引发的是惨烈的市场争夺。在如此激烈的竞争中，要夺得客户，"以本伤人"的策略颇为有效，于是赔钱赚吆喝就成为京东早期最显著的特征。

早期的京东各类补贴层出不穷，掀起电商价格战，这一发展模式在之后的打车平台、外卖平台等领域的市场竞争中屡见不鲜。激烈的价格战带来的是京东在高增长率的同时面临极低的毛利率，在长达八年的时间里，京东几乎没有创造利润。

高速扩张却不赚钱，这样的企业真的能有长远发展吗？不得不说，京东早期就是通过烧钱烧出来的高速发展通道。

2.品质粘住客户，抢夺定价权

不管是电商平台还是传统制造业，企业的最终目的都是盈利。前期京东大量烧钱是为了抢夺客户，但是还有句话叫"用脚投票"，如果企业在吸引顾客以后无法将其转换为自己的市场份额，那么烧钱的目的就很难达到。所以，为了留住顾客，就必须保证品质与服务，这也是京东比较关注的。正是依靠自身的质量成本管理，京东获得了较高的客户黏性。

可以说，先占市场后盈利的低价策略使得京东成功吸引大量用户，而物美价廉的品质保障正是京东俘获用户芳心的制胜法宝。

3.做物流——掐准了电商平台的七寸

京东基于长远发展规划，在面临大额亏损的情况下仍然投入物流体系建设，虽然导致固定成本居高不下，但是作为零售行业，这恰好掐准了电商平台的七寸，为其区别于其他电商平台建立了绝对性优势。

截至 2021 年年底，京东物流营收破千亿，同比增长 42.7%，运营超 1 300 个仓库，为 30 万余企业客户、1 000 余产地的产业带提供服务，拥有近 30 万员工，在全国 93% 的区县、84% 的乡镇实现当日达和次日达。依托于完善的物流体系，京东的售后支持得到全面突破，为平台发展打下坚实的基础。

电商领域厮杀惨烈，京东却能占据一席之地，这体现出战略管理的能量不可忽视。从烧钱抢客户到建立物流链、提高服务水平，京东所走的道路一直是吸引客户、留住客户，与之相伴的是降低成本、实现盈利，这是一个十分漫长的过程，但没有成功能够一蹴而就。

资料来源：作者根据公开资料整理而成。

假如你是企业管理者，请阅读案例并思考下列问题：

（1）京东在"浴血奋战"的过程中都运用了哪些管理会计知识？

（2）京东实施战略管理的思路主要是什么？

（3）与市场中其他物流企业和零售商相比，京东在管理方面具备哪些优势呢？

● 课后习题

一、单项选择题

1.投资者最关心的财务信息是（　　　）。

　　A.总资产收益率　　　　B.销售净利率　　　　　　C.净资产收益率　　　　D.流动比率

2.资产是指（　　）的交易或事项形成并由企业拥有或者控制的资源，该资源预期会给企业带来经济利益。

　　A.过去　　　　　　　B.现在　　　　　　　　C.将来　　　　　　　　D.以上都不对

3.当流动比率小于1时，赊购原材料将会（　　　）。

A.增加流动比率　　　　B.降低流动比率　　　　C.降低营运资金率　　　D.增加营运资金

4.市净率指标的计算不涉及的参数是（　　　）。

A.年末普通股数　　　　B.年末普通股权益　　　C.年末普通股股本　　　D.每股市价

5.影响权益乘数高低的主要指标是（　　　）。

A.成本费用率　　　　　B.资产负债率　　　　　C.资产周转率　　　　　D.销售净利率

6.利用虚拟资产虚增利润的共同特点是（　　　）。

A.少记虚拟资产，少摊成本费用　　　　　　　B.少记虚拟资产，多摊成本费用

C.多记虚拟资产，少摊成本费用　　　　　　　D.多记虚拟资产，多摊成本费用

7.财务状况粉饰的具体表现形式包括高估资产、低估负债和（　　　）。

A.或有资产　　　　　　B.或有负债　　　　　　C.推迟确认收入　　　　D.提前结转成本

8.采用共同比财务报告进行比较分析的主要优点是（　　　）。

A.计算容易

B.可用百分比表示

C.可用于纵向比较

D.能显示各个项目的相对性，能用于不同时期相同项目的比较分析

9.下列报表项目中，不属于资产负债表中"资产"项目的是（　　　）。

A.货币资金　　　　　　B.交易性金融资产　　　C.其他应收款　　　　　D.应付利息

10.在计算应收账款周转率时，平均应收账款是指（　　　）。

A.未扣除坏账准备的应收账款金额

B.扣除坏账准备后的应收账款净额

C."应收账款"账户净额

D."应收账款"和"坏账准备"账户余额之间的差额

11.在战略地图中的客户层面，最基本的目标是（　　　）。

A.市场份额增加　　　　B.客户增加　　　　　　C.客户满意　　　　　　D.客户获利

12.下列平衡计分卡的四个维度中，（　　　）是企业战略地图落地的核心。

A.财务　　　　　　　　B.客户　　　　　　　　C.内部业务流程　　　　D.学习与成长

二、简答题

1.简述平衡计分卡的局限性。

2.绩效评价与绩效管理之间的区别和联系是什么？

3.谈谈你对平衡计分卡的框架与要素的认识。

4.部门级管理人员个人绩效计划开发的步骤有哪些？

三、思考题

1.企业的短期偿债能力与运营效率之间存在怎样的关系？请结合财务报表具体数据，分析这些指标的变化如何影响企业的短期偿债能力和整体运营状况。

2.企业的盈利能力与其在市场上的表现（如股价变动、市盈率等）有何关联？请选取一家上市公司，查阅其近年的财务报表，分析盈利能力的变化如何影响市场表现，并讨论这种关联性对投资者决策的影响。

主要参考文献

［1］人民日报评论部. 论学习贯彻党的二十大精神［M］. 北京：人民出版社，2023.

［2］张志康. 会计学原理［M］. 5版. 大连：东北财经大学出版社，2023.

［3］吴大军，牛彦秀，耿云江. 管理会计［M］. 7版. 大连：东北财经大学出版社，2023.

［4］李正明，张惠忠. 财务报表分析［M］. 大连：东北财经大学出版社，2022.

［5］张昌文，敬文举. 会计学原理［M］. 重庆：重庆大学出版社，2020.

［6］赵志梅. 企业会计制度设计［M］. 6版. 上海：立信会计出版社，2020.

［7］中华人民共和国财政部. 企业会计准则应用指南［M］. 上海：立信会计出版社，2023.